MADE IN MACAÍBA

MIGUEL NICOLELIS
MADE IN MACAÍBA

A HISTÓRIA DA CRIAÇÃO DE UMA UTOPIA
CIENTÍFICO-SOCIAL NO EX-IMPÉRIO DOS TAPUIAS

CRÍTICA

Copyright © Miguel Nicolelis, 2016
Copyright © Editora Planeta do Brasil, 2016
Todos os direitos reservados.

Preparação: Carla D. Fortino
Revisão: Elisa Martins e Ceci Meira
Diagramação: 2 estúdio gráfico
Capa: Raul Loureiro
Imagem de capa: Acrocomia aculeata / Jacquin, N. J. von, *Selectarum stirpium Americanarum historia* / Biblioteca Nacional de Colombia

CIP-BRASIL. CATALOGAÇÃO NA PUBLICAÇÃO
SINDICATO NACIONAL DOS EDITORES DE LIVROS, RJ

N55m

Nicolelis, Miguel
    Made in Macaíba / Miguel Nicolelis. – 1. ed. – São Paulo: Planeta, 2016.

    ISBN 978-85-422-0689-0

    1. Neurociências. 2. Neurociência cognitiva. I. Título.

16-29984

CDD: 612.82
CDU: 612.82

2016
Todos os direitos desta edição reservados à
EDITORA PLANETA DO BRASIL LTDA.
Rua Padre João Manuel, 100 – 21º andar
Ed. Horsa II – Cerqueira César
01411-000 – São Paulo-SP
www.planetadelivros.com.br
atendimento@editoraplaneta.com.br

SUMÁRIO

PRÓLOGO 11

PARTE I   AS PERGUNTAS CRUCIAIS

1 MAS POR QUE O BRASIL? 19

2 MAS PARA QUE SERVE ESSA COISA DE CIÊNCIA? 31

3 MAS POR QUE NATAL? 45

4 MAS O QUE SIGNIFICA CIÊNCIA COMO AGENTE DE
   TRANSFORMAÇÃO SOCIAL? 63

PARTE II   A CONSTRUÇÃO DA UTOPIA

5 A FLOR DO CACTO 79

6 A DIFERENÇA QUE 25 QUILÔMETROS FAZEM! 95

7 O BRASIL E O MUNDO DESCOBREM
   O RIO GRANDE DO NORTE 117

8 RUA DA VERGONHA, S/N 135

9 O CASO DE AMOR À PRIMEIRA VISTA ENTRE
   NEUROCIÊNCIA E EDUCAÇÃO: NASCE O IINN-ELS 161
10 O DIA EM QUE ANITA GARIBALDI TROCOU
   DE RIO GRANDE 181
11 O CAMPUS DO CÉREBRO: A PRIMEIRA ILHA
   DO ARQUIPÉLAGO DO CONHECIMENTO 207
12 NINGUÉM ESPERA PELA INQUISIÇÃO
   DA CAROLINA DO NORTE................................ 227

PARTE III   LEVANDO PROJETOS DO IINN-ELS PARA TODO O BRASIL
13 CRIANDO A CIÊNCIA TROPICAL À SOMBRA
   DAS MACAÍBAS 249
14 UM CHUTE BRASILEIRO PARA TODA A HUMANIDADE 269

EPÍLOGO   DOIS MILHÕES DE MILHAS DEPOIS................ 289

BIBLIOGRAFIA 291

AGRADECIMENTOS 295

Para o tio Toninho
e o tio Dema

"A utopia está lá no horizonte. Me aproximo dois passos, ela se afasta dois passos. Caminho dez passos e o horizonte corre dez passos. Por mais que eu caminhe, jamais a alcançarei. Para que serve a utopia? Serve para isso: para que eu não deixe de caminhar."

Fernando Birri

PRÓLOGO

Em março de 2003, o estado do Rio Grande do Norte foi surpreendido com a notícia de que cientistas brasileiros, radicados no exterior há vários anos, pretendiam instalar na periferia da capital potiguar um grande instituto internacional de pesquisa, focado no estudo do cérebro e da mente. De repente, e de forma totalmente inusitada, a neurociência entrava na pauta de um dos menores e menos desenvolvidos estados do Brasil; um recanto típico do paradisíaco Nordeste brasileiro do início do século XXI, onde a beleza natural sem igual se via sitiada, por todos os lados, por baixos índices de desenvolvimento humano e pelo pior sistema educacional público do país.

Com sua capital, Natal, situada logo abaixo do equador, e uma costa recheada de praias maravilhosas, camarões e frutas tropicais que atraíam turistas de todo o mundo, ninguém que conhecia de passagem o Rio Grande do Norte de 2003, nem os seus próprios habitantes, poderia imaginar que o pequeno estado, que se encaixa no mapa nordestino como um tímido elefante com a tromba em direção ao Ceará, pudesse um dia ingressar e, em poucos anos, apresentar com destaque mundial uma agenda científica inovadora para todo o país. Todavia, de repente, lá estava o Rio Grande do Norte nas manchetes dos jornais do Sul maravilha, entrando no debate sobre como se criar uma indústria do conhecimento tupiniquim.

O anúncio público do que para muitos parecia um mero delírio utópico de algum cientista exilado se deu durante uma entrevista ao vivo, no pequeno estúdio da TV Universitária, pertencente à Universidade Federal do Rio Grande do Norte.

Levando-se em conta as primeiras perguntas dos espectadores, o que causou mais espanto foi a revelação do objetivo central da proposta dos "estrangeiros": usar a ciência de ponta como um agente de transformação social.

Depois daquela noite, pelos próximos anos, o Rio Grande do Norte se transformaria no primeiro laboratório brasileiro de uma nova forma de se fazer ciência: a ciência voltada para o desenvolvimento social e econômico de toda uma comunidade de excluídos que vivia, até então, quase à margem do sistema político-econômico vigente. Para implementar o projeto de transformação social por meio da prática científica, essa utopia nordestina propôs construir um "Campus do Cérebro" na zona rural da pequena cidade de Macaíba, na região metropolitana de Natal. Nesse Campus do Cérebro seria implementada a filosofia de usar a neurociência como foco de um programa educacional, começando no pré-natal das mães dos seus futuros alunos e continuando, com uma escola de tempo integral, a seguir seus pupilos, desde o nascimento até o final do ensino médio.

Em fases subsequentes, com a perspectiva da criação de outros institutos de pesquisa e da sua própria universidade, cursos de pós-graduação e um parque tecnológico industrial voltado à engenharia biomédica, com ênfase na neuroengenharia e na neurotecnologia, o Campus do Cérebro de Macaíba almejaria criar um novo paradigma para a produção científico-tecnológica inovadora no Brasil.

Durante aquele primeiro anúncio, os espectadores foram informados de que, após a sua conclusão, o Campus do Cérebro alojaria todas as atividades do recém-batizado Instituto Internacional de Neurociências de Natal (IINN). A partir de 17 de abril de 2004, o projeto do IINN passou a ser mantido e administrado pela Associação Alberto Santos Dumont para o Apoio à Pesquisa (AASDAP), uma entidade sem fins lucrativos criada especificamente para levar a cabo esse novo modelo de se fazer ciência. Batizada em homenagem ao maior cientista brasileiro de todos os tempos, a AASDAP teve que inovar, a duras penas, numa área pouco valorizada ou conhecida no Brasil: a gestão científica. Para sobreviver ao verdadeiro tsunami de empecilhos e entraves criados pela legislação e pela burocracia científica nacional – sem mencionar a resistência ferrenha de alguns setores da elite acadêmica nacional, contrária a qualquer forma de inovação ou disseminação de infraestrutura científica por regiões menos favorecidas do país –, a AASDAP teve que inventar praticamente tudo: de novos processos e normas de procedimento, até novas formas de importar equipamentos legalmente, sem que para tanto fossem necessários anos de espera para a liberação dos mesmos pela alfândega brasileira.

A ideia geral do Projeto Natal, descrita naquela noite cheia de surpresas para os espectadores de todo o Rio Grande do Norte, seria rechear o IINN com neurocientistas, educadores, médicos e profissionais de várias outras áreas do conhecimento, recrutados de todas as partes do Brasil e também do exterior, para trabalhar lado a lado, não só em projetos de pesquisa na fronteira da neurociência moderna, mas também na criação de um programa educacional revolucionário. Esse programa, hoje conhecido mundialmente, foi batizado com o sugestivo nome de Educação para Toda a Vida. Para criá-lo e colocá-lo em prática, dois lemas foram transmitidos ao vivo nesse programa de TV: "Todos os caminhos levam a Natal" e "O futuro da ciência brasileira começa aqui".

Doze anos depois daquela noite, tanto o IINN, rebatizado em 2006 como Instituto Internacional de Neurociências de Natal Edmond e Lily Safra (IINN-ELS), como o seu Campus do Cérebro se transformaram em realidade. Nesse período, apesar de muitos embates e tribulações, o IINN-ELS viu sua proposta de fazer ciência ganhar mundo e se transformar num dos projetos científicos brasileiros mais reconhecidos pela comunidade internacional. Isso se deu porque, além de cumprir a sua promessa original de instalar toda a infraestrutura física e humana necessária para colocar o Rio Grande do Norte no mapa da neurociência brasileira e mundial, bem como conduzir projetos de pesquisa que resultaram numa série de descobertas inéditas, descritas em publicações em revistas científicas de grande impacto mundial, o IINN-ELS também manteve o seu compromisso original de contribuir decisivamente para a transformação social do seu entorno.

O carro-chefe dessa intervenção social se deu pela construção do seu programa educacional, que se inicia com um serviço de atendimento pré-natal das mães dos futuros alunos do IINN-ELS. Esse atendimento, hoje envolvendo mais de 12 mil consultas anuais, é oferecido pelo Centro de Saúde Anita Garibaldi, inaugurado em 2008. Apesar de ser um serviço público e gratuito, esse programa oferece os melhores recursos disponíveis da medicina moderna para o atendimento das mulheres de Macaíba, bem como o acompanhamento pediátrico e neuropediátrico dos seus filhos, nossos futuros alunos.

Além desse centro de saúde, o IINN-ELS estabeleceu no Rio Grande do Norte duas unidades da Escola Alfredo J. Monteverde, que hoje ministram um currículo de educação científica para aproximadamente mil crianças por ano, na faixa etária de 10 a 15 anos, provenientes de mais de duas dezenas de escolas da rede pública de ensino de Natal e Macaíba. As duas unidades da Escola Alfredo J. Monteverde do IINN-ELS, apelidadas por seus alunos de verdadeiros "parques de diversões", usam aulas práticas conduzidas em laboratórios, especialmente construídos para introduzir os conceitos mais importantes da ciência aos seus alunos. Como resultado, oito anos depois do início desse programa educacional, nossos ex-alunos já começam a entrar na Universidade Federal do Rio Grande do Norte (UFRN) e no Instituto Federal de Tecnologia do estado (IFRN), conquistas consideradas impossíveis, uma década atrás, para quem nascesse nos bairros de Felipe Camarão e Cidade Esperança, em Natal, ou na cidade de Macaíba. O exemplo de superação dessas crianças potiguares é, sem dúvida nenhuma, a maior conquista da proposta do IINN-ELS.

Vale ressaltar que, nas três escolas criadas pela AASDAP, duas no Rio Grande do Norte e uma nos mesmos moldes implantada na cidade de Serrinha, no interior da Bahia, conceitos da neurociência moderna e o método científico servem como pilares para um projeto pedagógico no qual os alunos se transformam em protagonistas da própria educação. Nas escolas do IINN-ELS, os alunos são verdadeiros parceiros de professores e educadores, participando ativamente de cada passo do seu desenvolvimento intelectual e da aquisição de uma cidadania verdadeira e plena.

Além do seu centro de saúde e das suas escolas, o IINN-ELS também mantém, desde 2005, pesquisas na fronteira da neurociência moderna, incluindo o desenvolvimento de uma nova terapia que tem o potencial de revolucionar o tratamento do mal de Parkinson, doença que aflige milhões mundo afora. Com colaborações científicas estabelecidas com centros de pesquisa de ponta nos Estados Unidos, na Suíça, na França, no Chile, na Espanha, na Alemanha e na Suécia, o IINN-ELS é hoje também um centro de referência no Brasil e na América Latina da pesquisa em interfaces cérebro-máquina. Para comprovar essa liderança, desde 2010 o IINN-ELS sedia o Instituto de Interfaces Cérebro-Máquina (INCeMaq), um dos institutos nacionais do Brasil mantidos com recursos do Conselho Nacional de Desenvolvimento Científico e Tecnológico (CNPq).

Desde 2009, o IINN-ELS também é responsável pela coordenação no Brasil do Projeto Andar de Novo, um consórcio científico internacional sem fins lucrativos que visa restaurar a mobilidade de pacientes paraplégicos através do emprego das interfaces cérebro-máquina. Como resultado do Projeto Andar de Novo, um jovem para-atleta brasileiro, Juliano Pinto, sofrendo com paralisia total das pernas e de metade do tórax há quase uma década, foi capaz de desferir o chute inicial da Copa do Mundo de Futebol de 2014 usando uma veste robótica controlada apenas pelo próprio pensamento.

Em 2016, com a conclusão da primeira fase de construção do Campus do Cérebro, tanto o programa científico como o projeto educacional do IINN-ELS passarão a ocupar dois novos prédios, construídos lado a lado nas suaves colinas do distrito de Jundiaí, em Macaíba. O primeiro servirá como sede primária de todas as pesquisas em neurociência do IINN-ELS, bem como de outras iniciativas em neuroengenharia focadas no desenvolvimento de novas tecnologias assistivas, dando continuidade ao Projeto Andar de Novo.

A pouco mais de trezentos metros desse novo instituto de pesquisa, um prédio quase tão grande abrigará a Escola Lygia Maria, nova sede do programa Educação para Toda a Vida, oferecendo educação humana e científica de altíssima qualidade, em tempo integral, para 1.500 crianças potiguares, desde o nascimento até o final do ensino médio.

Este livro narra a aventura por trás da realização daquilo que, em 2003, alguns tacharam apenas como um mero "grão de areia" incapaz de atingir qualquer efeito de monta. É também a história de um verdadeiro exercício coletivo de cidadania, realizado por centenas de brasileiros – crianças, jovens e adultos – que, ao acreditar piamente num sonho impossível, dedicaram toda a sua energia para construir uma verdadeira utopia; um experimento científico-social na direção de um verdadeiro projeto de nação, construído de baixo para cima, e, contra todos os prognósticos, totalmente *Made in Macaíba*!

PARTE I
AS PERGUNTAS CRUCIAIS

MAS POR QUE O BRASIL?

"Senhores passageiros, em poucos minutos estaremos aterrissando no Aeroporto Internacional de Guarulhos. Bem-vindos ao Brasil!"

O anúncio protocolar da chefe de cabine, geralmente ignorado pelo viajante calejado, dessa vez causou alvoroço em ouvidos ainda não completamente preparados para lidar com o reencontro com a cidade onde eu nascera e passara toda a minha infância e juventude. E de onde eu partira, catorze anos atrás, sem saber muito bem o que esperar de um desterro voluntário, imposto incondicionalmente pelo desejo de perseguir um propósito pouco comum para um jovem brasileiro no final dos anos 1980: virar cientista.

Pela janela entreaberta, como que para confirmar o caráter iminente da chegada, um horizonte banhado pelos primeiros bocejos alaranjados do amanhecer de verão revelava céus acinzentados, ainda mal-humorados e pouco receptivos a essa hora da madrugada, oferecendo a prova cabal da aproximação da megalópole. Sem nenhum outro aviso, ao término da última curva da aeronave, São Paulo, em todo o seu esplendor, revelou-se, de um só golpe, na forma de centenas de milhares de dedos de concreto, metal e vidro, que, perfurando a densa neblina, apontavam resolutos diretamente para o céu. Construídos em estilos e matizes os mais variados, sem seguir nenhum claro plano ou padrão, essas gigantescas estalactites da modernidade, esculpidas à mão por múltiplas gerações de imigrantes do resto do país e do mundo, brotavam de um enorme platô, como se o teto pontiagudo de uma imensa caverna subterrânea tivesse se rebelado e virado no avesso.

"Lar doce lar", o pensamento chispou de imediato!

Num milissegundo, enquanto a aeronave buscava a segurança da cabeceira da pista, o enorme simbolismo desse instante foi registrado por retinas ávidas por esculpir memórias que certamente durariam por toda uma vida. Tal qual um encontro com um ex-amor que há muito deixou de fazer parte da vida cotidiana, aquela aterrisagem matinal mexeu com todos os meus sentidos.

"Senhoras e senhores, são exatamente 5h30 da manhã do dia 4 de março de 2003. A temperatura é de 23 graus centígrados em São Paulo."

Antes de me permitir desembarcar, porém, a chefe de cabine cumpriu o seu dever profissional de me alertar sobre as incertezas e perigos que assolavam todo visitante daquelas terras tropicais.

"Tome cuidado, senhor, a gente nunca sabe o que pode acontecer nesta cidade e neste país!"

Agradecendo o conselho, muito mais presciente do que eu poderia imaginar naquele átimo de puro encantamento, decidi cruzar de vez o limiar da incerteza e adentrar pelas portas do paraíso, dando o primeiro passo rumo a uma nova aventura, que, sem aviso prévio ou manual, me levaria, pela próxima década, a enfrentar os maiores desafios, percalços, decepções e vicissitudes da minha vida e carreira. Todos esses eventos não antecipados foram, porém, amplamente compensados por um sem-número de descobertas, realizações inesquecíveis, encontros humanos marcantes e um aprendizado de vida para o qual nada nem ninguém jamais poderia ter me preparado.

Já andando pelo terminal, ficou evidente que o que se iniciava naquele momento era uma escalada sem nenhuma perspectiva de volta. A única opção viável era continuar em frente, custasse o que custasse, até que o objetivo que me removera do meio daquele inverno norte-americano tivesse sido alcançado.

Depois do dia 19 de fevereiro de 1989, a primeira vez em que decidira mudar de vida ao embarcar num voo rumo a outro país (Estados

Unidos), uma nova língua e um modo totalmente diferente de pensar e praticar ciência, eu tivera algumas poucas oportunidades de retornar ao Brasil, ou em férias, ou para participar de algum evento científico. Dessa forma, à primeira vista, esse novo desembarque poderia ser apenas mais uma viagem rotineira, sem maiores compromissos ou desdobramentos. Todavia, nada poderia ser mais distante da verdade. Definitivamente, essa não era uma visita qualquer. Para mim, esse retorno trazia consigo a grande esperança de criar um caminho concreto para uma volta mais definitiva; o fio da meada que eventualmente poderia me permitir reconstituir e reatar, de uma vez por todas, os laços amorosos e afetivos com uma das minhas grandes paixões: o Brasil.

Como membro de uma geração que nasceu um pouco antes do golpe militar de 1964, jovem demais para participar da primeira fase de resistência ao regime de exceção instalado no final dos anos 1960, cresci sob a sombra constante do estigma de medo e terror dos anos de chumbo da ditadura. Finda a era do dito "milagre econômico", o fracassado plano de desenvolvimento nacional proposto pelos generais, presenciei o moroso passar da chamada "década perdida" dos anos 1980.

Marcada por essa perda irreparável, tanto da sua inocência como dos seus sonhos juvenis, a minha geração participou ativamente do movimento pela redemocratização, a partir do final dos anos 1970 e da primeira metade dos 1980. Nessa época, enquanto a ditadura começava a dar sinais de exaustão, vivia-se uma decadência econômica aguda, o decolar da hiperinflação e um clima de grande insegurança pessoal e coletiva em relação ao futuro. Como resultado, durante esses anos muitos brasileiros começaram a perder a esperança em si e em seu país. Por toda parte, o complexo de inferioridade nacional era exposto pelo uso rotineiro de expressões como "coisa de primeiro mundo" e "nem parece coisa de brasileiro", para descrever exemplos de sucesso de instituições ou indivíduos. Acreditava-se piamente na profecia segundo a qual para sempre o Brasil seria o "o país do futuro", porque, nesses tristes trópicos, o futuro jamais teria como chegar.

Depois de ser admitido na Faculdade de Medicina da USP em 1979, passei a frequentar assiduamente as reuniões, discussões e atividades promovidas pelo Centro Acadêmico Oswaldo Cruz (CAOC), uma das entidades mais combativas do movimento estudantil brasileiro durante a ditadura. Foi assim que, para desespero dos meus pais, percorri as principais avenidas e praças de São Paulo, junto com enormes passeatas e atos públicos organizados pelas entidades de oposição, para protestar contra o governo militar.

Enquanto esse novo mundo se descortinava à minha frente, tive o privilégio de testemunhar alguns eventos históricos. Como naquele final de tarde de 1979, quando ainda "calouro", ao entrar por acidente na sala de reuniões do CAOC, que funcionava num amplo porão do prédio da Faculdade de Medicina, pude presenciar uma das reuniões que decidiu pela recriação da União Nacional dos Estudantes (UNE). Ou então a memorável peregrinação, durante vários meses de 1984, pela sequência de megacomícios da campanha pelas Diretas Já, em São Paulo, Rio de Janeiro, Brasília e Belo Horizonte, uma reivindicação que levou às ruas milhões de brasileiros por todo o país.

Nesse exercício diário de aprendizado, debate e contestação que a militância no movimento estudantil me ofereceu, não foi só um outro Brasil que surgiu perante os meus olhos, mas um outro eu; gradualmente emergiu em mim a necessidade imperiosa de agir e, de alguma forma, participar de um verdadeiro projeto de nação, uma visão de país que pudesse combater as raízes profundas do nosso subdesenvolvimento e do abandono social a que fora e continuava a ser condenada a vasta maioria da sociedade brasileira. Ao longo de todos os meus anos de exílio no exterior – apesar da necessidade de focar primeiro na minha formação científica –, este seria um tema recorrente: como cientista, trabalhando numa área de pesquisa tão especializada como a neurociência, poderia um dia contribuir de alguma forma concreta e eficaz para a reversão desse quadro de penúria humana?

Trinta anos depois, não tenho dúvida alguma em afirmar que a solução desse dilema existencial começou a ser equacionada numa tarde do verão de 1981, durante uma reunião com um grupo de jovens professores de educação física. Ao longo daquele ano, como Diretor-Geral de Esportes (DGE) da Associação Atlética Acadêmica Oswaldo Cruz (AAAOC), o tradicional clube dos alunos da FMUSP, eu estava encarregado de supervisionar todas as atividades esportivas da AAAOC e a participação das suas equipes em competições universitárias do estado de São Paulo. A mais conhecida dessas, a MAC-MED, reunindo alunos da Universidade Mackenzie e da FMUSP, foi, durante boa parte do século passado, uma grande atração na cidade de São Paulo, chegando a lotar o ginásio de esportes do Estádio do Pacaembu durante uma semana inteira de competição.

Construída dentro de um bosque idílico, localizado bem ao lado do Hospital das Clínicas da FMUSP, a AAAOC e as suas amplas instalações esportivas (piscina com fundo de mármore, campo de futebol, pista de atletismo, quadra de tênis e dois ginásios cobertos) eram de uso exclusivo dos alunos da faculdade desde a sua construção, em meados da década de 1930. Mais recentemente, um pequeno contingente de associados, a maioria moradores dos arredores, fora aceito, mediante pagamento de uma mensalidade módica, como membros de um dos últimos redutos verdes do bairro de Pinheiros.

Os professores de educação física convidados para aquela reunião trabalhavam como técnicos das equipes esportivas da AAAOC, formadas por alunos da Faculdade de Medicina. Ainda assim, a pauta da reunião não estava ligada nem à MAC-MED, nem a qualquer outra atividade rotineira da AAAOC. O que eu queria discutir era um projeto de inclusão para as crianças do bairro de Pinheiros que viviam nas dezenas de prédios que decoravam o entorno da AAAOC sem nenhuma oportunidade para desfrutar nem daquele espaço mágico, nem de outra área qualquer de lazer. Para mim, era inconcebível que toda aquela estrutura esportiva permanecesse "às traças" na maior parte do dia, uma vez que somente muito cedo pela manhã, na hora do almoço, no final de tarde e nos fins de semana os alunos da FMUSP tinham tempo de frequentá-la.

Depois do primeiro susto, um grupo liderado pela então técnica do time de basquete feminino, Neiva Paraschiva, decidiu abraçar a causa com a típica obsessão dos imigrantes russos da Mooca e elaborar um projeto pedagógico que levou à criação da MedSport, uma das primeiras escolas de esporte para crianças da cidade de São Paulo.

Mediante uma pequena mensalidade, essas crianças podiam então praticar as mais diversas modalidades esportivas no outrora exclusivo "clube dos médicos da USP". Antes que qualquer um pudesse se dar conta, centenas de meninos e meninas, vestidos com uniformes verde e branco (as cores da Medicina da USP), podiam ser vistos nas quadras, no bosque, na pista de atletismo, nos ginásios, sob a supervisão de professores da MedSport. Contra todos os prognósticos de alguns dos "velhos" ex-alunos que se transformaram em médicos influentes do Hospital das Clínicas da USP, o sucesso junto à comunidade do bairro de Pinheiros e arredores foi estrondoso.

Ao longo dos anos seguintes, eventos como a Olimpíada da MedSport encheram a AAAOC mais do que qualquer outra competição dos alunos. Com isso, o apoio que a AAAOC, enquanto instituição, ganhou junto à comunidade foi incomensurável. Ao abrir-se para o seu entorno, de repente a AAAOC evoluiu do "clube dos médicos" para o "clube da vizinhança".

Trinta e cinco anos depois, a MedSport continua lá, firme e forte. Graças à obstinação e à paixão da mesma Neiva Paraschiva – que anteriormente conduzira o time de basquete feminino da AAAOC a inúmeras vitórias épicas na Intermed e na MAC-MED, e que permaneceu como diretora da MedSport durante 27 anos –, milhares de crianças paulistanas tiveram "um quintal" para brincar e crescer em harmonia.

Ao longo dessas mais de três décadas de sucesso, dezenas de ex--alunos da MedSport voltaram para a AAAOC, agora como alunos da FMUSP. Hoje, muitos desses ex-alunos da MedSport frequentam os corredores da FMUSP e do Hospital das Clínicas como residentes e professores. Centenas de outros, depois de se graduarem nas quadras, viraram engenheiros, físicos, atletas e até cientistas, formando uma comunidade de cidadãos realizados e felizes que podem creditar boa parte dessa realização e felicidade àquelas manhãs e tardes passadas à sombra das seringueiras do parquinho, ao lado da estátua do Carramão, ou dentro do Caveirão ou do Caveirinha (como são chamadas as duas quadras cobertas da AAAOC), defendendo o alviverde imponente da MedSport e da AAAOC, duas instituições cujas histórias, hoje, estão irremediavelmente interligadas.

A semente do que viria a ser o projeto mais importante da minha carreira de cientista havia sido plantada. Agora, era só esperar o momento adequado para vê-la florescer. No final de 1981, eu não fazia a menor ideia de que seria preciso mais de vinte anos para essa florescência começar a dar frutos.

Depois de ver nascer a MedSport, em 1982, resolvi me engajar de vez na tentativa de desalojar, pelo voto popular, os militares que ainda insistiam em manter o Brasil refém da sua distopia totalitária. Naquele ano o Brasil voltaria a eleger governadores pelo voto direto, e não por decreto dos títeres de farda. Ainda como aluno da FMUSP, passei a dividir o meu tempo, de uma forma não muito equânime, entre as aulas da faculdade e uma série de novas empreitadas voluntárias que incluíam, entre outras coisas, ser: motorista, panfleteiro, fotógrafo de comício e faz-tudo emergencial da campanha eleitoral para eleger o novo governador de São Paulo. Assim, de março a novembro daquele ano, a bordo de uma Brasília branca recém-presenteada pelo meu pai, transportei candidatos e material de campanha, e ajudei a afixar milhares de santinhos e panfletos da propaganda eleitoral por boa parte dos postes e muros da cidade de São Paulo e seus municípios vizinhos. Tal esforço se mostrou tão oneroso, do ponto de vista de quilometragem rodada, que, um dia, ao verificar o hodômetro do carro que ele acabara de me presentear, e perceber que ele já apontava algumas dezenas de milhares de quilômetros rodados em poucos meses, o senhor meritíssimo juiz de direito do segundo Tribunal do Júri da Capital, dr. Angelo Brasil Nicolelis, numa improvisada tomada de depoimento durante o jantar, me interrogou: "Pois então, desde quando o senhor se tornou motorista de táxi?".

Liberado mediante fiança, sobrevivi para ver o candidato Djalma Bom, um dos líderes das greves dos metalúrgicos de São Bernardo do Campo, ser eleito deputado federal com uma grande votação. Para minha enorme decepção, porém, o candidato a governador da mesma chapa terminou apenas em quarto lugar, atrás de Franco Montoro, que se elegeu, Paulo Maluf e Ademar de Barros Filho.

Em 1983, já no quinto ano da Faculdade de Medicina, o meu desapontamento com o resultado das eleições me deu a trégua física e mental e o tempo necessários para que eu iniciasse a perseguição de outra paixão juvenil: a ciência.

O pouso de Neil Armstrong na superfície da Lua, em 20 de julho de 1969, provavelmente deu início a esse namoro. Leitor ávido da obra de Júlio Verne, Isaac Asimov e Arthur Clark, desde os tempos do Grupo Escolar Napoleão de Carvalho Freire, a ciência e a ficção científica sempre fizeram parte das minhas divagações favoritas. Porém, foi um encontro fortuito, no meio da madrugada, durante um intervalo de um dos meus plantões como interno do pronto-socorro do Hospital das Clínicas, com um dos pais da neurociência brasileira, dr. César Timo-Iaria,[1] que selou meu destino. Daquela madrugada em diante, todas as minhas energias seriam devotadas à missão de me transformar num neurocientista de verdade.

A desilusão com a rejeição da emenda das Diretas e a mais do que irônica ascensão à Presidência da República, em 1986, do líder da Arena, o partido de sustentação da ditadura militar, devido ao falecimento trágico do presidente eleito pelo Colégio Eleitoral em 1985, Tancredo Neves, foram demais para mim. Sepultava-se de vez qualquer motivação para continuar a minha anônima e amadora militância política. Para o bem ou para o mal, a aposentadoria como "ativista político" serviu de trampolim para o nascimento do cientista profissional. Dali para a frente, eu iria me refugiar e curar minhas mágoas num outro tipo de empreitada: a busca de uma forma de registrar as magníficas sinfonias elétricas, produzidas pela interação de milhões de neurônios, que definem tudo aquilo conhecido vulgarmente como a natureza humana.

---

[1] Leia a descrição desse encontro no meu livro *Muito além do nosso eu*.

Dada a situação de penúria extrema da ciência brasileira no final da década de 1980, a opção que me sobrou foi só uma: o exílio voluntário.

Depois do desembarque em Guarulhos, já dentro do voo que me levaria a Brasília, eu repassava mentalmente os detalhes do plano que me motivara a retornar ao Brasil quinze anos depois.

"A ciência como agente de transformação social", foi assim que eu havia batizado o projeto, ainda no meu laboratório no Departamento de Neurobiologia do então recém-criado Centro de Neuroengenharia da Universidade Duke, na cidade de Durham, estado da Carolina do Norte, nos Estados Unidos. Junto com dois dos meus alunos brasileiros à época, Sidarta Ribeiro e Janaína Pantoja, e com outros membros da minha equipe, esse plano foi discutido e levado a termo.

À primeira vista, a ideia parecia simples. O seu ponto de partida centrava-se no estabelecimento de um instituto internacional de neurociência, focado na pesquisa em áreas de fronteira da ciência que se especializa na compreensão dos princípios de funcionamento do cérebro. Para superar todos os grandes obstáculos em que haviam naufragado tentativas anteriores, e que ainda nessa época impediam a concretização de um projeto dessa natureza no Brasil, seria preciso inovar em múltiplas dimensões, a começar pela filosofia proposta para um instituto como esse, até novas formas de obter fundos e financiamentos capazes de implementar e, principalmente, manter toda a infraestrutura e operação de um centro de pesquisa de ponta.

Tendo todas essas variáveis em mente, a proposta que eu levava para apresentar a vários ministérios em Brasília, na minha primeira volta à cidade desde a fracassada votação das Diretas em 1985, procurava fugir dos parâmetros convencionais da política científica brasileira. Para começar, o projeto propunha que esse instituto internacional fosse criado no Nordeste brasileiro, bem longe dos centros tradicionais de pesquisa científica, localizados na região Sudeste do país. No começo do século XXI, apenas o estado de São Paulo respondia por quase 80% da produção científica de todo o Brasil. Apoiada em grande parte pelos recursos disponibilizados pela Fundação de Amparo à Pesquisa do Estado de São Paulo (Fapesp), a mais tradicional e eficiente agência de fomento científico do país, as pesquisas realizadas em São Paulo também consumiam quase 50% dos recursos das três maiores agências financiadoras federais, CNPq, Capes e Finep, teoricamente responsáveis por apoiar a investigação de ponta em todo o território nacional. O grau de distorção dessa geografia científica era tal que, se a São Paulo fossem adicionados os estados do Rio de Janeiro e Minas Gerais, quase a totalidade da produção científica brasileira, bem como os gastos do governo federal na área, estariam contabilizados.

Apesar de ter estudado em São Paulo e ter me formado médico e cientista na instituição que mais contribui para a produção científica do Brasil, a Universidade de São Paulo, eu não tinha dúvida alguma de que a única forma de combater essa idiossincrasia seria a disseminação de grandes projetos de infraestrutura científica por todo o território nacional.

A defesa da descentralização da produção científica se baseava no simples fato de que, para poder realmente competir com as grandes potências científicas do mundo, e oferecer à sociedade brasileira os benefícios econômicos e sociais que uma economia do conhecimento pode trazer ao país, o Brasil precisaria tirar melhor proveito da grande variável que faz a verdadeira diferença em ciência: a criatividade humana. Apesar de possuí-la em quantidade exuberante, o Brasil nunca tirara proveito do seu enorme capital humano para a massificação da prática científica.

Para realmente usufruir desse enorme reservatório criativo, em vez de concentrar investimentos, infraestrutura e treinamento de pessoal numa única região do país, em detrimento de quase dois terços da população, era preciso criar em todos os cantos do Brasil as condições para o desenvolvimento da massa crítica humana capaz de operar o grande milagre que move a prática da ciência de ponta em todo o mundo: a arte de observar o até então inobservável, de desvendar os segredos mais íntimos da natureza, e a magia de transformar o aparentemente impossível em factível.

Foi dessa lógica, e do propósito de contribuir para um movimento em prol da descentralização geográfica da ciência brasileira, que propus a tese de levar para a periferia da capital do Rio Grande do Norte o projeto do Instituto Internacional de Neurociências de Natal, ou IINN, como ele foi inicialmente batizado e apelidado. Como era de esperar, se a escolha do Rio Grande do Norte já parecia desafiar a ortodoxia, a inclusão de um grande componente social como fulcro das atividades do IINN somente aumentou a surpresa, ou consternação, com que a iniciativa foi recebida inicialmente.

Dadas as dificuldades que à época já eram do conhecimento geral, e as centenas de outras que eu, nem por um milissegundo, pude antever naqueles primeiros dias de retorno ao Brasil, você leitor mais curioso deve estar se perguntando: mas o que fez alguém mudar tão radicalmente de rumo, depois de tanto tempo, e decidir retornar ao Brasil para tentar implementar um plano tão improvável? Como alguém poderia ter tido a ideia, ou mesmo apenas a inspiração, de deixar uma vida confortável de cientista numa das maiores universidades norte-americanas para tentar testar um micromodelo de país na pacata Macaíba?

A resposta é simples: um evento similar àquele que me fez decidir deixar o Brasil.

O resultado de uma eleição.

O estopim que precipitou a decisão de voltar ao Brasil e arriscar boa parte de tudo que eu havia conquistado durante o meu exílio científico foi disparado na noite do dia 27 de outubro de 2002, quando aquele mesmo candidato, que terminara a eleição de 1982 para governador do estado de São Paulo em quarto lugar, Luiz Inácio Lula da Silva, se elegeu presidente da República do Brasil. Durante o seu discurso de vitória, Lula conclamou seus conterrâneos a deixar de lado a cruel profecia de que este era apenas o país de um futuro que jamais se materializaria. Em vez disso, do alto dos seus quase 53 milhões de votos, o novo presidente se comprometeu, emocionado, a "fazer pelo Brasil o que precisa ser feito".

Para mim, esse era o chamado que ansiei em ouvir durante tanto tempo. Cercado dos meus filhos, que pouco ou nada entendiam, e de alguns dos meus alunos, eu me dei conta de que chegara a hora de retornar ao Brasil e responder ao chamado daquele lugar que nunca sai de dentro da gente.

Depois daquela primeira viagem de retorno em março de 2003, outras se seguiram. Dezenas de telefonemas e muitos documentos e formulários depois, em novembro daquele ano, recebi a primeira confirmação de que o recém-eleito governo brasileiro estava disposto a apoiar a instalação da primeira fase da nossa utopia científica em solo potiguar. Logo após receber a notícia por e-mail, vi que era chegada a hora de fazer um telefonema adiado por quase vinte anos.

– Neiva, é você? Não sei se ainda se lembra de mim, aqui é o Miguel, ex-diretor da AAAOC.

– Miguel, claro que eu me lembro. Tudo bem?

– Tudo. Você pode falar um minuto?

– Eu estou no mecânico. Bateram no meu carro e estou tentando ver quanto vai ser o prejuízo. Mas eu posso falar, sim.

– Desculpe incomodar numa hora dessas, mas eu precisava te convidar para um simpósio de neurociências que vamos fazer em março de 2004, em Natal.

– Natal? Neurociências? Que tenho a ver com isso?

– Neiva, pense MedSport, mas maior, muito maior. Você topa?

Sem nenhuma hesitação, a resposta foi imediata.

– Para ontem! Pode pôr os russos da Mooca na lista.

E o resto, agora, virou história.

MAS PARA QUE SERVE ESSA COISA DE CIÊNCIA?

Se restava qualquer dúvida na mente de algum distraído residente deste planeta azul que tanto a informação, bem como o seu primo rico, o conhecimento, adquiriram nas últimas décadas o invejável status de maiores objetos de desejo dos senhores da geopolítica global, os acontecimentos sísmicos do outono austral de 2013 certamente serviram como alerta aos mais incautos e desavisados.

De um milissegundo para outro, no princípio de junho de 2013, o mundo foi notificado de que a vida privada de uma astronômica fração de seus habitantes – representada por telefonemas, torpedos, e-mails, postagens em mídias sociais, enfim quase todos os bits de informação exteriorizada por cada uma das nossas mentes – havia sido violada de uma forma tão indiscriminada, profunda e irreversivelmente avassaladora que, num primeiro instante, muitos devem ter pensado tratar-se de mais um *blockbuster* de ficção científica, promovido por algum estúdio de Hollywood.

Infelizmente, não se tratava de mais um delírio surreal de algum enlatado de segunda categoria. Todavia, caso ainda fosse vivo, George Orwell teria o privilégio de ser o primeiro a dizer: *Didn't I tell you so?* [Eu não disse?].

Produto do maior vazamento de informações secretas já realizado por um ex-agente da poderosa Agência Central de Inteligência norte-americana – a famigerada CIA –, a trama, que parecia clonada de algum filme de 007 nos bons tempos em que Sean Connery ocupava o posto, foi planejada e protagonizada de maneira brilhante por um jovem de 29 anos, nativo do estado da Carolina do Norte.

Como funcionário da empresa Booz Allen Hamilton, e anteriormente da Dell Computers, Edward Snowden participara nos últimos anos de vários projetos de espionagem global, realizados pela não menos sinistra Agência Nacional de Segurança – ou National Security Agency (NSA). Como técnico de informática, Snowden teve, apesar da sua condição de funcionário terceirizado, completo e indiscriminado acesso a boa parte dos bancos de dados secretos da mais poderosa e bem equipada rede de espionagem deste lado da Via Láctea.

Ironicamente, a primeira grande surpresa do acontecido foi descobrir que tal aparato de espionagem, quem diria, era capaz, se necessário fosse, de coletar os mais sigilosos telefonemas entre astronautas russos ou ler os e-mails de terroristas de todo o planeta, mas aparentemente não tinha como estancar o vazamento digital que agora jorrava de dentro do seu próprio galinheiro mais secreto.

Como resultado desse pequeno descuido, em algumas horas o governo norte-americano se via confrontado com o maior escândalo de espionagem de todos os tempos. Segundo o script criado por Snowden e seu porta-voz, o jornalista Glenn Greenwald, também norte-americano, mas com residência estabelecida – como num típico roteiro hollywoodiano dos anos 1950 – na eterna Cidade Maravilhosa, Rio de Janeiro, o terremoto eclodiu com a publicação do primeiro lote de documentos secretos. Reproduzidos – sinal dos tempos – na página de abertura do website, e só depois nas parcas folhas ainda impressas do jornal britânico *The Guardian*, os documentos vazados demonstravam que o governo norte-americano, desde o atentado de 11 de setembro de 2001, implementara o maior sistema de vigilância estatal sobre uma população civil da história.

E não só cidadãos comuns norte-americanos foram alvos desse verdadeiro aspirador de bytes privados, mas também insuspeitos membros da comunidade europeia e tantos outros cidadãos chineses, paquistaneses e indianos. Bastaram alguns dias para que também fosse revelado que até mesmo toda a população brasileira, seus governantes, suas instituições públicas e grandes empresas tiveram seus dados mais sigilosos extraídos aos bilhões, sem que ninguém se desse conta. Nem mesmo a presidenta da República escapou dessa varredura que permitiu a coleta de informação de forma indiscriminada e foi executada com precisão e escala impensáveis meramente uma década atrás, graças a uma série de programas extremamente sofisticados, rodando nos computadores mais poderosos já construídos pela mente humana.

Para que a operação pudesse ser a mais ampla e irrestrita, foi preciso auscultar, vasculhar, tragar e digerir os vastos e nebulosos confins da tecnologia mais disruptiva criada pela humanidade. Conhecida vulgarmente pelo nome de internet, essa rede formada pela conexão de bilhões de computadores e outros artefatos digitais, como telefones e tablets, distribuídos por todo o mundo, surgiu, pelo menos em grande parte, como herdeira do projeto de rede de computadores chamado Arpanet, financiado pela Advanced Research Projects Agency (Arpa), a agência de fomento de pesquisa militar de ponta do Departamento de Defesa norte-americano, criada em 1958 pelo presidente Dwight Eisenhower.

Na segunda metade dos anos 1960, a Arpa, que depois foi rebatizada como Darpa (Defense Advanced Research Projects Agency), interessou-se em criar uma rede de computadores privada de comunicações envolvendo os laboratórios e as instalações militares do Departamento de Defesa e seus colaboradores em universidades e institutos de pesquisa espalhados por todos os Estados Unidos. Boa parte das ferramentas básicas e dos protocolos de comunicação da internet foi produzida por pesquisadores envolvidos com o projeto Arpanet.

Quase meio século depois de financiar o embrião que gerou a internet, o governo norte-americano foi capaz de obter, analisar e armazenar quantidades inomináveis de dados pessoais privados de centenas de milhões de pessoas, contando com a explícita colaboração dos maiores senhores feudais do *cyberspace*. Sim, pois logo também foi revelado que empresas como Google, Microsoft, Apple, Facebook e Twiter haviam aberto, não se sabe bem se voluntariamente ou sob ordens judiciais expedidas de cortes secretas, as porteiras de seus servidores para que a NSA pudesse saciar seu apetite voraz por informações as mais diversas possíveis. Tudo em nome da missão de proteger os Estados Unidos de eventuais atentados terroristas.

Como se terroristas de alta periculosidade passassem o tempo postando instruções em tuítes de 140 caracteres ou em suas páginas do Facebook, diretamente de suas "células subversivas" na praia de Ipanema ou nos modernos laboratórios de pesquisa da Petrobras, que gerenciam os dados sigilosos sobre a verdadeira dimensão das já gigantescas reservas petrolíferas da camada do pré-sal, localizadas nas profundezas do subsolo marítimo da costa leste brasileira.

Sem aviso prévio, sem regras predeterminadas e sem a gentileza de prover manual que permitisse antever as implicações e as ramificações dessa revelação assustadora, um futuro tão incerto quanto irreconhecível expunha-se à contemplação de uma sociedade – a nossa – tão atônita quanto despreparada para compreendê-lo e, eventualmente, arrefecer o seu avanço, até aqui movido a um passo quase inexorável. Para se ter uma noção do impacto causado pela revelação da espionagem indiscriminada realizada pelo governo norte-americano no Brasil, ninguém menos do que o próprio ministro da Defesa brasileiro, Celso Amorim, revelou não se sentir mais seguro em usar seu e-mail para comunicar assuntos sigilosos com seus auxiliares mais próximos ou outros membros do governo.

Com raríssimas exceções, todos os meus interlocutores brasileiros foram surpreendidos a ponto de ficarem chocados, não com o já tradicional cinismo oficial norte-americano, que, como é de domínio público, já conspirou para pelo menos um golpe de Estado nestas paragens tropicais, mas com a simples constatação de que tudo isso fora possível: implementar e ocultar um sistema de espionagem com essa amplitude e escopo, em âmbito global, envolvendo inclusive um país amigo e parceiro comercial não beligerante como o Brasil.

Como bem profetizou, décadas atrás, o grande mestre da ficção científica do século XX, Arthur Clark, quando confrontados com certos avanços científicos e tecnológicos, bem acima da sua capacidade média de compreensão, muitos só conseguirão descrever tais desenvolvimentos como obras de pura magia. Assim, como um membro atônito de alguma tribo de neandertais que, mediante alguma milagrosa viagem pelo tempo, vê-se repentinamente afásico diante da imagem de um avião prestes a levantar voo, boa parte da humanidade – nela inclusa a maioria da sociedade brasileira – não conseguiu nem ao menos imaginar uma hipótese plausível para explicar como os hackers profissionais a serviço da NSA foram e continuam sendo capazes de se apoderar, instantaneamente, de toda e qualquer forma de comunicação dos habitantes deste planeta, salvo – pelo menos até o momento – seus pensamentos *in natura*.

Para os menos atentos cidadãos e governantes brasileiros, o escândalo de espionagem da NSA não só expôs explicitamente os riscos que as liberdades civis individuais, o direito inalienável à privacidade e, no limite, a democracia pluralista como um todo correm num mundo que se vale, para todas as suas funções essenciais, de meios e ferramentas de comunicação eletrônica monopolizados por um único país; na realidade, essa revelação também serviu para trazer à tona no debate nacional um dos mais conhecidos e menos discutidos segredos estratégicos dessa nossa aldeia global: no mundo de hoje, investir em ciência, desenvolvimento tecnológico, educação científica e formação de capital humano para a indústria do conhecimento é uma questão de soberania nacional.

De certa maneira, não seria nem necessário evocar os propósitos da rede de espionagem norte-americana para validar essa última conclusão, mas esse exemplo recente destrói de vez a visão, muito difundida no Brasil, de que ciência é um tema abstrato, domínio de poucos eleitos da comunidade acadêmica e gestores públicos, que definitivamente não pertence ao topo do debate nacional, particularmente num país que carece de uma cobertura total de rede de esgotos, hospitais, escolas e tantos outros serviços públicos prioritários.

Se o caso que abre este capítulo não é suficiente para refutar tal absurdo, basta, por exemplo, nos colocarmos no lugar do governo e da população da pequena Geórgia – não o estado do sul dos Estados

Unidos, mas o pequeno país ao sul das montanhas do Cáucaso, na chamada Eurásia, que se originou da cisão de uma república homônima da então União Soviética. Muito tempo depois da sua independência, em 2008, a Geórgia se envolveu na chamada Guerra da Ossétia do Sul. Nesse conflito, o governo russo, liderado pelo onipresente Vladimir Putin, ex-capo da KGB, aliou-se a rebeldes que buscavam a separação do território da Ossétia do Sul do resto da Geórgia. Surpreendentemente, muito antes que qualquer tanque ou batalhão russo cruzasse a fronteira georgiana, o país foi alvo de um ataque eletrônico em grande escala que desabilitou ou tirou do ar milhares de computadores (conhecidos como servidores), responsáveis pela comunicação dentro e fora do país. Executado por hackers russos – municiados com ferramentas digitais que inundavam os computadores georgianos com pedidos de acesso, levando essas máquinas ao colapso –, esse ataque cibernético praticamente isolou a Geórgia do resto do mundo, paralisando as comunicações de órgãos estratégicos como o Ministério da Defesa, o Parlamento, a Presidência e as agências de notícias do país. Como resultado dessa blitz eletrônica, a vasta maioria dos habitantes da Geórgia não conseguia receber notícias da guerra provenientes do seu próprio governo. Isso por que, durante a quase totalidade do conflito, a Geórgia retornou ao mundo pré-internet.

Evidentemente, alguns ainda podem argumentar que esse exemplo não é relevante para a realidade brasileira, uma vez que o que se passou num pequeno país como a pobre República da Geórgia nunca poderia ocorrer por estas latitudes tropicais.

Melhor pensar de novo. Basta rever os duros fatos. Nem o governo brasileiro, nem, muito menos, as empresas nacionais controlam os componentes essenciais que permitem hoje que dezenas de milhões de brasileiros e milhares de órgãos governamentais e corporações nacionais tirem proveito rotineiro de todas as benesses da internet, para executar tarefas que vão das mais mundanas até as mais estratégicas e vitais para a manutenção da nossa vida cotidiana. Sem mencionar a salvaguarda da nossa soberania enquanto nação.

Esse altíssimo grau de incerteza e insegurança do *cyberspace* tupiniquim se dá porque não são brasileiros os satélites espaciais que roteiam os nossos telefonemas e outras comunicações eletrônicas. Muito menos é brasileira a verdadeira "espinha dorsal" da internet, formada por emaranhados de cabos transatlânticos que dispensam, segundo os interesses dos seus verdadeiros proprietários, o acesso aos servidores e websites que definem as grandes estações receptoras e distribuidoras de tráfico dessa que é a maior de todas as redes conhecida pelo homem, com exceção do seu próprio cérebro.

Não são nossas nem mesmo as empresas de telecomunicação que dispensam os nossos serviços de telefonia celular – aos trancos e barrancos, verdade seja dita – sob o controle ou a influência decisiva de investidores estrangeiros e, portanto, muito mais sensíveis a eventuais requisições de parceiros VIP advindos dos quartéis-generais da NSA, da CIA e do FBI.

Da mesma forma, o sistema GPS – Global Positioning System, ou sistema de posicionamento global –, que depende para o seu funcionamento de uma série de satélites controlados pelos Estados Unidos, expõe a situação de dependência e vulnerabilidade tecnológica enfrentada pelo Brasil. Para tanto, basta imaginar o que aconteceria caso os Estados Unidos passassem a nos negar o acesso a esse sistema. Além dos milhões de cidadãos brasileiros que repentinamente deixariam de ter acesso ao GPS de seus carros – ou a aplicativos como o Waze, para desespero de alguns conhecidos meus –, as Forças Armadas do Brasil também deixariam de contar com esse sistema de navegação estratégico.

Para piorar uma situação já bem complicada, o Brasil não fabrica microprocessadores – a unidade central de controle de sistemas digitais – e, portanto, depende das grandes empresas estrangeiras do setor para suprir seu mercado de microcomputadores, laptops, tablets, televisores digitais e telefones celulares, que, apesar de terem alguns modelos montados e programados aqui, têm seus principais componentes fabricados apenas no exterior.

Em suma, não é totalmente absurdo imaginar que, caso fosse necessário, bastariam alguns telefonemas, oriundos de um certo escritório oval ou de um prédio pentagonal de além-mar, para desconectar todo o Brasil de si mesmo e do resto do mundo em parcos minutos.

Imagine, se você puder, caro leitor, o impacto devastador que esse cenário desencadearia, mesmo que limitado a apenas algumas horas, num país tão dependente como o nosso de comunicações pessoais, comércio interno e externo, transações bancárias e financeiras eletrônicas e milhões de outras ações vitais que requerem a presença de um aparato digital em pleno funcionamento?

Hipotético, mas longe de ser impossível, esse cenário certamente escapou dos limites internos da famosa Caixa de Pandora há algum tempo. Todavia, em junho de 2013, tal possibilidade deve ter causado calafrios em muitos brasileiros, que se deram conta de tal realidade pela primeira vez. Em poucas palavras, no mundo deste terceiro milênio, tanto a prática da ciência e tecnologia de ponta como o aumento da proficiência científica da população de um país, por meio da melhoria do sistema educacional, são essenciais, como veremos ao longo deste livro, para garantir a liberdade, a independência, a prosperidade e, no limite, a própria sobrevivência de uma democracia verdadeiramente justa e secular.

A despeito desse alerta, é bem provável que muitos continuem a pensar que investir em ciência é um luxo para uma sociedade que enfrenta graves problemas sociais, onde ainda existem vários bolsões de miséria extrema e onde a rede de escolas e o sistema educacional, bem como todo o sistema de saúde pública, estão muito aquém das necessidades da sua população.

Essas mesmas indagações me foram feitas por jornalistas brasileiros que, junto com outros seiscentos inscritos, participaram do I Simpósio Internacional de Neurociências de Natal, realizado entre 3 e 7 de março de 2004, num hotel à beira-mar, na paradisíaca Via Costeira, um dos cartões-postais da cidade de Natal. Organizado para lançar oficialmente o projeto do Instituto Internacional de Neurociências de Natal no Brasil, esse evento trouxe a Natal mais de quarenta neurocientistas de todo o mundo para apresentar seus últimos resultados e apoiar a iniciativa de levar para o Rio Grande do Norte um projeto científico inédito.

Coube a mim a última apresentação, num domingo de manhã, no dia 7 de março, para um auditório lotado por muitos rostos

Alguns dos "pioneiros" da AASDAP tiram um momento para respirar no lobby do Hotel Pirâmide, na Avenida Costeira, durante o I Simpósio Internacional de Neurociências de Natal, em março de 2004. Da esquerda para a direita: dr. Luiz Antonio Baccalá, Neiva Paraschiva, o autor e dr. Koichi Sameshima.

conhecidos que, vindos de todo o mundo, atenderam ao nosso chamado – que todos os caminhos levavam a Natal – e por centenas de pessoas que eu encontrava pela primeira vez.

Chegara a hora de anunciar os nossos planos, o nosso intuito.

Depois de desfrutar por alguns segundos da imagem daquele auditório lotado por uma multidão ansiosa – e logo após uma rápida troca de olhar com a minha grande cúmplice por mais de meio século, a escritora Giselda Nicolelis –, dei início àquela palestra que ficará registrada na minha memória, por um sem-número de razões profissionais e pessoais, pelo resto da minha vida.

A princípio mais nervoso do que de hábito, comecei por detalhar a visão mais comum do potencial impacto da ciência numa sociedade moderna. O primeiro gráfico que usei para ilustrar esse conceito encontra-se reproduzido na próxima página. Produto de um estudo realizado pelo economista Michael Porter, da Universidade Harvard, ele relaciona o impacto da inovação científica de um grupo de países – medida através da combinação de uma série de

Correlação entre o índice da capacidade de inovação e o PIB per capita por país, no ano 2000

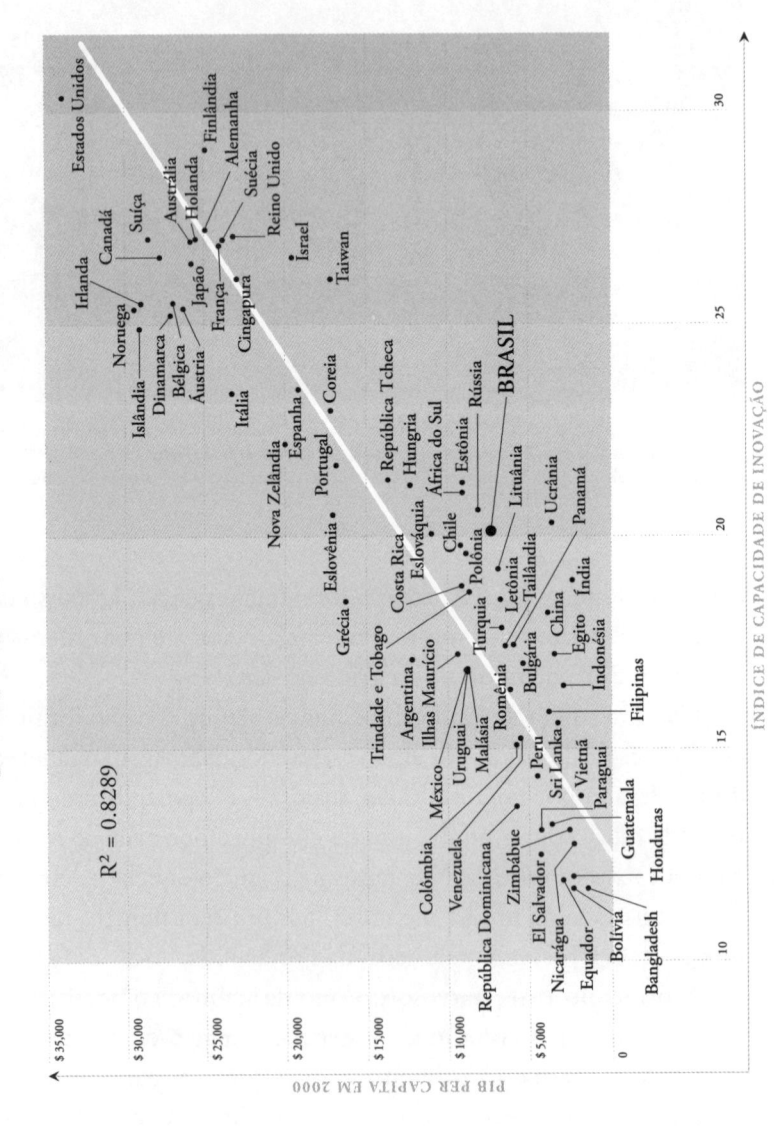

$R^2 = 0.8289$

PIB PER CAPITA EM 2000

ÍNDICE DE CAPACIDADE DE INOVAÇÃO

Fonte: Michael Porter/Harvard University

Reta de Inovação desenvolvida por Michael Porter, Universidade Harvard.

variáveis que incluem produção científica, patentes, formação de recursos humanos para a prática da ciência etc. – com o produto interno bruto *per capita* de cada uma dessas nações. Como logo se pode deduzir, essas duas variáveis são altamente correlacionadas. Na verdade, a relação entre as duas variáveis pode ser definida com grande precisão por uma reta – que eu gosto de chamar de "ladeira da inovação" –, indicando que sociedades com grandes índices de inovação científica e tecnológica geralmente possuem economias com altos valores de PIB por habitante.

Como é bem sabido, a existência de uma correlação linear, mesmo uma tão alta como essa, por si só não necessariamente implica que existe uma dependência causa-efeito entre as variáveis. Todavia, o fato de que várias nações, como a Coreia do Sul e a Finlândia, no decorrer das últimas décadas galgaram inúmeras posições ao longo dessa reta – isto é, subiram a ladeira da inovação, aumentando a riqueza média por habitante ao investirem de maneira maciça em ciência, educação científica e inovação tecnológica – indica fortemente que países que optam por políticas sustentadas de investimento estratégico nessas áreas invariavelmente colhem um enorme retorno econômico ao, por exemplo, alavancar suas economias com a fabricação de produtos de alto valor agregado e aumento da produtividade industrial.

Como que para colocar um rosto, um nome e um feito a essa realidade estatística, e mostrar que mesmo no Brasil essa equação tem história pregressa e potencial futuro – já mais senhor das minhas própria emoções –, no *slide* seguinte relembrei o feito épico de Alberto Santos Dumont, o autodidata brasileiro, que, num ato de ousadia incomensurável, deixou toda Paris estupefata ao contornar a Torre Eiffel no seu dirigível Brasil número 6, na manhã de um sábado ensolarado, o dia 19 de outubro de 1901, retornando prontamente ao seu ponto de partida, na localidade de Saint-cloud, na borda do Bois de Bologne, em exatos trinta minutos. Ao desfilar pelos céus parisienses, pilotando a sua mais recente invenção, Santos Dumont deu à luz e batizou a indústria do voo controlado, aquela mesma que mudou o mundo do século XX e, 68 anos depois, fez com que o homem pousasse na Lua, justamente no dia do aniversário (20 de julho) de seu fundador.

Da mesma forma, com sua genialidade, Santos Dumont inadvertidamente lançou a semente para que uma futura geração de brasileiros fundasse uma empresa de aviação nacional – contra todos os prognósticos e conselhos dos seus pares – chamada Embraer, que no começo deste século se consolidou como a terceira maior fabricante de aviões a jato do planeta.

Made in São José dos Campos!

Sorvendo cada miligrama da reação que agora se revelava nos rostos sorridentes e olhos marejados de todas as partes daquele auditório, prossegui: "Um único homem e seus feitos aeronáuticos, considerados até então impossíveis, quase suicidas, proveram a inspiração necessária para a criação e o sucesso de uma empresa que hoje emprega milhares de pessoas e fatura bilhões de dólares anualmente".

Para surpresa de muitos, nesse ponto da minha palestra revelei que o nosso objetivo era ir muito além. Para nós, o projeto do Instituto Internacional de Neurociências de Natal, como à época ele ainda era chamado, visava testar um modelo de prática científica ainda inédito em todo o mundo.

Ciência como agente de transformação social!

Essa era nossa ambição maior.

Pelos próximos quarenta minutos, apresentei as primeiras facetas dessa ideia, que então tinha apenas alguns contornos macroscópicos, mas já arraigados como essenciais para o sucesso da nossa empreitada, que começava, de verdade, ali, naquela exposição pública de uma utopia científico-social que muitos duvidaram ser possível conceber, quem diria realizar.

E foi assim que, naqueles segundos derradeiros daquele que viria a ser apenas o primeiro ato de uma longa, muito longa, mas inesquecível ópera de uma década de palestras, encontros, viagens, negociações, derrotas, vitórias, decepções, celebrações, mostrei que a nossa maior missão seria criar as condições, o ambiente, enfim, os céus, para que futuras gerações de Santos Dumonts de todas as partes deste país não precisassem mais descortinar os seus sonhos delirantes apenas em céus estrangeiros.

"Daqui para a frente, todos esses sonhos se transformarão em realidade aqui, sob a luz do Cruzeiro do Sul!"

A explosão com a qual todo o auditório selou aquele compromisso formal, de pé, entre lágrimas e aplausos – em frente daquele mar azul equatorial e das dunas de areia fina por onde um dia caminharam os valorosos guerreiros Potiguar e Tapuia –, não deixou nenhuma margem de dúvida.

Desistir já não fazia parte das nossas opções.

MAS POR QUE NATAL?

Desde o momento em que as intenções de criar o Instituto Internacional de Neurociências de Natal foram reveladas oficialmente, na minha primeira vinda a vários ministérios em Brasília, seguida de uma breve visita ao Rio Grande do Norte, em março de 2003, e até hoje, treze anos depois, de longe a pergunta mais frequente que é feita a mim por todo o Brasil em relação ao nosso projeto continua sendo a mesma: "Mas, afinal de contas, por que Natal?".

Invariavelmente, quando essa "pergunta crucial" – como ela é geralmente prefaciada – é feita por algum jornalista dos grandes veículos tradicionais da imprensa nacional, ela é acompanhada com uma expressão de espanto, inconformismo, desdém ou até mesmo indignação. Afinal de contas, a possibilidade de que alguém, ainda mais um cientista há muito residindo no exterior, ao menos esboçasse o desejo de desenvolver um projeto de infraestrutura científica de grande porte fora do eixo São Paulo–Rio de Janeiro soava, no início de 2003, como um completo desatino. Para uma fração dos jornalistas especializados na cobertura da área científica, bem como para o "alto clero" da comunidade científica brasileira, residentes e praticantes das suas respectivas artes na região Sudeste do país, a simples menção da escolha da capital de um pequeno estado nordestino para sediar o nosso projeto causou um mal-estar que, a bem da verdade,

Palmeira macaíba, comum na região metropolitana de Natal.

mesmo depois de mais de uma década, ainda não foi totalmente digerido por alguns.

Desde as primeiras vezes que essa questão foi posta a mim, sempre me surpreendi com o olhar de inquietação ou mesmo desaprovação dos meus interlocutores. Muitas vezes, pensei em simplesmente responder a essa pergunta, no melhor estilo dos psicanalistas: "E por que não Natal?".

Dadas a insistência e a frequência com que a mesma dúvida se manifestava em entrevistas ou nas minhas palestras por todo o país, por muitos anos desenvolvi a fantasia de usar a pergunta como título do eventual livro que um dia contasse a história desse projeto.

"Mas por que Natal?"

Logo na minha primeira viagem oficial a Natal, motivada pelo desejo de identificar uma área que pudesse abrigar o futuro campus do IINN, por sugestão do então reitor da Universidade Federal do Rio Grande do Norte fui convidado a conhecer a fazenda onde funciona o Colégio Agrícola dessa instituição, localizado a 25 quilômetros de Natal, no distrito de Jundiaí, da cidade de Macaíba. Para os que já passaram pela experiência, a falta de palavras apropriadas para descrever a sensação de viver um amor à primeira vista é fenômeno conhecido. Como reduzir em prosa todo o turbilhão de sensações envolvidas num desses encontros fatídicos, que muda o rumo das nossas vidas num instante? Pois foi mais ou menos o que se passou nesse primeiro encontro com a periferia rural da pequena e não tão pacata cidade de Macaíba.

Macaíba é o nome dado a uma espécie de palmeira típica da região nordestina e muito comum nas cercanias de Natal. Caracteristicamente, a macaíba se distingue das suas parentes por apresentar um abaulamento no tronco que sugere um estado de gravidez permanente. Vem daí não só o nome da cidade da grande Natal, mas também a inspiração para o título desta narrativa:

Made in Macaíba. Feita em Macaíba!

Mais do que indicar uma localidade geográfica, *Made in Macaíba* simboliza, em múltiplos planos, os princípios de um projeto concebido para, inicialmente, quebrar vários tabus da prática científica no Brasil e, a longo prazo, servir como base para a criação de um projeto científico nacional realmente genuíno e estratégico. Construída de baixo para cima, essa proposta visava equacionar e prover tudo aquilo que é essencial para o desenvolvimento e a plena expressão do talento humano de gerações de brasileiros que ainda estão por nascer, catalisando e aproveitando esse talento para o estabelecimento de uma ciência voltada para a solução dos grandes problemas da sociedade brasileira; uma ciência verdadeiramente de inspiração tropical.

Apesar da expressão "ciência tropical" ter sido recebida com tom de troça por uma parcela da imprensa "especializada" no Brasil, essa visão propõe um programa de pesquisa científica muito bem definido e claro para o país. Com objetivos estratégicos de longo prazo – o maior deles sendo a promoção de uma verdadeira e ampla democratização dos meios de produção, consumo e benefícios da prática científica por todo o território nacional –, se implementada essa proposta permitiria que toda a sociedade brasileira, e não apenas alguns dos seus setores, pudesse participar ativamente do estabelecimento da indústria nacional do conhecimento. Essa por sua vez assumiria o compromisso, inédito em todo o mundo, de não só alavancar o desenvolvimento econômico, mas também promover um avanço profundo de questões sociais vitais, como a educação e a saúde pública, que ainda afligem a sociedade brasileira.

Nessa nova visão inclusiva de ciência, áreas tradicionais de atuação do poder público brasileiro, como saúde, educação, ciência e tecnologia e a confecção de políticas de desenvolvimento industrial e de defesa nacional, que até hoje permanecem virtualmente desconectadas, passariam a se encadear num esforço coordenado dentro de um único alicerce estratégico: a construção de um novo modelo econômico-social ancorado tanto no apoio e no desenvolvimento das áreas de pesquisa que servem como verdadeiros alicerces da "sociedade do conhecimento" que aflora neste princípio de milênio como em valores humanísticos que recolocam o homem, o seu potencial humano e a sua felicidade como valores centrais de um projeto de nação.

All made in Macaíba!

Nada mau para um projeto que em março de 2003, quando a sua existência foi anunciada para a comunidade científica brasileira, num artigo de página inteira, com direito a chamada de capa, no *Jornal da Ciência*, tradicionalmente publicado pela Sociedade Brasileira para o Progresso da Ciência (SBPC), não tinha nenhum tipo de recurso financeiro, sede fixa ou quadros para sair do papel.

Para muitos aquela era a minha primeira visita a Natal. Pelo menos essa foi a versão relatada na imprensa local e nacional quando a notícia se espalhou. Na realidade, nada poderia ser mais distante da verdade. Sem que ninguém soubesse, desde meados de 2000 eu aproveitara alguns convites para palestras no Brasil a fim de realizar viagens de prospecção por várias capitais do Nordeste em busca de uma localidade que reunisse todas as condições mínimas para a implementação do projeto que comecei a lapidar durante os dois anos que antecederam a histórica eleição presidencial de 2002. Em meados de 2001 eu já havia concluído que Natal oferecia as condições ideais para o sucesso desse nosso "foco de guerrilha científica".

Mas o mistério ainda era visível na face dos meus interlocutores. "Mas por que Natal?"

Na verdade, a resposta a essa "pergunta crucial" era muito mais simples do que se supunha. Para desapontamento de muitos, eu não me decidira por Natal por nenhuma razão familiar, pessoal ou como consequência da minha estupefação pelas belezas naturais da região, certamente maravilhosas, que, segundo alguns, me proporcionariam férias muito agradáveis em praias tropicais – para listar apenas algumas das hipóteses aventadas pela imprensa e por alguns colegas da comunidade científica brasileira, contrários visceralmente ao projeto, para justificar aquela minha decisão.

Ocorre que à época, depois de quase quinze anos militando na comunidade científica norte-americana, dez dos quais numa das maiores universidades dos Estados Unidos, a Universidade Duke, localizada na pequena Durham, estado da Carolina do Norte –, eu tivera tempo suficiente para refletir e assimilar algumas das razões fundamentais que levaram aquele país a se transformar no líder mundial inconteste da produção de ciência básica de ponta e o grande promotor da tradução do conhecimento científico básico para a produção de uma gama enorme de inovações tecnológicas, a maior delas sem dúvida alguma representada pela criação da indústria digital, envolvendo tanto o meio – a internet – como o hardware e o software, representados respectivamente pelos computadores digitais e seus programas, necessários para a navegação nesse gigantesco universo virtual.

Por exemplo, de forma geral, o sucesso norte-americano na área de ciência e tecnologia tem muito a ver com a cultura predominante do país onde o modelo econômico proposto pelo clássico sistema liberal capitalista se valeu de grandes investimentos na área de ciência e tecnologia. Arriscar e ousar cientificamente faz parte do DNA norte-americano há muitas e muitas gerações.

Talvez uma pequena anedota sirva para ilustrar ao que me refiro. Ao ler uma biografia do grande escritor norte-americano Mark Twain, um dos ídolos literários da minha infância, eu me dei conta de que boa parte de sua vida foi devotada a, além de produzir obras literárias geniais, tentar patentear descobertas e invenções, mesmo algumas de relevância bastante discutível. Entusiasta do mundo da ciência e tecnologia, amigo próximo de cientistas renomados, como Nikola Tesla, Mark Twain se aventurou em alguns empreendimentos tecnológicos no papel que hoje seria de um típico investidor tecnológico (ou *venture capitalist*) do Vale do Silício.

Como ninguém em sã consciência pode imaginar Machado de Assis analisando planos de negócio de *startups* tecnológicas entre a criação de um e outro capítulo das suas *Memórias póstumas de Brás Cubas*, a vida de Mark Twain serve, portanto, como uma ótima forma de ilustrar a profunda diferença cultural que existia entre brasileiros e norte-americanos na segunda metade do século XIX. Tipicamente, a mentalidade dominante dos Estados Unidos, resumida no famoso *American way of life*, baseia-se na crença quase obsessiva de que o indivíduo só depende de si mesmo para, de uma hora para outra, enriquecer e se transformar num *self-made millionaire*. Toda a vida de Mark Twain demonstra que essa visão já dominava a sociedade norte-americana desde pelo menos a segunda metade do século XIX. Todavia, parafraseando a famosa troça popular brasileira, como *venture capitalist* Mark Twain foi um escritor e humorista genial.

Tal conclusão pode ser facilmente auferida pela constatação de que, depois de tentar, na sua juventude, ser mineiro de prata para desenterrar uma fortuna com as próprias mãos, Mark Twain financiou uma geringonça mecânica de 18 mil componentes, chamada Paige Compositor, que prometia automatizar a composição de tipos de chumbo para impressão de jornais, tarefa que acabou sendo solucionada pela invenção do linotipo por um dos seus competidores, Ottmar Mergenthaler. Como resultado dessa e de outras aventuras, Mark Twain perdeu pequenas fortunas, múltiplas vezes, durante a sua longa e produtiva vida, inclusive tendo que declarar falência judicial em pelo menos uma vez.

Nenhum desses infortúnios, aparentemente, demoveu o grande escritor de perseguir, até o fim da vida, o seu próprio e elusivo eldorado. Como consolo, todavia, restaram-lhe a imortalidade como um dos maiores contadores de história e causos de todos os tempos e a máxima que usou para dar conselhos a futuros investidores. Como resultado de uma vida de infortúnios no mundo dos negócios de alto risco, Mark Twain disse que aprendeu apenas duas lições fundamentais na sua carreira: "Não investir quando não se tem condições, e não investir quando se tem!".

A menção de uma das aventuras menos conhecidas de Mark Twain ajuda a ilustrar o ponto de que desde muito cedo a aristocracia norte-americana, bem como boa parte da sua intelectualidade e dos governos daquele país – certamente influenciados pelo tremendo impacto da revolução industrial desencadeada na Inglaterra –, viam o desenvolvimento científico e tecnológico como um caminho essencial para acelerar tanto o desenvolvimento nacional como o enriquecimento pessoal.

Segundo o relato do professor de computação Richard DeMillo em *Abelard to Apple*, a história da ciência norte-americana começou a mudar de rumo precisamente na segunda metade do século XIX, na mesma época que Mark Twain encantava o mundo com a publicação das aventuras de Tom Sayer e Huckleberry Finn. Em 1874, graças à maior doação privada da época (7 milhões de dólares), o filantropo *quaker* Johns Hopkins financiou a fundação de um hospital e da primeira universidade norte-americana cuja missão seria primariamente focada na produção de conhecimento de ponta. Seguindo o desejo do Conselho de Diretores e do seu primeiro presidente, um bibliotecário visionário chamado Daniel Gilman, nascia assim, na pequena cidade sulista de Baltimore, no estado de Maryland, a Johns Hopkins University, a primeira que se propunha a fomentar a pesquisa científica na fronteira do conhecimento como motor principal da sua existência.

Criada fora do principal eixo econômico e político do país pós-Guerra Civil, localizado nos estados do nordeste dos Estados Unidos, os quais, não por mera coincidência, também abrigavam o *crème de la crème* da academia norte-americana, conhecida como a Ivy League, formada por, entre outras, a Universidade Harvard (na cidade de Boston, no estado de Massachusetts), Universidade da Pensilvânia (Filadélfia, Pensilvânia) e a Universidade Yale (New Haven, Connecticut, de onde Daniel Gilman saiu para criar o seu sonho), o experimento iniciado com a fundação da Universidade Johns Hopkins logo se alastrou por todo o país. Confrontadas com uma mudança dramática de paradigma, as universidades da Ivy League, que inicialmente reagiram com desdém, quase escárnio, a iniciativa revolucionária da recém-criada universidade, num estado predominantemente rural do sul dos Estados Unidos, mantiveram o foco nas ciências humanas, religião e formação de profissionais liberais, como advogados, pastores e médicos. Alguns anos depois, porém, elas não tiveram alternativa a não ser adotar o novo modelo de universidade em que professores são ao mesmo tempo educadores e pesquisadores independentes, financiados por fundos externos, públicos ou privados, para desenvolver um programa de pesquisa próprio.

Em poucos anos, o modelo pioneiro da Johns Hopkins transformou radicalmente a prática da ciência norte-americana, originando o processo irreversível que em meio século seria responsável pela transferência do centro geográfico da ciência mundial da Europa ocidental para os Estados Unidos. Nascia assim o empreendedorismo científico, no qual cada professor-chefe de um laboratório, além de ministrar seus cursos, seria também responsável por gerir a sua "microempresa de pesquisa", uma versão mais sofisticada do "plano de negócios" da "padaria nossa de cada esquina". A partir de então, universidades de pequeno, médio e grande porte por todo o território norte-americano começaram a disputar cientistas, principalmente europeus, para suprir a repentina demanda por talento científico.

Mas quem iria pagar a conta e suprir de fundos os laboratórios que começavam a pipocar por todos os Estados Unidos? Richard De-Millo relata que durante toda a segunda metade do século XIX, e até meados da Segunda Guerra Mundial, a principal fonte desses fundos provinha de fundações privadas – a maior delas chamada Carnegie Institution for Science –, filantropos, grandes e pequenos investidores privados, como Mark Twain.

Surpreendentemente, o governo norte-americano, que não dispunha de nenhuma agência federal de fomento à pesquisa durante esse período, mantinha-se à parte do processo de financiamento científico.

Essa situação só começou a mudar durante a Segunda Guerra Mundial, quando o governo do presidente Franklin Delano Roosevelt decidiu criar várias entidades de fomento científico voltadas para o esforço de guerra na Europa e no Pacífico. Surgem nesse período o National Defense Research Committee [Comitê de Pesquisa para a Defesa Nacional] e o Office of Scientific Research and Development [Escritório de Desenvolvimento e Pesquisa Científica].

No começo da década de 1940, o senador democrata Harley Kilgore, do estado da Virgínia Ocidental, antigo aliado de Roosevelt desde os anos 1930, começou a se preocupar com a falta de uma política nacional de ciência e tecnologia, coordenada diretamente pelo governo norte-americano. Na sua visão, essa entidade seria responsável por fomentar a pesquisa científica em todo o país. Avesso à tese de que o tão propalado "mercado" seria capaz de dirigir e regular essa atividade em prol dos verdadeiros interesses do povo norte-americano, e contrário à monopolização da pesquisa nacional na mão de apenas algumas poucas universidades de elite, Kilgore propôs a criação de uma agência nacional que financiaria projetos de ciência pura e aplicada, segundo as necessidades e os desejos da sociedade civil.

Em 1942, Kilgore submeteu ao Congresso norte-americano a sua proposta, intitulada Science Mobilization Act [Ato de Mobilização da Ciência]. Por acharem a proposta "socialista demais", os colegas de Kilgore prontamente rejeitaram o projeto. Todavia, como a vitória final na Segunda Guerra em 1945 foi creditada em grande parte ao trabalho secreto desenvolvido por um grupo de físicos, empregados pelo governo para desenvolver, através do chamado Projeto Manhattan, a primeira bomba atômica, a necessidade de criar mecanismos nacionais de fomento à pesquisa científica ganhou impulso novamente.

Um pouco antes do final da guerra, lá pelos idos de 1944, um ex-diretor do Massachusetts Institute of Technology (MIT), Vannevar Bush, que servia como diretor do Office of Scientific Research and Development e da Carnegie Institution – a maior financiadora privada de projetos de pesquisa científica – e que desempenhou um papel-chave na coordenação administrativa do Projeto Manhattan, foi incumbido pelo presidente Roosevelt de preparar um projeto sugerindo recomendações para ampliar e difundir o sucesso da ciência norte-americana por todos os setores da sociedade daquele país nas próximas décadas.

Vale a pena reproduzir um trecho de uma carta de Vaneevar Bush ao presidente Truman, que sucedeu Roosevelt, reproduzido por Richard DeMillo em seu livro, sobre o porquê de investir em ciência:

"Ciência pura é capital científico. Além disso, nós [Estados Unidos] não podemos mais depender da Europa como nossa maior fonte desse capital científico. Claramente, mais e melhor ciência é essencial para atingirmos o nosso objetivo de pleno emprego [nos Estados Unidos]. Como podemos aumentar nosso capital científico? Primeiro, nós temos que ter um número suficiente de homens e mulheres treinados em ciência, pois deles dependerá a criação de conhecimento novo e das suas aplicações práticas. Segundo, nós temos que fortalecer os centros produtores de ciência básica [por todo o território norte-americano], principalmente as universidades e os institutos de pesquisa. Essas instituições proveem o ambiente que é mais condutivo para a criação de conhecimento científico novo e que está menos pressionado pela necessidade de demonstrar resultados concretos a curto prazo. Com algumas poucas exceções, a maior parte da pesquisa conduzida pela indústria e pelo governo [norte-americano, por volta de 1945] envolve a aplicação de conhecimento científico já existente para solucionar problemas práticos. Somente as universidades e alguns poucos institutos de pesquisa devotam a maior parte dos seus esforços para expandir as fronteiras do conhecimento".

Baseado nas recomendações de Vannevar Bush, contidas no seu manuscrito "Science, the Endless Frontier", o Congresso norte-americano aprovou em 1950 a criação da National Science Foundation [Fundação da Ciência Nacional] (NSF), e o sistema, totalmente inovador à época, de financiar apenas propostas de projetos de pesquisa, submetidos por pesquisadores individuais, que fossem julgados meritórios cientificamente por um colegiado de especialistas da mesma área – o chamado *peer review system* [sistema de revisão de pares], que impera até hoje na maioria das agências de financiamento norte-americanas. À National Science Foundation vieram se juntar o National Institute of Health (NIH), voltado ao financiamento de pesquisa básica e aplicada na medicina, e a Defense Advanced Research Projects Agency (Darpa), voltada para projetos de aplicação militar, que desempenhou um papel central na criação da internet.

Richard DeMillo nos oferece dados impressionantes para descrever a evolução tanto da NSF quanto do investimento norte-americano em ciência desde então. No pós-guerra imediato, os Estados Unidos investiam por volta de 10 bilhões de dólares (corrigidos em valores do ano 2000) em ciência e tecnologia (C&T). Quase todo esse orçamento era destinado para fins militares. De acordo com DeMillo, "entre 1953 e 2004, fundos para pesquisa básica nos Estados Unidos cresceram a uma média de 6,3%, o que é quase o dobro do crescimento médio da economia norte-americana no mesmo período (3,3%)".

Sete décadas depois da criação da NSF, o governo norte-americano investiu por volta de 130 bilhões de dólares em pesquisa e desenvolvimento (P&D) em 2013. Nesse mesmo ano, outros 262 bilhões foram injetados na ciência norte-americana pela iniciativa privada. Finalmente, 33 bilhões de dólares foram investidos por outras fontes secundárias, como governos estaduais, entidades sem fins lucrativos e instituições acadêmicas. Somados, esses valores totalizam por volta de 425 bilhões de dólares. Quase meio trilhão de dólares para a pesquisa e o desenvolvimento em apenas um ano! Esse total correspondeu a aproximadamente 28% de todos os recursos investidos em P&D em todo o planeta, que chegaram a 1,5 trilhão de dólares (ou 1,8% do PIB global de 85 bilhões em 2012).

Apesar de uma queda sofrida recentemente, o Departamento de Defesa continua liderando a alocação de recursos do governo norte-americano, com quase 70 bilhões de dólares. A seguir, com menos da metade dos investimentos em pesquisa militar, vem o Departamento de Saúde, que financia toda a pesquisa biomédica do país, com aproximadamente 30 bilhões de dólares. Seguem-se o Departamento de Energia (10 bilhões de dólares) e a Nasa (9 bilhões de dólares).

Levando-se em conta todas as fontes de recursos, públicas e privadas, as universidades e os institutos de pesquisa norte-americanos receberam em 2013 um total de 67 bilhões de dólares. Só o governo federal norte-americano investiu 41,3 bilhões. E adivinhe que universidade, há vários anos, ocupa o topo da lista de recipientes de fundos do governo para pesquisa científica; isso mesmo, a Johns Hopkins, da cidade de Baltimore, com aproximadamente 1,5 bilhão de dólares por ano em projetos contratados pelo Tio Sam!

Mas como dinheiro não é o suficiente para criar um sistema de produção científica de nível mundial, nos últimos cem anos os Estados Unidos se mexeram para suprir o seu sistema com a variável mais essencial da prática científica – gente capacitada e criativa. Ao gerar o sistema mais agressivo e eficiente de "importação de cérebros" da história, as universidades norte-americanas se abriram para pesquisadores de todo o mundo. A nacionalidade e a opção política e religiosa não importavam, desde que o pesquisador tivesse talento e demonstrasse capacidade de sobreviver no sistema científico mais competitivo do planeta. No extremo, ao término da Segunda Guerra, o governo norte-americano chegou a recrutar vários cientistas da Alemanha nazista. O mais conhecido deles, Wernher von Braun, inventor das terríveis bombas V2 que assombraram a população de Londres durante os bombardeios da capital inglesa pelos nazistas, transformou-se no cientista-chefe do programa espacial norte-americano. Graças à sua invenção do foguete Saturno V, os norte-americanos bateram os soviéticos na corrida espacial dos anos 1960 para colocar o primeiro homem na Lua.

Com o auxílio desse fenomenal influxo de talento científico, as universidades norte-americanas multiplicaram os seus cursos de pós-graduação, enfatizando o doutorado "direto", em detrimento do mestrado, em áreas estratégicas das chamadas ciências naturais, formando grandes números de engenheiros, físicos, químicos e pesquisadores básicos na área de medicina. Combinando essas ações estratégicas com políticas de Estado, implementadas de forma independente de que partido ocupe a Casa Branca ou daquele majoritário no Congresso, os Estados Unidos roubaram da Europa a primazia científica mundial.

O resultado impressionante da providencial combinação de uma política de manutenção de altos níveis de investimento em ciência por décadas a fio e a importação/formação de recursos humanos pode ser apreciada no gráfico que você pode encontrar na página VIII do caderno colorido deste livro. Essa representação, criada pela Organização para a Cooperação e Desenvolvimento Econômico (OCDE), relaciona o número de cientistas por mil empregados (Eixo Y) com a porcentagem de gastos em ciência como fração do PIB (Eixo X) de um grupo de países, inclusive o Brasil. O diâmetro do círculo que identifica cada nação representa o total de investimento (em bilhões de dólares) em ciência e tecnologia. Basta ver a gritante diferença dos círculos entre a maioria dos países – inclusive o Brasil – e os Estados Unidos para se ter uma ideia do abismo que separa boa parte do mundo daquele país. Todavia, uma análise mais detalhada dos dados descritos nesse gráfico também revela um fenômeno recente muito interessante. Note a posição de destaque da Finlândia (maior número de cientistas por mil empregados e 4% do PIB investidos anualmente em C&T), da Coreia do Sul e da Suíça, países de pequena população, pequeno território e ínfimos recursos naturais.

Com 1,16% do PIB investido anualmente em C&T (a vasta maioria advinda de recursos públicos, se removida a contribuição da Petrobras) e não mais de 200 mil cientistas (numa população de 200 milhões de habitantes), o Brasil certamente ocupa uma posição muito aquém, nesse ranking mundial, do que se permitiria prever pela presença de um vasto potencial humano para a prática da ciência e um incomparável reservatório de riquezas naturais.

Para terminar essa pequena revisão histórica do modelo norte-americano de produção científica, vale a pena também analisar o impacto que cem anos de desenvolvimento científico trouxeram para a "geografia da inovação" dos Estados Unidos. Para avaliar esse impacto, a OCDE mediu a distribuição geográfica da média de patentes, por milhão de habitantes, produzidas nos Estados Unidos, no período de 2005 a 2007. O resultado encontra-se ilustrado no gráfico abaixo, a seguir. Concordando ou não com o atual sistema de patentes, o número de patentes geradas por uma sociedade é comumente usado como uma forma de medir a sua capacidade de inovação científica e tecnológica. Pois bem, a característica mais impressionante desse gráfico é que os Estados Unidos possuem pelo menos oito grandes

Distribuição geográfica das patentes emitidas nos Estados Unidos no período de 2005 e 2007 por milhão de habitantes

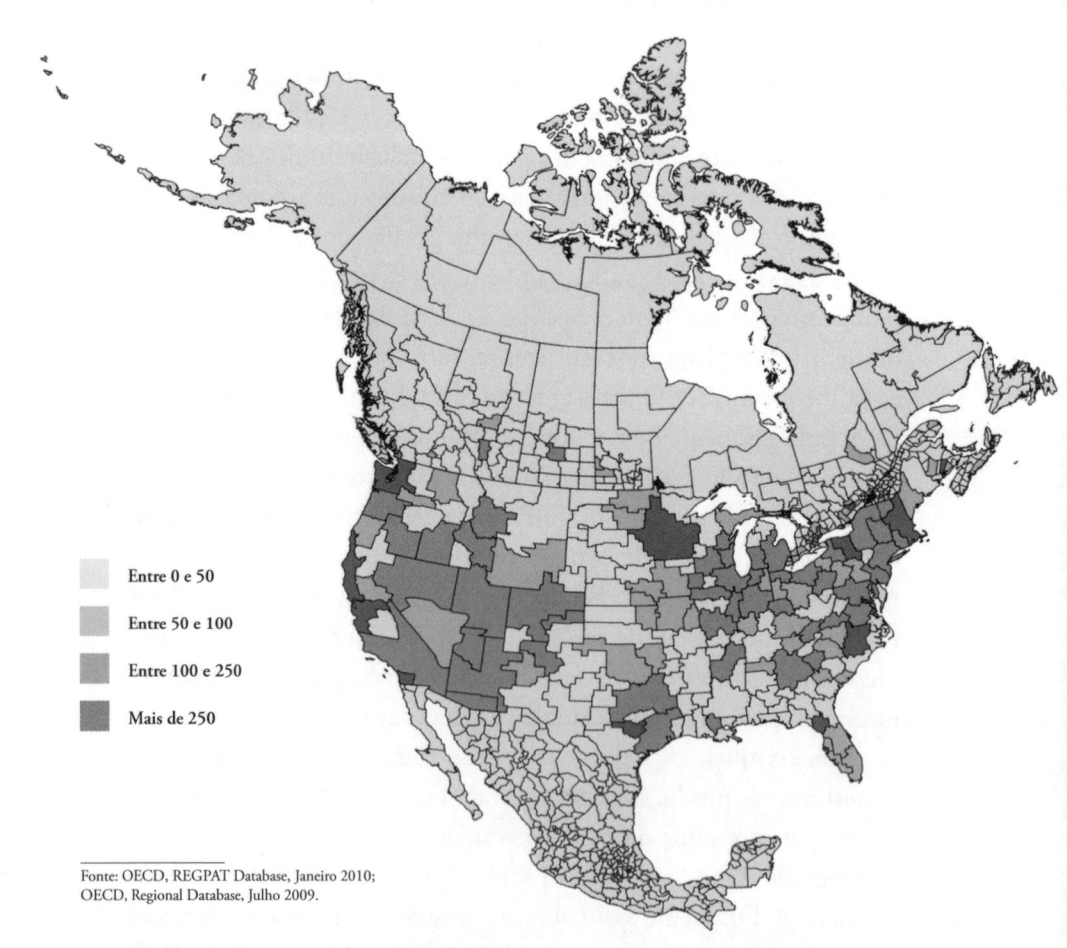

Entre 0 e 50
Entre 50 e 100
Entre 100 e 250
Mais de 250

Fonte: OECD, REGPAT Database, Janeiro 2010;
OECD, Regional Database, Julho 2009.

Distribuição de patentes pelo território dos EUA.

núcleos com altíssima densidade de inovação – produzindo uma média de 100 a 250 patentes por milhão de habitantes, espalhados por todas as regiões do país, em apenas dois anos. Na costa oeste, esses núcleos se encontram no Vale do Silício, próximo de San Francisco e nas proximidades da cidade de Seattle, onde se localiza a Microsoft. No meio-oeste, grandes centros de inovação podem ser identificados ao redor das cidades de Minneapolis e Chicago. No nordeste norte-americano, um grande núcleo é definido pelo eixo Nova York–Boston. No sudeste, os maiores focos de inovação se encontram na região ao redor de Washington e Baltimore, bem como no aglomerado formado pelo segundo maior parque tecnológico do país – o Research Triangle Park –, circundado por um triângulo formado por três grandes universidades (entre elas a Universidade Duke) na Carolina do Norte. Finalmente, no sul dos Estados Unidos, o triângulo formado pelas cidades de Houston–Austin–Dallas responde pelo maior foco emissor de patentes.

Analisando mais atentamente esse mapa, podemos notar que a partir desses oito núcleos de grande poder inovador irradiam-se outros centros secundários que, no seu conjunto, cobrem boa parte do território norte-americano, produzindo inovação a índices muito mais altos que os encontrados na maioria dos outros países, inclusive o Brasil. Ou seja, a partir de um punhado de *hubs* de inovação, os Estados Unidos conseguiram difundir a "indústria do conhecimento" por quase todo o território nacional, aproveitando, quase na sua totalidade, o potencial inovador da sua sociedade. Em resumo, nesse país, pode-se produzir ciência de ponta do Alaska ao Arkansas, ou do Oregon à Pensilvânia, pois a matriz de inovação instalada – universidades, institutos de pesquisa, indústrias inovadoras – foi cuidadosamente distribuída por todo o país.

Toda essa digressão sobre o sistema norte-americano de C&T claramente mostra que distribuir a matriz de produção científica e tecnológica por todo o território nacional – principalmente em países de dimensões continentais como Estados Unidos e Brasil – é essencial para que uma sociedade alavanque todo o seu potencial humano em prol da ciência. No caso específico dos Estados Unidos, qualquer criança, nascida no Arizona, em Idaho ou no Alabama, sempre terá próximo da sua casa uma universidade, um instituto de pesquisa, um museu de ciência bem equipado ou uma empresa inovadora em que poderá desenvolver seu interesse pela ciência e se tornar um membro efetivo da sociedade do conhecimento do século XXI.

Ao longo de todo o século passado, embutido no imenso balaio de injustiças e desatinos econômicos, políticos e sociais a que a maioria do seu povo foi submetida, o Brasil também caminhou na direção diametralmente oposta à de uma estratégia de democratização dos meios de acesso, treinamento e produção científica que atingisse toda a sociedade. Tal visão elitista e contraproducente para o desenvolvimento pleno do país negou, entre outras coisas, o acesso à educação científica de qualidade à maior parte da população brasileira – essencial ingrediente para que essa mesma sociedade contribua, embasada em fatos objetivos e não em mitos, crenças e preconceitos, nas decisões fundamentais para a construção de uma verdadeira democracia – bem como outros benefícios diretos da ciência moderna, por exemplo o acesso a uma medicina pública de alta qualidade.

O resultado dessa política míope e cruel pode ser facilmente auferido. Assim, se os técnicos da OCDE decidissem criar o mesmo mapa de inovação para o nosso país, baseando-se na média de patentes recebidas no período de 2001 a 2003 – a época da criação do projeto do IINN –, bastaria colocar uma mancha azul-clara (bem menos intensa do que qualquer centro secundário inovador norte-americano, digamos, do sul da Flórida) na região Sudeste. Essa mancha seria mais intensa em torno da cidade de São Paulo, diminuindo de intensidade ao longo do interior do estado de São Paulo (unindo algumas cidades como Campinas, Ribeirão Preto, São Carlos e São José dos Campos). Em outra direção, essa tímida mancha de inovação se espalharia pela cidade do Rio de Janeiro e os entornos de Belo Horizonte. Nesse pequeno borrão celeste estariam inclusas as melhores universidades e centros de pesquisa do país, bem como as duas maiores empresas inovadoras do Brasil, a Petrobras e a Embraer, e mais de 90% da produção científica do país.

Não é à toa que, em 2002, a mesma região Sudeste, com apenas 11% do território brasileiro e cerca de 43% da população, era responsável por 56% do PIB do país (837 bilhões de reais para um PIB Brasil de 1,5 trilhões de reais). Enquanto isso, a região Nordeste, com 28% da população brasileira, contribuía com apenas 14,4% do PIB nacional.

Sem remover nenhum grama de mérito das instituições científicas do Sudeste brasileiro, que merecem todo o apoio e respeito por suas contribuições para o país, o que mais chamaria a atenção nesse mapa da inovação brasileira seria a total ausência – com pequenas exceções – de núcleos de alto poder inovador no restante do território nacional. Em outras palavras, no início deste século XXI, quase 60% da população se encontrava completamente à margem da matriz de inovação científica e tecnológica brasileira.

Assim, no frigir dos ovos, tendo analisado esses e tantos outros dados da nossa realidade científica e tecnológica na última década, creio que finalmente encontrei a resposta precisa para a já famosa "pergunta crucial". Na próxima vez que alguém perguntar: "Mas por que Natal?" a resposta já vai estar na ponta da língua: 'Porque estava na hora de a ciência brasileira ter a sua Baltimore!"

MAS O QUE SIGNIFICA CIÊNCIA COMO AGENTE DE TRANSFORMAÇÃO SOCIAL?

Em agosto de 1872, apenas dois anos antes da fundação da instituição que revolucionou o sistema de pesquisa científica norte-americana, a Johns Hopkins University, nascia, no interior de São Paulo, Oswaldo Cruz, o cientista que literalmente inventou a saúde pública brasileira no início do século XX e, durante seus 44 anos de vida, criou um dos maiores legados científicos já vistos nestes nossos trópicos. Para se ter a dimensão do impacto que as realizações desse médico, cientista e empreendedor científico tiveram na história da ciência brasileira, bastaria citar que Oswaldo Cruz inaugurou uma das mais bem-sucedidas dinastias de pesquisadores brasileiros que, ao longo dos últimos cem anos, consolidaram a sua presença como líderes mundiais na pesquisa básica e clínica de moléstias como malária, dengue, doença de Chagas, tuberculose e esquistossomose, as quais ainda hoje afetam bilhões de seres humanos.

Não é à toa, portanto, que, enquanto no geral, o Brasil responde por um pouco mais de 2,5% do número dos trabalhos científicos publicados em todo o mundo, na área específica de medicina tropical essa contribuição chega a 18% das publicações mundiais. Ou seja, quase 1/5 de todos os trabalhos publicados na área de medicina tropical são de autoria de algum cientista brasileiro, legítimo herdeiro do grande herói nacional que atendia pelo nome de Oswaldo Cruz.

Quatro anos depois de se graduar no curso médico da Faculdade de Medicina do Rio de Janeiro, Oswaldo Cruz partiu para Paris a fim de se especializar no estudo de micróbios no que à época era a meca da bacteriologia mundial, o Instituto Pasteur. Nos três anos que passou na Cidade Luz, muito provavelmente Oswaldo Cruz deve ter ouvido falar, ou mesmo testemunhado, nos experimentos de um conterrâneo seu que começava, nesse mesmo período, a realizar suas aventuras pelos céus parisienses a bordo dos seus balões e dirigíveis. Se esse encontro ocorreu ou não, eu não sei, mas certamente um dos assistentes de Oswaldo Cruz, o médico sanitarista Tadeu de Araújo Medeiros, foi um amigo próximo de Alberto Santos Dumont.

De volta ao Brasil no começo do novo século, Oswaldo Cruz foi convidado para servir, inicialmente, como primeiro diretor científico, mas, logo depois, como diretor-geral do recém-criado Instituto Soroterápico Federal, localizado numa fazenda chamada Manguinhos, na periferia da cidade do Rio de Janeiro. A primeira missão de vulto desse novo instituto foi produzir uma vacina contra a peste bubônica, que ameaçava se alastrar pela então capital federal do país, depois de eclodir na cidade de Santos.

Além de dedicar-se à produção de vacinas, o instituto de Manguinhos, graças à visão estratégica implementada por Oswaldo Cruz, logo se embrenhou pelos meandros da pesquisa e da formação de cientistas e técnicos, uma combinação inédita à época no Brasil.

Empossado no cargo de diretor-geral de Saúde Pública da capital da República, Oswaldo Cruz empenhou-se numa sequência de campanhas para erradicar uma série de doenças tropicais que assolavam o Rio de Janeiro produzindo um altíssimo índice de mortalidade. Pondo em prática uma série de medidas em paralelo que visavam, ao mesmo tempo, reduzir a ocorrência de novos casos, bem como combater os agentes transmissores da doença, Oswaldo Cruz instituiu práticas que entrariam para os cânones do combate de epidemias tropicais. Estas incluíam a notificação obrigatória de casos, o que permitia mapear a distribuição geográfica dos principais focos de infecção da cidade e atuar de forma maciça nessas regiões, bem como o isolamento e o tratamento dos pacientes infectados com soroterapia e o extermínio coordenado de ratos (no caso da peste bubônica) e mosquitos (febre amarela).

Em alguns anos – com a sua visão de levar os resultados e produtos gerados pela pesquisa científica de laboratório para as ruas de um grande aglomerado urbano com graves problemas de saúde pública, como era a cidade do Rio de Janeiro no início do século passado –, Oswaldo Cruz também conseguiu sucessos impressionantes no controle da febre amarela. Infelizmente, ele também pagou o preço de ser um homem muito à frente do seu tempo. Isso porque, convencida por boatos irresponsáveis de que a vacinação obrigatória contra a varíola, reinstituída pelo Congresso Nacional em 1904 a pedido de Oswaldo Cruz, geraria um aumento dos casos da doença em vez da sua erradicação, a população do Rio de Janeiro se rebelou contra a nova lei.

Insuflada por rumores falsos disseminados por jornais e políticos oportunistas – que se opunham ao governo federal, liderado pelo presidente Rodrigues Alves, e, por conseguinte, à figura mais destacada da saúde pública do país, Oswaldo Cruz –, explodiu de forma generalizada no Rio de Janeiro, em novembro de 1904, um protesto popular de grandes proporções, que ficou conhecido como a Revolta da Vacina. Confrontado com tiroteios e barricadas nas ruas da capital, o governo federal decretou o estado de sítio e revogou a obrigatoriedade da vacina.

Como que para demonstrar quão injusta tinha sido a reação da população e de setores da mídia carioca contra Oswaldo Cruz, a eclosão de uma nova epidemia de varíola em 1908, ainda mais violenta do que a de 1904, resultou num afluxo gigantesco de pessoas em busca da vacina que, quatro anos antes, provocara quase uma guerra civil na capital do país.

Mais de um século depois daquela revolta, o legado do primeiro grande médico sanitarista do Brasil encontra-se perenizado na figura da instituição que hoje ostenta seu nome, a Fundação Oswaldo

Cruz, responsável pela administração do Instituto Manguinhos, uma das mais respeitadas organizações de pesquisa em saúde pública em todo o mundo. Com um orçamento de mais de 1 bilhão de dólares, o Instituto Manguinhos mantém viva a missão central, lapidada pelo exemplo de vida de Oswaldo Cruz, de produzir vacinas contra uma grande variedade de moléstias e incentivar a pesquisa básica e clínica e a formação de recursos humanos na área de medicina tropical.

Ao longo da sua vida, Oswaldo Cruz também comandou uma campanha de combate à febre amarela em Belém do Pará e, como que para coroar toda uma carreira dedicada à melhoria da condição humana, também se esmerou na formação de jovens cientistas brasileiros, sendo, por exemplo, o mentor de outro gigante da ciência nacional, Carlos Chagas.

Também graduado pela Faculdade de Medicina do Rio de Janeiro, Carlos Chagas começou a carreira de cientista estudando a malária. Apresentado pelo seu professor do curso de medicina, Miguel Couto, a Oswaldo Cruz, Carlos Chagas foi imediatamente aceito para trabalhar no instituto da Fazenda Manguinhos, focando sua tese de doutorado no estudo do ciclo de evolução do impaludismo.

Antes mesmo de concluir sua tese, Carlos Chagas foi enviado por Oswaldo Cruz para a cidade de Itatinga, no interior de São Paulo, para tentar debelar um pico epidêmico de malária entre os trabalhadores que tentavam construir uma barragem no local. Numa clara demonstração do poder avassalador dessa moléstia tropical, os inúmeros casos de malária haviam paralisado a obra completamente. Anos mais tarde, a malária seria responsável por mais de 10 mil mortes entre os trabalhadores envolvidos nos seis anos da construção da ferrovia Madeira–Mamoré, planejada para conectar Guajará-Mirim, na divisa do Brasil com a Bolívia, e Porto Velho, capital do estado de Rondônia, e garantir a ocupação brasileira da fronteira com aquele país.

Em Itatinga, Carlos Chagas concentrou suas ações no combate ao mosquito anófeles, transmissor do parasita da malária, no local de moradia dos trabalhadores, conseguindo acabar com a epidemia em alguns meses. Um sucesso impressionante para um jovem cientista que ainda nem tinha concluído a sua tese de doutorado.

Mas logo Itatinga passaria a ser uma "nota de rodapé" na carreira do jovem Chagas. Em 1907, de volta ao campo, Carlos Chagas se estabeleceu no município de Lassance, no norte de Minas Gerais, para atuar num outro surto de malária, envolvendo os trabalhadores encarregados da construção de uma ferrovia da Estrada de Ferro Central do Brasil. Pelos dois anos seguintes, Carlos Chagas viveria num pequeno vagão, cujo espaço seria dividido igualmente para abrigar um pequeno laboratório e um consultório para exame de pacientes.

Nesse período, Carlos Chagas se interessou pelos hábitos peculiares de um inseto "sugador de sangue", frequentemente encontrado nas habitações precárias dos habitantes da região. Localmente, esse inseto era conhecido como "barbeiro", por sua preferência por picar o rosto e sugar o sangue de pessoas no meio da noite. Depois de dissecar alguns espécimes e colher amostras de seus órgãos internos, Chagas identificou a presença de um novo tipo de parasita vivendo nas entranhas do barbeiro. Em homenagem a seu mentor, Oswaldo Cruz, Chagas batizou esse parasita como *Trypanosoma cruzi*.

Até esse momento, apesar de interessante, a descoberta não parecia ser das mais relevantes. Todavia, Carlos Chagas continuou na trilha do barbeiro e do *Trypanosoma cruzi* e, em 1909, descobriu que esse último também podia ser encontrado em amostras de sangue colhidas em animais domésticos (gatos) e em pessoas da região. Em termos clínicos, a primeira grande pista obtida por Chagas foi a identificação do caso de uma menina de três anos, chamada Berenice, que exibia sintomas clínicos de infecção aguda e era portadora de *Trypanosoma cruzi* no seu sangue. Mais tarde, Carlos Chagas descobriu, através de autópsias de pacientes da região, que o *Trypanosoma cruzi*, anos ou décadas depois de penetrar na corrente sanguínea, podia formar depósitos parasitários em tecidos nobres, como o miocárdio, o cérebro, o fígado e as fibras musculares lisas que revestem o tubo digestivo. Logo ficou claro que esses depósitos eram responsáveis por manifestações crônicas de uma doença tropical sistêmica que pode incluir insuficiência cardíaca, produzida pela dilatação do coração (sintoma mais comum), dilatação do esôfago e/ou do cólon e até demência.

Inicialmente, a doença identificada por Carlos Chagas foi chamada de tripanossomíase americana, para diferenciá-la da tripanossomíase africana conhecida popularmente como a "doença do sono", transmitida pela mosca tsé-tsé. Todavia, o nome que passou a constar dos livros-textos de medicina para descrever essa nova moléstia, mesmo contra a vontade do seu descobridor, foi doença de Chagas. Dali por diante, ficaria registrado no grande panteão da história da medicina o fato de que o brasileiro Carlos Chagas tinha sido o primeiro investigador a identificar o parasita (*Trypanosoma cruzi*), o vetor (barbeiro), o mecanismo de transmissão (picada e defecação no local da ferida pelo barbeiro, seguida de contaminação da ferida com parasitas existentes nas fezes do inseto), o quadro clínico – agudo e crônico – e as lesões anatomopatológicas de uma mesma doença infecciosa. Como tal, a fama de Carlos Chagas rodou o mundo e lhe garantiu vários prêmios científicos internacionais, inclusive a indicação para o Prêmio Nobel de Fisiologia e Medicina.

Como qualquer outro estudante de medicina brasileiro do último século, tomei contato com o maior trabalho científico de Carlos Chagas através dos inúmeros casos de doença de Chagas que eram diagnosticados diariamente – com um simples exame de raio X de tórax ou um eletrocardiograma – no pronto-socorro e nas enfermarias do Hospital das Clínicas da Faculdade de Medicina da Universidade de São Paulo, onde cursei medicina de 1979 a 1984.

Como diretor do Centro Acadêmico Oswaldo Cruz, criado em 1913, estabeleci os primeiros contatos com a vida do médico sanitarista logo ao entrar na Faculdade de Medicina da USP. Até hoje, sempre me emociono ao lembrar do momento em que meu mentor – professor César Timo-Iaria – me comunicou solenemente, entrando no laboratório no seu impecável jaleco branco, com o bolso frontal forrado de canetas, réguas e toda sorte de instrumentos de medida, que eu havia acabado de receber o Prêmio Oswaldo Cruz, a maior honraria científica conferida pelo nosso Centro Acadêmico, no ano da minha graduação, em 1984.

Mas foi preciso vários anos de exílio no exterior e o contato com outros cientistas brasileiros vivendo fora do país para que eu me desse conta do verdadeiro papel desempenhado por essa dupla no que eu carinhosamente chamaria de "linha de ataque cheia de raça" do parto da ciência brasileira. Pois, como bem disse o também médico sanitarista e escritor Moacyr Scliar, Oswaldo Cruz e Carlos Chagas literalmente inventaram a pesquisa científica brasileira, tanto nos seus modestos laboratórios quanto, principalmente – e aí reside o valor mais impressionante desses dois homens –, no meio dos locais mais inóspitos e ermos, como a periferia do Rio de Janeiro ou o interior de São Paulo e Minas Gerais, onde viviam alguns dos segmentos mais sofridos da sociedade brasileira no começo do século XX.

Para fechar o ataque científico dos sonhos, seria apenas preciso acrescer o "centroavante da audácia", Alberto Santos Dumont. Pois, graças à perseverança, criatividade e ousadia desse triunvirato incomparável, foram fincados os alicerces de fundação da prática científica de qualidade no Brasil. O fato de o país, um século depois, manter atuação destacada no cenário mundial nas áreas de pesquisa em medicina tropical e desenvolvimento de tecnologia aeronáutica serve como demonstração cabal do efeito dessas três vidas no estabelecimento de uma cultura e uma tradição científicas meritórias no Brasil.

Tendo esse exemplo magnífico de como a ciência e o método científico podem contribuir para o desenvolvimento social de uma sociedade, e como uma homenagem ao legado científico e humanístico de Oswaldo Cruz e Carlos Chagas, durante o período de organização do I Simpósio Internacional de Neurociências de Natal, achei mais do que apropriado trazer ao Rio Grande do Norte, para participar de uma mesa-redonda especial, outro triunvirato brasileiro, conhecido mundialmente por seus inúmeros feitos científicos na área de moléstias tropicais, mais especificamente no combate à malária. Afinal, o que poderia ser mais adequado para um simpósio internacional, organizado para apresentar ao mundo científico um projeto de um novo instituto de pesquisa, cuja missão central seria usar a ciência como agente de transformação social, do que convidar três dos mais reconhecidos herdeiros do legado científico nacional que mais benefícios trouxe para a saúde pública do povo brasileiro?

Coincidentemente, tanto Ruth e Victor Nussenzweig como Luiz Hildebrando Pereira da Silva iniciaram suas carreiras científicas durante o curso de medicina na Faculdade de Medicina da USP estudando o *Trypanosoma cruzi* descoberto por Carlos Chagas. Graças à intervenção entusiasmada de um dos seus professores – o grande parasitologista Samuel Pessoa, a versão paulistana de Oswaldo Cruz –, esse trio brilhante teve a porta da investigação científica escancarada ainda durante o curso de graduação nos anos 1950 e, como se diz, o resto entrou para a história da ciência brasileira e mundial.

Com o golpe de 1964, já professores da USP, os três deixaram o Brasil, como parte de uma das muitas diásporas científicas de grande porte registradas na história do país, para perseguir suas carreiras no exterior. Enquanto Ruth e Victor Nussenzweig se estabeleceram nos Estados Unidos, Luiz Hildebrando Pereira da Silva radicou-se em Paris. Mas, mesmo em continentes diferentes, os três colegas e amigos mantiveram-se fiéis aos seus sonhos de juventude por toda a vida. Ao longo das cinco décadas seguintes, esse três ex-alunos da FMUSP galgaram, passo a passo, todos os degraus até o topo das suas respectivas áreas de pesquisa.

Um dos mais renomados cientistas brasileiros dos últimos cinquenta anos, Luiz Hildebrando, comunista convicto, assim como seu orientador Samuel Pessoa, desfrutou de muitas outras aventuras científico-sociais com seu mentor nos anos 1950, inclusive um sabático científico em Misericórdia do Piancó, no sertão da Paraíba. Como Samuel Pessoa, que acreditava piamente nas "obrigações sociais do cientista", Luiz Hildebrando Pereira da Silva sempre foi obstinado pelo Brasil, como ele mesmo deixa transparecer em seu delicioso livro de memórias *Crônicas subversivas de um cientista*.

Depois do golpe de 1964, Luiz Hildebrando foi demitido por razões políticas, não uma, mas duas vezes (em 1964 e 1968), da Universidade de São Paulo. Exilado à força do Brasil, radicou-se no Instituto Pasteur de Paris, onde construiu toda a sua carreira de pesquisador na área de combate à malária. Ao se aposentar como diretor da Unidade de Parasitologia Experimental do Instituto Pasteur, em 1996, Luiz Hildebrando decidiu retornar ao Brasil. Surpreendendo a muitos, ele optou por radicar-se em Porto Velho – não em São Paulo –, para fundar o Instituto de Pesquisa em Patologias Tropicais de Rondônia, onde militou ativamente até o seu falecimento, tendo orientado muitos doutores e mestrandos brasileiros da região Norte na sua arte científico-social.

Ruth e Victor Nussenzweig, colegas de faculdade e de laboratório de Luiz Hildebrando na FMUSP, fazem parte de uma das maiores dinastias da ciência brasileira. Além do casal e dos três filhos – todos cientistas –, a família ainda conta com o irmão de Victor, Moisés Nussenzweig, um dos patriarcas da física nacional. Nos últimos sessenta anos, a professora Ruth e o professor Victor – como eu, por puro respeito e admiração, os chamo, apesar dos protestos contínuos de Victor – dedicam-se à busca de uma vacina efetiva para o combate à malária. Como parte desse trabalho árduo e incessante, Ruth e Victor descobriram, por exemplo, que uma proteína que reveste um dos parasitas causadores da malária desencadeia uma resposta imunológica no hospedeiro. Tal descoberta influenciou toda uma geração de pesquisadores como base da estratégia a ser seguida para a descoberta de uma vacina contra a malária.

Como professor do Departamento de Patologia da Faculdade de Medicina da Universidade de Nova York, Victor chefiou a Divisão de Imunologia Michael Heidelberger daquela instituição. Ruth foi chefe do Departamento de Parasitologia Médica e Molecular por muitos anos, tendo recebido inúmeros financiamentos de grande porte do governo norte-americano para o seu trabalho de pesquisa. Em reconhecimento por suas contribuições, em 2013 Ruth foi eleita para a Academia Nacional de Ciências, a maior honra atribuída a um cientista nos Estados Unidos, à qual também pertence seu filho Michel Nussenzweig.

Como nos meados de 2003 eu nunca havia me encontrado pessoalmente com nenhum dos três, foi necessária a intermediação de amigos em comum para que eu pudesse entrar em contato com cada um deles a fim de convidá-los para o nosso Simpósio Internacional de Neurociências, marcado para acontecer na primeira semana de março de 2004. Para "recrutar" Ruth e Victor, eu me dirigi a Nova

York para contar-lhes de viva voz os meus planos para o Instituto Internacional de Neurociências de Natal.

Eu havia tomado conhecimento da história de vida e do trabalho desse casal de cientistas – figuras quase mitológicas na FMUSP – durante a minha "infância científica" através de meu orientador César Timo-Iaria. Anos depois, ambos estavam na minha frente, dialogando comigo como colegas, envolvendo-se na conversa com um entusiasmo contagiante, como se a nossa amizade viesse de muitos anos, discutindo comigo os prós e os contras dos meus planos de "voltar do exílio" rumo ao Nordeste do Brasil.

– E será que não dava para fazermos um Instituto de Moléstias Tropicais lá em Natal também? – Ruth, a austríaca mais brasileira que já conheci, não só já tinha comprado a ideia toda, mas tinha planos de como expandi-la!

– Professora Ruth, eu topo na hora. Na realidade, acho que tínhamos que desenvolver uma vacina contra a dengue no Brasil. E Natal seria perfeito para sediar um Instituto de Moléstias Tropicais. – Como de hábito, eu já estava embarcando na nova aventura sem pestanejar.

Alguns minutos de conversa bastaram para que ambos concordassem em participar da mesa-redonda especial do nosso simpósio. Daquele dia em diante, Ruth e Victor passariam a ser defensores entusiastas das duas principais bandeiras propostas pelo nosso projeto: descentralizar a infraestrutura e a produção científica de ponta por todo o Brasil e aplicar a ciência como agente de transformação social em regiões com baixo desenvolvimento humano.

Agora faltava só um. Todavia, encontrar o rastro do professor Luiz Hildebrando provou ser uma missão bem menos trivial do que me deslocar ao East Side de Nova York. Como a sua rotina à época envolvia um voar contínuo pela ponte-aérea Paris–Porto Velho, criada e frequentada exclusivamente por ele e por esporádicas passagens por São Paulo, os nossos primeiros contatos se deram através de uma sequência de telefonemas.

Como no caso de Ruth e Victor, Luiz Hildebrando foi extremamente receptivo ao projeto do IINN. Todavia, como ele passara pelo mesmo processo de retornar ao Brasil, depois de uma longa estada no exterior, para implantar um Instituto de Pesquisa em Rondônia, logo na nossa primeira conversa telefônica ele começou a detalhar todos os obstáculos e entraves burocráticos e "sociológicos" que estariam por vir. Eu me lembro bem de uma frase dele que me marcou bastante, principalmente pelo tom "pé no chão" com que foi proferida: "É bom se preparar, porque vem chumbo grosso pela frente".

Apesar do aviso, quase solene, ele também concordou de imediato com a oportunidade de participar do nosso simpósio e rever seus dois colegas de faculdade de meio século atrás agora em Natal.

Algumas semanas depois, sentindo que já havia entre nós uma aliança de colegas de devaneios, tomei a liberdade de telefonar de novo para o professor Hildebrando, agora com um outro pedido.

— Professor Hildebrando, tudo bem?

— Tudo bem, Miguel. Pensei que já estávamos acertados. O que foi que houve?

— Nada, não, professor. Desculpe-me por incomodá-lo, mas tenho outro pedido a fazer ao senhor.

— Pode falar.

— Como eu lhe disse, guardadas as proporções, vejo o projeto do IINN quase como a tentativa de construir uma "Brasília científica". Na minha infância, Brasília foi um símbolo de esperança de que um novo país podia ser construído, quase do nada. Ver aquela cidade, construída no meio de lugar nenhum, foi algo que me marcou muito.

— Sim?

— Pois então, como sei que o senhor é um grande amigo do Oscar Niemeyer, fiquei pensando se o senhor poderia consultá-lo sobre a possibilidade de ele me receber para uma conversa. Eu gostaria muito de lhe apresentar o nosso projeto também.

— Realmente, ele é um grande amigo. Vou ver o que consigo. Eu te aviso assim que tiver alguma novidade.

Passados alguns dias, eis que toca o meu telefone.

— Miguel, o Niemeyer pode te receber no Rio de Janeiro. Ligue para o escritório dele que eles já estão avisados para marcar uma conversa com você.

Quase caindo da cadeira, eu mal pude acreditar na notícia. Alguns dias depois, lá estava eu, no Rio de Janeiro, sentado ansioso numa sala de espera de outro dos meus heróis de infância. À minha frente, como que me fazendo sala, toda a Baía de Guanabara exibia-se, em todo o seu esplendor, através da enorme janela do estúdio do artista que transportara as curvas das mulheres do seu país, como ele gostava de dizer, para suas esculturas de concreto, todas quase impossíveis de se construir, mas que, quando finalmente expostas ao ar livre, lado a lado, deram forma a toda uma cidade. A capital que, contra os prognósticos, brotou do cerrado do planalto central, como resultado de um verdadeiro épico tropical, para mudar o epicentro geográfico, econômico e político do país.

De repente, lá estava ele, apertando a minha mão e me convidando a entrar no seu pequeno estúdio.

– Luiz Hildebrando me falou do seu projeto. Grande herói brasileiro, o Luiz Hildebrando. Um abnegado. Mas conte mais, gostaria de entender a sua ideia melhor. Que coisa é essa de "Brasília científica"?

Sem me dar conta do tempo, pela próxima hora eu me pus a descrever a minha obsessão em provar a tese de que a ciência de ponta também poderia contribuir para a construção de um novo Brasil; um país mais justo, onde todos tivessem assegurado o direito inalienável de adquirir todo o potencial neurobiológico e o conhecimento necessários para conquistar a sua própria felicidade e a das suas comunidades. Inspirados pelo exemplo de vida dos grandes heróis fundadores da ciência brasileira e em seus inúmeros discípulos que mantiveram acesa a chama do seu legado, como neurobiologistas, a nossa estratégia seria nos fixarmos em locais onde os problemas sociais estavam expostos à luz do dia, como uma enorme chaga sem tratamento ou cura – como qualquer visitante da periferia de Natal e Macaíba constataria por si só.

Concluindo, mencionei que o nosso objetivo principal seria demonstrar que a criação de um projeto científico de grande porte, como o IINN, poderia catalisar o uso do método científico, do conhecimento de ponta e do influxo de um diverso universo de profissionais comprometidos com a nossa causa como um verdadeiro agente local de transformação social. Para tanto, o IINN focaria na implementação de um sistema educacional único, voltado para a população da periferia de Natal e da cidade de Macaíba, que conjuntamente definiam o entorno populacional imediato do nosso Instituto de Neurociências. Essa Educação para Toda a Vida se iniciaria com a implementação de um programa de pré-natal para as mães de Macaíba que gerariam os futuros alunos da escola que se tinha em mente construir na região.

A lógica neurobiológica de se estabelecer, como componente prioritário de um novo modelo educacional, um programa de pré-natal de alto nível era tão óbvia para todos nós que o mero bom senso poderia ser usado como justificativa para a sua efetivação, não só nesse projeto, mas em todo o Brasil. Afinal de contas, é durante o período de gestação que aproximadamente uma centena de bilhões de células que constituem o cérebro humano – os neurônios – se formam e começam a estabelecer a miríade de conexões que definem os circuitos cerebrais responsáveis por todos os comportamentos e talentos que nos caracterizam enquanto indivíduos pensantes. Qualquer retardo, dano ou injúria a esse processo de formação de neurônios e suas conexões na fase pré-natal, frequentemente irreversível, trará consequências devastadoras para a expressão das capacidades físicas e mentais do feto. Assim, garantir a segurança pré-natal, particularmente em casos de gravidez de alto risco, é o primeiro passo essencial de qualquer modelo educacional desenhado com objetivo de atingir uma meta essencial, frequentemente ignorada nos sistemas vigentes: a felicidade plena das suas crianças.

O segundo componente do projeto educacional do IINN propunha testar uma nova forma de instrução, baseada em demonstrações práticas, em laboratórios especialmente construídos para crianças e jovens da era digital. Assim, em vez de apresentados como uma sequência de fatos e informações em simples aulas teóricas, os principais conceitos da ciência moderna seriam derivados pelos próprios alunos, que transformados em verdadeiros aprendizes da "arte de fazer ciência", através da realização de experimentos os mais diversos, passariam a se engajar como protagonistas do ato de aprender. Para tanto, valendo-se de uma série de dados que sugerem fortemente que o cérebro utiliza associações de eventos para construir, desde os primórdios da sua infância, um modelo interno do mundo exterior, e sabedor de que os alunos da presente geração diferem dos seus progenitores na forma de aprender, propunha-se a incorporação plena da maior ferramenta inquisitiva inventada pelo homem, o método científico, como um dos agentes principais da nossa filosofia pedagógica.

A nossa busca – eu finalmente chegava ao final da minha exposição – era por implementar um casamento pouco convencional, sacramentado pela união indissolúvel da pedagogia de Paulo Freire com a ousadia de Santos Dumont. Tal iniciativa pedagógica seria complementada por uma política institucional de valorização profunda dos professores, que teriam a missão de implementar essa nova proposta no seu dia a dia. Essa filosofia incluiria as melhores condições de trabalho possíveis, formação pedagógica continuada e uma recompensa financeira condizente com a relevância da função de docente. Tudo isso – e aí eu chegava ao ponto crucial daquela visita – implementado numa arquitetura que refletisse a ambição quase quixotesca daquele projeto científico-social; como se ao brotar do nada – bem no meio daquela realidade humana inóspita, como uma flor de cacto que emerge no meio do sertão – essa arquitetura pudesse surpreender a todos com a beleza das suas curvas e a audácia do seu ato de simplesmente querer existir onde ninguém jamais julgou ser possível.

Enquanto eu apresentava os planos, ilustrados com um ou outro gráfico que trouxera comigo, notei que o meu interlocutor havia começado a acompanhar, descontraidamente, toda a minha narrativa com alguns rabiscos numa folha de papel, espalhada no topo de tantas outras na sua escrivaninha. Ao notar que eu terminara a minha apresentação, Oscar Niemeyer, com uma expressão serena de quem já viu e ouviu tudo na vida, delicadamente me agradeceu. No seu gesto seguinte, com toda a sua generosidade, ele compartilhou comigo, em meio a um sorriso meio tímido e quase maroto, o conteúdo dos seus rabiscos da última hora.

Perdido na admiração daqueles traçados curvos de autoria inconfundível, não foi preciso dizer mais nada. Afinal, a bênção da nossa Brasília potiguar já fora sacramentada, bem ali, na ponta do lápis do anjo padroeiro da arquitetura do impossível.

PARTE II
A CONSTRUÇÃO DA UTOPIA

A FLOR DO CACTO

O que teria passado pela mente daquele guerreiro potiguar quando, do alto das dunas de areia fina e vegetação rasteira de Genipabu, bem ao lado do encontro das águas do majestoso rio Potengi com o oceano Atlântico, foi possível avistar os primeiros navios europeus que se aproximavam da costa do Rio Grande do Norte em algum momento – dúvidas persistem – do final do século XV ou do início do século XVI?

Qual teria sido a primeira reação daquele hígido homem sul-americano ao se deparar com um bando de europeus esfarrapados e malcheirosos que, corroídos por varíola e escorbuto, ao desembarcar dos porões daqueles monstros de madeira e velas, festejavam em júbilo, espalhando-se como peste pelas praias prístinas do até então domínio privado das tribos mais ferozes da costa brasileira?

Valendo-me da citação de Arthur Clarke, o mago da ficção científica, que dizia que qualquer tecnologia suficientemente avançada é indistinguível da mágica para aqueles que tomam contato com ela pela primeira vez, esse choque só pode ser definido com uma palavra: avassalador!

Afinal, depois de séculos vivendo em profundo isolamento, de frente para aquele imenso oceano equatorial, cujas águas azul-esverdeadas pareciam querer subir em direção aos céus, os índios daquele litoral setentrional da América do Sul estavam prestes a tomar contato com uma cultura completamente alienígena, cuja capacidade tecnológica e bélica – sem mencionar a carga viral e bacteriana –, sob o ponto de vista dos potiguares, só podia ser interpretada como mágica.

Mesmo sem saber o que se passou exatamente na mente daquele observador, é possível inferir que nem ele nem os outros guerreiros, que de pontos privilegiados da costa potiguar observaram, atônitos, aquele desembarque, tinham a menor ideia de que esse seria apenas o primeiro ato de um processo que só atingiria o ápice com a completa extinção de toda a sua cultura e modo de vida. Como consequência final daquela primeira aparição fantasmagórica da costa norte-rio-grandense, num futuro ainda distante, porém inexorável, tanto os potiguares como os seus maiores rivais, os índios tapuias, que viviam no interior daquelas terras, deixariam simplesmente de existir.

Poucos hoje sabem, mas foi a partir daquele primeiro encontro de mundos que provariam ser totalmente irreconciliáveis – em meio a praias e falésias de tirar o fôlego, gentilmente esculpidas por marés de águas mornas – que se iniciou um dos capítulos mais sangrentos do verdadeiro genocídio a que foram submetidos os indígenas brasileiros. E ainda assim, surpreendentemente, os potiguares, a primeira tribo a recepcionar os invasores nas praias do Rio Grande do Norte com banquetes nos quais o prato principal servido era "colonizador na grelha", resistiriam por mais de um século à assimilação forçada e homicida promovida pelos portugueses.

Aliando-se inicialmente aos franceses, que lhes ofereciam condições mais favoráveis de convívio – mesmo que não menos mercantilistas, uma vez que, naqueles tempos, o que contava tanto para portugueses como para franceses era mesmo quantas toneladas de pau-brasil podiam se extrair daquelas praias para suprir os mercados europeus –, os potiguares só selaram a paz com os portugueses quase cem anos depois da descoberta do seu paraíso equatorial. Isso explica por que Natal, a futura capital da província, só foi fundada no dia 25 de dezembro de 1599, ao redor do Forte dos Reis Magos, construído pelos portugueses para abrigar suas tropas e defender a sua posição próxima da foz do rio Potengi, depois da expulsão dos franceses.

Como relata Sérgio Luiz Bezerra Trindade na sua *História do Rio Grande do Norte*, durante esse primeiro século de conflito, nem o titular que recebeu como prêmio da Coroa Portuguesa aquelas terras – bem como todos os habitantes indígenas das mesmas, sem que esses fossem consultados, diga-se de passagem – para explorar seu potencial natural a seu bel-prazer, nem os descendentes dessa capitania hereditária conseguiram se estabelecer definitivamente. Como prenúncio do modo de vida que sobreviveria pelos quinhentos anos seguintes naquelas paisagens, a violência desenfreada foi a principal característica a imperar durante o primeiro século e meio de história do território que futuramente seria conhecido como Rio Grande do Norte.

Aterrorizada pela reação inicial da tribo que ocupava a costa, que logo foi complementada pelo similar, ou mesmo superior, grau de ferocidade exibido pelos índios tapuias, rivais históricos dos potiguares, que viviam mais no interior da capitania, a Coroa portuguesa teve o grande dissabor de se ver emaranhada numa verdadeira guerra de conquista, tendo como sede do foco de resistência mais ferrenha contra a imposição do seu domínio justamente um dos locais mais estratégicos da costa brasileira. Para o bem e para o mal, desde aqueles tempos coloniais e pelo resto da sua história, a privilegiada posição geográfica ocupada pelo pequeno Rio Grande do Norte sempre serviu como alvo da cobiça das potências mundiais de plantão.

No século XVII não era diferente. Portugal via naquele cotovelo da costa brasileira o ponto central da sua estratégia de conquista do norte brasileiro, do Ceará até o rio Amazonas. Mas para isso seria preciso primeiro tomar posse definitiva do presente dos céus que lhe caíra no colo. Para tanto, porém, mesmo depois de se entender com os potiguares, Portugal teve que lidar com a ameaça de outra potência emergente da época, a Holanda, que, através das ações da Companhia das Índias Ocidentais, invadiu e se aboletou em boa parte da costa nordestina durante a primeira metade do século XVII.

Partindo de Pernambuco, os holandeses foram subindo a costa nordestina até chegar ao Rio Grande do Norte. Foram necessárias quatro tentativas para tomar a capitania. Inteligentemente, como parte da sua estratégia, os holandeses se aliaram aos índios tapuias que viviam às margem do rio Jundiaí, bem na região em que o rio hoje corta a área urbana do município de Macaíba, mais no interior da capitania. Assim, quando da quarta tentativa de invasão holandesa ao Rio Grande do Norte, no início de dezembro de 1631, as tropas portuguesas, aturdidas pelo ataque maciço do inimigo, não tiveram opção a não ser se refugiar por detrás das paredes do Forte dos Reis Magos, construído ao lado da foz do rio Potengi para proteger a paupérrima vila de poucas casas de taipa que definia a Natal da época.

Desde 1628, o forte deixara de ser apenas uma construção feita de taipa para ganhar paredes de pedra e fortificações dignas de seu novo status. Extremamente bem armados, os holandeses, depois de saquearem o povoado de Genipabu e se apoderarem de duzentas cabeças de gado, desembarcaram inicialmente a 9 quilômetros do forte, bem no centro da praia de Ponta Negra. Depois de se recuperarem da viagem, cerca de oitocentos holandeses marcharam pelas dunas costeiras que hoje margeiam a chamada Via Costeira – passando bem em frente do local onde, cinco séculos depois, o presente relato é escrito – até atingirem o perímetro do forte.

Chegando ao seu destino, depois de prontamente cortar a fonte de água doce do Forte dos Reis Magos, o comandante da tropa invasora entregou seus termos de rendição aos soldados portugueses, que não passavam de 85 cristãos. Rejeitados esses termos, o bombardeio holandês ao forte se iniciou. Sofrendo um grande número de baixas, a situação do contingente português ficou insustentável. Ainda assim, foram necessários três dias para que o comandante das tropas lusitanas, mesmo ferido mortalmente, fosse enganado por seus comandados. Ao se depararem com as areias que cercavam o forte inundadas por holandeses e seus aliados indígenas – esses últimos assanhados com a possibilidade de um farto banquete comemorativo "à moda portuguesa" –, e tendo como saída de emergência às suas costas apenas as traiçoeiras águas do oceano Atlântico, as tropas decidiram se render incondicionalmente. Prontamente, esses sobreviventes da primeira grande batalha natalense receberam um salvo-conduto oferecido pelo comandante holandês.

Prova da honradez do comandante holandês pode ser obtida pela constatação de que não há nenhum registro histórico de que algum dos bravos combatentes lusitanos tenha sido servido como prato principal do banquete comemorativo naquela noite.

De posse do forte e do vilarejo de Natal, os holandeses logo perceberam a precariedade da região escolhida por seus predecessores para instalar a sede administrativa da sua nova possessão no Novo Mundo. Como estavam planejando uma longa estada – ficariam por lá nos 21 anos seguintes –, os novos senhores puseram-se a trabalhar.

Logo após a vitória retumbante, além de posicionar suas armas de artilharia pesada na colina que hoje é conhecida como Ladeira do Sol, os holandeses decidiram fundar uma nova vila, mais para dentro do litoral, reduzindo assim a possibilidade de ataques vindos do mar. Provavelmente se valendo dos conselhos dos tapuias, os holandeses decidiram localizar a sua "Nova Amsterdã", como ficou conhecida a localidade, bem nas colinas próximas ao rio Jundiaí, dentro dos limites do atual município de Macaíba. De acordo com Medeiros Filho (apud Sérgio Trindade), Nova Amsterdã foi estabelecida dentro das terras ocupadas hoje pela Fazenda Jundiaí, na qual hoje funciona a Escola Agrícola da Universidade Federal do Rio Grande do Norte.

Coincidentemente, essa seria a localização escolhida para implantar o campus e a Cidade do Cérebro do Instituto Internacional de Neurociências de Natal. Coincidências à parte, tenho a sensação de que Maurício de Nassau ficaria satisfeito em saber que a escolha do local para estabelecer a sua Nova Amsterdã – varrida do mapa e da história tão logo os portugueses expulsaram os holandeses da costa nordestina – fora ratificada, mesmo que involuntariamente, cinco séculos depois por um bando de neurocientistas!

Durante toda a sua ocupação do Rio Grande do Norte, os holandeses mantiveram controle real apenas da faixa litorânea. Constantemente, grupos de lusos e seus aliados potiguares fustigaram os domínios holandeses. Somente após uma sequência infindável de massacres – perpetrada por cada um dos inimigos europeus, bem como por seus aliados indígenas –, o lento processo de atrito sangrento culminou com a expulsão dos holandeses da costa nordestina, incluindo aí o Rio Grande do Norte.

Nesse processo de reconquista da costa que vai de Pernambuco até o Rio Grande do Norte, Felipe Camarão – filho de Potiguaçu, um dos maiores guerreiros potiguares do final do século XVI – foi um dos líderes da verdadeira guerra de guerrilhas travada contra os holandeses. Ironicamente, séculos depois de suas façanhas, esse primeiro herói potiguar foi homenageado ao ter seu nome conferido a um dos bairros da futura capital do Rio Grande do Norte. Quis o destino que o bairro de Felipe Camarão, um dos mais humildes e violentos da Natal do século XXI, fornecesse a maioria das crianças que passariam a frequentar as duas escolas do IINN criadas em 2007.

Retomadas a costa e a província estratégica, os portugueses puseram em prática o plano de utilizar o Rio Grande do Norte como ponta de lança para as conquistas das capitanias do norte: Ceará, Maranhão, Pará e Amazonas. Em paralelo, aos poucos a cidade de Natal começou a se irradiar do seu foco original, localizado nos arredores do Forte dos Reis Magos. Livres dos holandeses, os portugueses também começaram a avançar pelo interior do Rio Grande do Norte, levando à caatinga rebanhos de gado que serviriam, pelos três séculos seguintes, como frente de ocupação do sertão e para a criação da oligarquia do interior que se oporia aos senhores de engenho do litoral.

Começavam aí a ser semeadas as raízes da geopolítica explosiva que definiria a vida política do futuro estado por séculos. Nesse ínterim, porém, abandonados pelos holandeses e em constante atrito com o invasor português e seus aliados potiguares, os tapuias do interior mantinham o seu estado de beligerância nas regiões de

Açu e Apodi. Determinados a resistir a qualquer custo à invasão do sertão, os tapuias atacavam as fazendas de gado, eliminando todos os colonizadores encontrados pelo caminho. O grau dessa revolta só aumentou nas décadas que se seguiram à expulsão holandesa, culminando num levante generalizado dos tapuias – talvez no maior ato de rebeldia à invasão portuguesa em toda a história colonial brasileira – que eclodiu em fevereiro de 1687.

Em dezembro do mesmo ano, segundo Câmara Cascudo, as forças tapuias vindas do sertão deram sua maior prova de ousadia e destemor ao atacar Ceará-Mirim, a poucos quilômetros da cidade de Natal.

Lutando até o seu próprio extermínio, os tapuias sustentaram essa Guerra dos Bárbaros, ou Confederação dos Cariris, como o conflito ficou conhecido, pelos cinquenta anos seguintes.

Diferentemente das guerras europeias, nenhuma grande produção cinematográfica, brasileira ou de Hollywood, retratou esse que foi um dos maiores épicos de resistência do Novo Mundo. Pois, apesar de alguma ajuda esporádica de corsários holandeses, os tapuias travaram a sua guerra pela sobrevivência quase sozinhos. Grupos de índios, como aqueles liderados pelo famoso rei Canindé, por exemplo, aceitaram sem hesitação que aquela era uma luta até a morte. Tão valorosa e única foi a resistência dos tapuias que alguns historiadores comparam esse movimento de resistência apenas à guerra sem trégua travada pelos mais ferozes guerreiros da América do Sul, os araucanos chilenos, contra os invasores espanhóis.

A despeito de todo o sangue e sofrimento, os tapuias eventualmente sucumbiram e desapareceram para sempre do sertão potiguar que eles tão heroicamente defenderam até as últimas consequências. E assim, com o fim do conflito indígena, Portugal pôde finalmente pôr em prática seus planos de ocupação de todo o interior norte-rio-grandense.

Apesar de sua posição estratégica, a região atravessou o século XVIII ainda relegada a um papel secundário, uma vez que a capitania de Pernambuco continuava a dominar a geopolítica nordestina. Prova disso é que em cinquenta anos – da metade ao final do século XVIII – a capitania evolui de cinco para apenas dez freguesias. Em 1800, eram apenas oito vilas a fazer parte da capitania. Para ter uma ideia do completo estado de abandono da capitania e do passo de tartaruga com a qual se desenvolviam os seus vilarejos, em 1757 Natal continha apenas 118 casas, espalhadas num espaço de quatrocentas braças de comprimento por cinquenta de largura. Quarenta e três anos depois, apenas setecentos moradores viviam na mesma vila.

Apesar de o cultivo da cana-de-açúcar nunca ter atingido o sucesso obtido em Pernambuco, vale a pena mencionar, dentro do contexto da nossa história, o maior dos engenhos do Rio Grande do Norte durante o período colonial, o Engenho Cunhaú. Por trezentos anos, esse engenho pertenceu à família da primeira oligarquia norte-rio-grandense, os Albuquerque Maranhão. Explicando a origem colonial da máxima popular que diz:

> "No Rio Grande do Norte, os governantes governam primeiro para os familiares de primeiro grau, depois para os familiares agregados, depois para os amigos próximos e logo a seguir para aqueles que lhes possam render alguma vantagem nos negócios pessoais e familiares, deixando apenas as migalhas que sobrarem do espólio para o povo desfrutar",

as terras onde esse grande engenho foi construído foram passadas pelo então capitão-mor da capitania do Rio Grande do Norte, Jerônimo de Albuquerque, a seus dois filhos. Jerônimo de Albuquerque, que era sobrinho de Duarte da Costa, o recipiente original da capitania de Pernambuco, participara da expulsão dos franceses em 1599. Desde cedo, no Rio Grande do Norte tudo ficava em família.

A partir da riqueza gerada por esse engenho de açúcar, que durante muitos anos ostentou a pecha de sediar o maior aglomerado de escravos negros da capitania, nasceria a primeira grande oligarquia familiar do Rio Grande do Norte, radicada um século depois, acredite se quiser, no município que outrora fora a Nova Amsterdã dos conquistadores holandeses, mas que hoje atende pelo nome de Macaíba.

Enquanto a revolução industrial catapultava o Reino Unido à condição de maior potência tecnológica, comercial e bélica do mundo do final do século XVIII, o Rio Grande do Norte vivia da criação do gado no sertão, da escassa cana do litoral e das salinas da costa norte do Rio Grande do Norte, cuja produção foi incrementada devido à fuga da família real portuguesa para o Brasil em 1808 – consta que dom João VI apreciava coxas de frango bem salgadas, o que serviu para introduzir a produção de carne de charque.

Seguindo a sina colonial, o Rio Grande do Norte continuou por todo o século XIX a ser foco de uma série de rebeliões singulares, geralmente iniciadas na capitania de Pernambuco. A revolução de 1817, por exemplo, iniciada no Recife e liderada por proprietários rurais, padres e militares, entre eles um pároco norte-rio-grandense conhecido como Padre Miguelinho, tinha como objetivo derrubar a monarquia e instalar um regime republicano no país. No Rio Grande do Norte, o movimento foi capitaneado pelo clã Albuquerque Maranhão, proprietário não só do já tradicional Engenho Cunhaú, mas de outros engenhos secundários da capitania. Por um mês, André de Albuquerque Maranhão manteve vivo o seu governo provisório até que monarquistas leais à Coroa portuguesa pusessem fim ao levante e assassinassem o líder do movimento. A maior consequência que resultou desse conflito foi a emancipação do Rio Grande do Norte da capitania de Pernambuco, que foi finalmente sacramentada por dom João VI em 1820. E ainda assim, mesmo independente do ponto de vista administrativo, a capitania continuava a viver à margem da vida nacional. Prova disso é que os aproximadamente mil habitantes de Natal à época só foram saber da declaração de independência do Brasil no início de dezembro de 1822, três meses depois do grito do Ipiranga de dom Pedro I.

Em 1834, a província do Rio Grande do Norte elegeu a sua primeira Assembleia Legislativa. Um total de setenta eleitores natalenses – de uma população estimada em 5 mil a 6 mil almas – foram julgados aptos a votar nessa eleição.

A despeito da morosidade e da falta de perspectivas da província, a segunda metade do século XIX ofereceu aos norte-rio-grandenses um *boom* econômico passageiro, graças ao cultivo do algodão mocó. Como resultado da Guerra Civil dos Estados Unidos – quando os estados sulistas, maiores produtores de algodão da época, tiveram sua costa bloqueada pela frota do presidente Lincoln –, a demanda voraz da indústria de tecidos inglesa fez com que a produção da província se beneficiasse momentaneamente.

Finda a Guerra Civil norte-americana, porém, o incremento pontual de produção do algodão nordestino foi bastante afetado pela queda do preço no mercado internacional. Um século mais tarde, outro inimigo poderoso contribuiria para a devastação da produção do algodão nordestino. Dessa vez não foi necessário nenhum conflito fratricida, mas apenas o surgimento de uma praga de besouros conhecidos como bicudos.

No reinado de dom Pedro II, o Rio Grande do Norte não ficou imune ao choque nacional produzido pela invasão da província de Mato Grosso pelas tropas paraguaias, evento que deflagrou a maior guerra da história brasileira: a Guerra do Paraguai. Para fazer frente às tropas paraguaias, uma vez que o país não dispunha de um exército regular de porte, o imperador brasileiro criou os chamados Corpos de Voluntários da Pátria. Mas logo surgiu o dilema principal de tal iniciativa. De onde viriam as dezenas de milhares de voluntários para servir nos novos batalhões que seriam remetidos ao *front* para morrer em números assustadores em nome da nação brasileira? Como esperado, o ônus de suprir tropas recaiu sobre os segmentos mais humildes da população, que, via de regra, eram "recrutados" à força por tropas policiais que invadiram todos os rincões do país – a vasta maioria até então ignorada pela monarquia – em busca de "corpos" para preencher suas cotas. No centro desse processo surgiu a figura do recrutador, que passou a ser o funcionário mais odiado da administração imperial.

O sertão nordestino não ficou imune à invasão dos enxames de recrutadores do Império. De acordo com estimativas, dos quase 2 mil cidadãos norte-rio-grandenses que foram enviados ao *front*, 1.200 jamais retornaram à terra potiguar.

Genocídios de índios, revoltas e vinganças sangrentas, cordilheiras de sal ao norte, mares de cana-de-açúcar no litoral, criações de gado e algodão espalhadas pela vasta solidão do sertão; para completar essa história dos primeiros quatro séculos que se seguiram ao primeiro contato entre os guerreiros potiguares e seus futuros algozes europeus, falta ainda mencionar o maior responsável por gerar as cicatrizes mais profundas da existência nordestina: a seca. Só no século XIX foram nove episódios devastadores a assolar a região. Talvez mais do que qualquer outro aspecto, é a paisagem de sofrimento que a seca produz na terra e na face dos homens e das mulheres do sertão que define a verdadeira essência da alma nordestina.

Talvez seja por isso que, mesmo na segunda década do século XXI, para um bom número de brasileiros que vivem no Sul e no Sudeste do país, qualquer menção ao sertão nordestino ainda evoca tradicionais imagens de desnutrição, miséria, abandono e atraso. Invariavelmente, essas amargas lembranças servem apenas para reforçar a opinião de que uma realidade tão implacável e inóspita jamais se renderá a qualquer política pública ou iniciativa privada que vise ao desenvolvimento da região. Dentro desse estereótipo nacional, nada é capaz de prosperar frente ao sol escaldante, o solo seco e os desolados jardins de cactos que dominam a paisagem da caatinga.

Essa visão fatalista ignora, porém, que o sertão nordestino há séculos também serve de palco ao desenrolar de um grande épico de sobrevivência, construído dia a dia pela ingenuidade natural e pela obstinação de todas as formas de vida que lá habitam. Formada por uma vegetação altamente adaptada à falta crônica de água, ornada por uma flora típica e própria, a caatinga há muito deixou de ser considerada, pelo menos em termos botânicos, uma simples degeneração da mata atlântica. Na realidade, trata-se de um dos biomas mais especializados do mundo. Todavia, diferentemente da floresta amazônica, do pantanal, e até mesmo do cerrado, a caatinga ainda não encontrou seu espaço próprio na consciência nacional, que vira e mexe prefere rejeitá-la, como se fosse uma filha a quem se nega paternidade, nome e pensão.

Mas como ignorar essa filha de 71 milhões de hectares (aproximadamente 11% do território nacional) sem ao menos conhecê-la e tentar entender o porquê da sua obstinação em continuar a viver em condições nas quais a maioria de nós simplesmente se renderia ao inevitável?

Curiosamente, o fascínio que atrai milhares de brasileiros a visitar as inúmeras e exuberantes praias do Nordeste esvai-se em segundos quando o sertão é mencionado como uma nova provável fronteira de desenvolvimento que começa a se desenhar no horizonte futuro do país.

"Improvável", respondem de imediato os mais gentis e cautelosos. "Impossível", bradam os chamados realistas. "Inimaginável", decretam os fatalistas. "O que pode crescer e prosperar nesses infindáveis e desolados jardins de cactos?", perguntam todos em coro.

Durante uma viagem de alguns dias, no inverno de 2007, por muitos recantos extraordinários do interior da Paraíba e do Rio Grande do Norte, encontrei a resposta para essa pergunta. E ela não poderia ser mais singela e simples.

São flores, muitas flores, que brotam desses jardins de cactos, outrora abandonados pelo ocaso predito, para colorir a paisagem desse sertão com matizes de esperança e sonho. É a partir dessas ainda frágeis florescências, tão inesperadas quanto belas, que desabrocha a concreta sensação, para quem o visita, de que o destino do Nordeste brasileiro, dado num passado recente como natimorto inviável, pode se transformar numa inesperada fronteira de desenvolvimento e progresso, com repercussões significativas para todo o Brasil e o mundo.

Por exemplo, é possível imaginar que num futuro não tão distante o casamento da moderna biotecnologia com uma nova agricultura do semiárido poderia transformar as terras do sertão na maior usina de biocombustível do mundo. Tal oportunidade pode ser vislumbrada porque, devido à constante falta de água no sertão nordestino, um grande número de plantas nativas da caatinga geram sementes que possuem mais de 40% da sua composição na forma de óleos vegetais. A presença dessa alta quantidade de material oleoso é fundamental para a sobrevivência das plantas e suas sementes, pois ele é usado para formar uma camada isolante que impede a perda da tão preciosa água extraída a duras penas do ambiente. Ocorre que esses mesmos óleos vegetais podem ser usados, uma vez extraídos das sementes, como biocombustíveis, na forma de biodiesel, para abastecer tratores, caminhões, ônibus e outros veículos que normalmente se valem do diesel mineral como combustível.

Além de uma fonte de biocombustíveis, o sertão oferece de graça tempestades de luz solar, que atingem o solo paraibano e potiguar em cheio, e vento abundante, que juntos poderiam ajudar a iluminar toda a região e, no processo, revolucionar o desenvolvimento econômico e social do Nordeste.

Do sertão paraibano ao Seridó Potiguar é um pulo. Mas a paisagem parece a mesma. Grandes vales, cercados por serras imponentes e silenciosas, abrigam açudes que mais parecem imensos pratos rasos de água. Troncos inquebráveis de jurema protegem infindáveis campos de capim que, de tão queimados, confundem-se com imensas cabeleiras albinas soltas ao vento.

Jardins de cactos resistem ao calor implacável e proliferam por todas as partes. Escoltados por verdadeiras armaduras de juazeiros, crescem até nas fendas das pedras, como para caçoar dos incautos que duvidam de seus desejos obcecados de vida. Como que por obra de alguma mágica inexplicável, horas depois de qualquer precipitação, por mais mínima que seja, esses cactos apressam-se a expor suas flores vermelhas, talvez para convencerem a si mesmos de que ainda estão vivos.

O espanto continua quando tomamos o rumo do litoral norte do Rio Grande do Norte. Incontáveis campos petrolíferos nos guiam até o extremo norte do estado. Lá se encontra o Polo Industrial de Guamaré. Construído e operado pela Petrobras, o polo processa petróleo e gás provenientes dos campos do Rio Grande do Norte – o maior produtor de petróleo e fontes terrestres do país – e dos poços marítimos de Ubarana e Agulha. O Polo de Guamaré também abriga uma das maiores refinarias de biodiesel do país.

De Guamaré, segue-se imediatamente para as montanhas de sal, esculpidas pelas salinas de Macau. O vento equatorial não dá descanso e justifica a iniciativa de espalhar turbinas eólicas por todo o litoral da região. Respira-se energia renovável por ali.

Já não são jardins de cactos que nos ladeiam, mas sim imensas plantações de frutas que se espalham pelo vale do rio Açu. Milhares de bananeiras altaneiras movem-se dengosas ao sabor da brisa, definindo os contornos de um oceano verde que ocupa quilômetros e mais quilômetros de terras sertanejas. Esse oceano beneficia-se de artérias de vida, oriundas da gigantesca barragem Armando Ribeiro Gonçalves, do Açude Açu.

Em Angicos, as fachadas das casas estão recém-pintadas. Como em outras cidades do interior, muitas motocicletas novas cruzam as ruas da cidade carregando casais de namorados. O povo na rua sorri e acena para o carro que traz visitantes do litoral. As crianças usam camisas com o nome dos seus ídolos futebolísticos. Alguns ainda usam camisas do Palmeiras, demonstrando que a fé continua grande no sertão.

Em nossa última parada, encontramos o vilarejo de Residência, no caminho de Santana do Matos. Avistamos apenas uma pequena escola, com duas salas de aula, uma cantina e três minúsculos mas asseados banheiros: um feminino, um masculino e um dos professores. Antenas parabólicas pontuam as poucas casas do entorno.

Da escola surgiu um grupo de alunos que prontamente aceitou jogar conversa-fiada conosco. Entre eles, o mais animado era Gustavo (veja a foto na página III do caderno colorido). Em alguns minutos, fiquei sabendo que, depois de um atropelamento, Gustavo teve que passar meses internado, recuperando-se de uma cirurgia no fêmur fraturado em vários pontos.

Dada tanta adversidade, perguntei a Gustavo o que ele queria ser quando crescesse. Prontamente, ele me respondeu que pretendia ser cirurgião ortopédico. De acordo com o seu ponto de vista, ele viu tantos raios X no hospital que já sabia reconhecer todos os ossos do corpo. Segundo ele, metade do trabalho ele já dominava. Faltavam só alguns detalhes para se formar.

Estupefato, perguntei aos colegas de Gustavo o que eles queriam ser quando crescessem. Arqueólogo, respondeu o menino mais próximo. Advogada, disse a menina sorridente de cabelos presos. Dentista, professora, artista, responderam os outros.

Tantos sonhos, tanta esperança, como se outro líquido mágico começasse a regar a terra vermelha e queimada do sertão.

Como me disse Gustavo, primeiro chegou a água, depois a eletricidade. Daí chegaram as antenas parabólicas e a televisão. Por isso, do Brasil ele sabe tudo e para tudo tem uma opinião. Dos problemas do tráfico aéreo à criminalidade das grandes cidades, Gustavo está a par da agenda nacional.

Para Gustavo, o sertão está muito bom e só tende a melhorar. Afinal de contas, disse ele, não foi daqui de perto que saiu um retirante que virou presidente do Brasil?

Assentindo em silêncio, só procurei gravar cada detalhe daquela florada humana desabrochando, ali, do lado de um legítimo e orgulhoso herdeiro dos tapuias, no lugar onde poucos imaginariam que cactos também dessem flor!

A DIFERENÇA QUE 25 QUILÔMETROS FAZEM!

– Hoje é dia de peixe! – anunciava o proprietário de uma das barraquinhas na praia de Genipabu.

– E que peixe o senhor tem hoje? – a pergunta, *a priori*, saiu sem nenhuma segunda intenção.

– Se o senhor me der uns minutos, eu já lhe digo.

– Pois não.

Esperando que o sorridente empreendedor gastronômico fosse apenas retornar com um cardápio detalhando as opções do dia, foi com certa surpresa que, poucos minutos depois, me deparei com o nosso *maître* dirigindo-se rumo ao mar, varinha de pesca no ombro e caixa de isopor na mão. Meia hora depois, eis que ele retorna e todo feliz anuncia:

– Hoje nós temos robalo.

– Tá fresco o peixe? – Eu não pude resistir à oportunidade.

– Mais fresco que isso, doutor, só tirando da barriga da mãe.

Ele certamente tinha razão.

Todavia, o almoço na praia tinha nos reservado uma surpresa muito mais marcante que a culinária local. Enquanto terminávamos de saborear nosso peixe, todos notamos uma mulher magérrima que, com os cabelos desgrenhados, vestindo uma saia preta longa de barra puída, timidamente começou a se aproximar da nossa mesa. Andando lentamente, meio curvada, a mulher trazia na face murcha e na boca sem dentes todas as cicatrizes de alguém que vivera décadas a fio à mercê do sol, da areia e do sal que brota sem descanso de todos os espaços daquela paisagem. Olhos ocultos por cataratas em estado avançado, descalça, apesar da temperatura escaldante da areia, a mulher portava nas mãos, enrugadas por sofrimentos impensáveis para qualquer um de nós, uma enorme sacola plástica cujo conteúdo não se podia identificar.

De súbito, eu me senti de volta ao Museu de Arte de São Paulo, descobrindo pela primeira vez a tela *Retirantes* de Candido Portinari. A diferença, porém, é que agora eu parecia ter penetrado na cena retratada pela tela e um dos personagens daquela pintura estava a caminhar na minha direção, como que para compartilhar comigo uma realidade que eu nunca antes vivera tão de perto a ponto de poder tocá-la.

Aproximando-se contra o sol e a brisa, foi apenas a sua sombra disforme que silenciosamente lhe anunciou a presença, uma vez que o zumbido incessante do vento parecia querer lhe negar qualquer direito à voz própria, uma prática, diga-se de passagem, mais do que cotidiana nos quinhentos anos de história do Rio Grande do Norte que precederam aquele encontro.

Sem entender bem o que acontecia, eu me virei para me dirigir à mulher. Olhando para a areia, ela nem pôde identificar o sorriso com o qual eu tentava estabelecer algum contato.

– Ela quer saber se o senhor já terminou de comer – o proprietário da barraquinha interrompeu o encontro que jamais se consumaria.

– Por quê?

– Ela está com vergonha de pedir, mas quer recolher os restos de peixe dos pratos, principalmente a cabeça. Ela e a família fugiram da seca no interior e agora vivem aqui perto. Para sobreviver, ela vem aqui todos os dias pegar os restos das barraquinhas para fazer uma sopa de peixe para os filhos e netos. Sem esses restos, ela não tem como alimentar a criançada.

De repente, como um raio que cai sem aviso, a brutal realidade da vida da vasta maioria do povo do Rio Grande do Norte no início do século XXI se materializava bem à nossa frente.

Sem nenhuma censura, sem nenhuma maquiagem.

Nua e crua.

Seguindo imediatamente o meu sinal de concordância silenciosa, como que temendo a possibilidade de que eu mudasse de ideia por qualquer capricho, a mulher, sem olhar diretamente nos olhos de qualquer um dos presentes, abriu a sacola de plástico azul. Dentro dela agora todos podiam claramente ver várias cabeças de peixes, nadando em meio a pedaços de carne abandonados por outros banhistas como indesejáveis, mas que agora, transformados em única esperança de sustento para um número indefinido de pessoas, recebiam o reforço do resto dos nossos pratos.

Ainda sem dirigir o olhar a qualquer um de nós, logo depois de limpar todos os pratos, a mulher simplesmente se retirou, seguindo a sua via-crúcis de carpideira catadora de cabeças de peixes, rumo à próxima mesa, em busca de mais alguns restos para adicionar ao seu rosário cotidiano de humilhações.

A breve lua de mel da nossa chegada ao Rio Grande do Norte terminou assim – aliás, como tudo usualmente termina na terra dos potiguares: abruptamente, com um grau de violência silenciosa que poucas vezes encontrei na vida.

Soubesse eu então o que sei hoje, dez anos depois de me deparar com a andarilha de Genipabu, talvez a surpresa daquele encontro fosse menos impactante. Afinal, o que se poderia esperar de um processo de exclusão humana contínua que virou norma por cinco séculos? Iniciado com o primeiro assassinato indígena, por colonizadores europeus, esse mecanismo de dominação continuou a se impor pelo jugo da sequência interminável de oligarquias familiares que explorariam, ao limite, todas as riquezas daquelas terras, a despeito da miséria e do esquecimento a que foi condenada a vasta maioria da população.

Como sempre, as raízes de fatos presentes podem ser encontradas nos porões da história. E ninguém melhor que o mais consagrado de todos os historiadores potiguares, Luís da Câmara Cascudo, para nos prover com uma breve introdução de como, na metade do século XIX, o povo mais humilde da capitania do Rio Grande do Norte era visto por seus mandatários.

Na crônica "Notas para a epidemiologia de Natal", publicada originalmente no jornal *A República* em 16 de abril de 1942 e reproduzida por Câmara Cascudo no volume VIII do seu *O livro das velhas figuras*, o grande historiador relata que:

> "Em 1858 houve um inquérito curioso. O presidente [da província do Rio Grande do Norte] Antônio Marcelino Nunes Gonçalves assombrou-se com a mortalidade infantil. Dos 160 óbitos verificados na cidade de Natal, 89 pertenciam a crianças. O médico do Partido Público, dr. Luiz Carlos Lins Vanderlei, num relatório, explicou tratar-se de uma epidemia de vermes de lombrigas, auxiliada pela alimentação quase exclusivamente vegetal".

De posse do relatório técnico muito bem escrito, o presidente Gonçalves sossegou e voltou à sua rotina. Todavia – acrescentou Câmara Cascudo – as crianças seguiram morrendo...

Esse pequeno relato dá uma perfeita dimensão do grau de irrelevância que a vida de um membro das classes menos privilegiadas tinha para a oligarquia dominante à época. De lá para cá, pouco mudou. Para quem duvida, basta visitar, numa noite de sábado, o pronto-socorro do Hospital Universitário Onofre Lopes, localizado num dos bairros – Petrópolis – mais afluentes de Natal, ou, pior ainda, qualquer posto de saúde do interior do estado. Na última década foram poucos os períodos em que a maioria dos serviços públicos (educação, saúde, transporte, segurança), tanto em Natal quanto em todo o estado do Rio Grande do Norte, não viveram à beira ou em pleno estado de calamidade pública. Paciente, a população potiguar mais humilde sofre em silêncio, como que conformada com o estado das coisas.

Nas últimas décadas do Império brasileiro, todavia, a completa inexistência de qualquer impacto do governo federal ou estadual nas condições de vida das populações sertanejas do Nordeste gerou um movimento de resistência popular rural muito peculiar: o banditismo do sertão. Estigmatizado pela figura do cangaceiro, esse período deu origem a personagens que entraram para o folclore nordestino a ponto de serem lembrados e, em alguns casos, reverenciados, até hoje. E nem me refiro ao maior de todos os cangaceiros, Lampião, cujo bando aterrorizou todo o Nordeste nos anos 1920 e 1930.

Nas décadas que antecederam a Proclamação da República, o cangaceiro mais popular do Rio Grande do Norte era Jesuíno Brilhante, o Cangaceiro Romântico. Levado ao cangaço por vingar o roubo da sua cabra favorita, um "desaforo familiar" sem par, Jesuíno virou lenda. Novamente, valendo-nos das palavras de Câmara Cascudo:

> "Na história dos cangaceiros, heróis-bandidos, como chamou Gustavo Barroso, Jesuíno Brilhante é o primeiro na memória do oeste norte-rio-grandense. Deixou funda lembrança de valentia, destemor e fidalguia. Era incapaz de um insulto por vaidade ou de agressão inútil. Tem a popularidade inextinguível de um Robin Hood. Sua figura é aureolada pela admiração coletiva. Jesuíno foi o vingador das moças ultrajadas, dos anciões humilhados e das crianças indefesas. Era irresistível. Estava em toda parte. Seu nome apavorava o inimigo. Ninguém o viu morrer. Viveu perigosamente, arrogando-se a invulnerabilidade dos predestinados".

Além do banditismo, no sertão potiguar, honrando as tradições dos tapuias, a população mais humilde encontrou formas as mais variadas possíveis para resistir e protestar contra os desmandos da monarquia. Além das revoltas contra o recrutamento para a Guerra do Paraguai – a mais famosa das quais conhecida como o Motim das Mulheres de Mossoró –, é digno de nota mencionar a Revolta do Quebra-Quilos, o protesto da população contra a tentativa do Império de instaurar novos sistemas de pesos e medidas e introduzir novos impostos. Espalhando-se como fogo em canavial, a revolta logo se alastrou por vários estados nordestinos, levando a população a destruir em cada localidade balanças e pesos – identificados como os instrumentos de aviltação e exploração, com os quais o Império localizado, para todos os propósitos, numa outra galáxia, aquela definida pela corte do Rio de Janeiro, buscava extrair a última gota de sangue dos seus súditos mais miseráveis.

Durante esse período de agitação, definhava também a instituição mais hedionda da nossa história; aquela que mais marcou a definição da sociedade brasileira e das mazelas que nos afligem até hoje enquanto nação: a escravidão dos negros africanos. Apesar de o Rio Grande do Norte ostentar um número muito reduzido de escravos (por volta de 5% da sua população em 1872, ou metade do número encontrado em Pernambuco), alguns historiadores locais têm o hábito de atribuir à cidade de Mossoró a primazia na emancipação de escravos no Brasil. De acordo com essa visão, no dia 6 de janeiro de 1883 cria-se a Sociedade Libertadora Mossoroense, que em junho daquele ano conseguiu libertar quarenta escravos.

Segundo relato de Gustavo Barroso (apud Sérgio Trindade), porém, a primeira cidade brasileira que aboliu a escravidão foi a pequena Acarape, no dia 1º de janeiro de 1883, sugerindo que o movimento de Mossoró – cidade vizinha à fronteira do Rio Grande do Norte com o Ceará – tenha ocorrido a reboque do pioneirismo cearense. Apesar de possuir um dos menores contingentes de escravos negros do estado, verdade seja dita, por volta de 30 de setembro daquele ano, todos os escravos de Mossoró haviam sido alforriados, transformando a cidade num verdadeiro quilombo de toda a região do oeste norte-rio-grandense.

Sem querer reduzir o mérito dos abolicionistas mossoroenses, vários autores, inclusive Câmara Cascudo, ressaltam que outras razões, muito menos laudáveis, influenciaram a decisão de alguns proprietários de libertar seus escravos. Primeiro, devido às secas que assolavam a região, possuir muitos escravos transformou-se num grande fardo, uma vez que os proprietários tinham que arcar com "os custos de manter viva" essa população. Uma vez que a maior fonte de riqueza da cidade à época – o cultivo de algodão – não dependia da mão de obra escrava, o custo-benefício de manter escravos não compensava para os fazendeiros mossoroenses. Câmara Cascudo também aponta para aquela que muito provavelmente pode ter sido a maior motivação que levou alguns proprietários de escravos de Mossoró a se converterem em abolicionistas de primeira hora:

> "Enquanto o porto de Fortaleza controlou a exportação de escravos para a região do café [São Paulo, Rio de Janeiro e Minas Gerais], traficantes como Joaquim Figueira Segundes e João Cordeiro, entre outros, contribuíram e lucraram com o comércio de escravos. E quando ocorreu a interdição do referido porto, entre outros fatores, como consequência do aumento do imposto sobre escravos comercializados nas províncias cafeeiras, estes se transformaram em abolicionistas, ganhando na historiografia local a condição de heróis por lutarem e consolidarem a abolição de escravos em Mossoró".

Na verdade, mais do que para entrar para a história como heróis, esses abolicionistas de última hora desejavam se desvencilhar de seus escravos para poder revendê-los, com grande lucro, para as fazendas de café do Sudeste brasileiro. Como a importação de escravos da África havia sido proibida desde 1850, o comércio interno de africanos durante o *boom* do café passou a ser uma forma lucrativa de negócio para os fazendeiros do Rio Grande do Norte que pouco se valiam da mão de obra escrava em suas propriedades.

Em tempo, Natal também foi contaminada pela febre abolicionista, e em janeiro de 1888 foram libertadas nessa cidade trinta almas do calvário da escravidão formal; mesmo que nos cem anos seguintes boa parte da população potiguar pudesse alegar, com propriedade, que a verdadeira e redentora alforria nunca tenha realmente ocorrido para eles.

A queda do Segundo Império, com a Proclamação da República em 15 de novembro de 1889, é um importante marco da nossa modesta e breve revisão da história do Rio Grande do Norte, uma vez que ela determina o início do estabelecimento de um modelo político que coloca o poder público à mercê de um punhado de oligarquias familiares locais; ora dominado pela oligarquia da cana, sediada no litoral, ora dominado pelos criadores de gado do sertão. Tal modelo sobrevive, quase intacto, até hoje no Rio Grande do Norte, mudando apenas as fontes econômicas que sustentam o poder político das três oligarquias familiares que ainda sobrevivem no estado.

Lastreado no exercício do nepotismo desenfreado e no clientelismo oportunista, esse modelo inaugura-se com a adesão de grandes proprietários de engenhos e criadores de gado ao movimento republicano. Nessa época, segundo Almir de Carvalho Bueno (apud Sérgio Trindade), os partidos políticos norte-rio-grandenses nada mais eram que: "ajuntamento de parentes, compadres, agregados e clientes".

Tal avaliação poderia perfeitamente ser transportada para o Rio Grande do Norte de 2015, sem tirar nem pôr.

Como bem coloca Sérgio Trindade na sua *História do Rio Grande do Norte*, enquanto no Império "o Brasil era governado por uma família apenas – a Família Real –, com a Proclamação da República o poder político passou a ser diretamente exercido por várias famílias espalhadas pelos estados da federação". Data dessa época o último passo em direção à perda – se é que algum dia houve a separação – de qualquer distinção, por parte das oligarquias regionais, daquilo que se diz um "bem público" de um "bem pessoal". A partir da evaporação do poder imperial central, essas oligarquias regionais se sentiram no direito de "expropriar" toda a máquina, bens e dinheiro públicos como meras extensões das suas possessões pessoais. O Rio Grande do Norte não se fez de rogado e simplesmente acompanhou a nova moda. Durante toda a República Velha, a política do Rio Grande do Norte foi dominada pelas alianças e pelos embates entre duas famílias de grandes proprietários rurais: os Albuquerque Maranhão (senhores de engenho de cana) e os Bezerra de Medeiros (fazendeiros de algodão do Seridó).

Dois nomes se destacam no movimento republicano potiguar: Janúncio da Nóbrega Filho, oriundo da oligarquia rural da região do Seridó Potiguar, e Pedro Velho de Albuquerque Maranhão, legítimo herdeiro da família que havia duzentos anos controlava o famoso Engenho Cunhaú. Pedro Velho era descendente direto do líder da revolta republicana de 1817, aquela que resultou na execução de Padre

Miguelinho. Todos esses nomes sobrevivem até hoje como designações de ruas e avenidas de porte na capital do estado.

A vitória republicana garantiu a Pedro Velho, médico de formação, a presidência da província do Rio Grande do Norte. Curiosamente, poucos dias depois, esse republicano local foi substituído pelo paulista de Piracicaba Adolfo Gordo. Futuro senador da República, em 1902, Adolfo Gordo entraria para as páginas da infâmia da história nacional ao propor uma das mais repressivas leis já aprovadas pelo Congresso Nacional. Imortalizada como Lei Adolfo Gordo, esse instrumento de arbítrio explícito autorizava a expulsão sumária de um "[...] estrangeiro que, por qualquer motivo, comprometesse a segurança nacional ou a tranquilidade pública...".

Criada para intimidar o incipiente movimento operário – que despontou no início do século nos bairros operários do Brás e da Mooca, na cidade de São Paulo –, ela foi empregada para levar ao degredo quase setecentos líderes comunistas e anarquistas.

Implementando o famoso sistema de cabresto, os grandes latifundiários do Rio Grande do Norte – seguindo o exemplo do resto do Nordeste e de boa parte do país – elegiam a si próprios, seus familiares e seus candidatos, valendo-se de votos de eleitores mortos, atas eleitorais falsas, intimidação de candidatos e eleitores de oposição e toda sorte de outros meios ilícitos.

Apesar da sua primeira passagem meteórica pela presidência da província, Pedro Velho de Albuquerque Maranhão não se afastou da política. Depois de aglutinar os candidatos das duas oligarquias sob o amplo guarda-chuva do recém-criado Partido Republicano para as eleições constituintes de 1890, nas quais se elegeu deputado, Pedro Velho voltou à presidência do Rio Grande do Norte em 1892, recebendo o voto majoritário do eleitorado norte-rio-grandense, 95% do qual residia no interior do estado.

Empossado, o agora líder do clã Albuquerque Maranhão desencadeou uma onda de nepotismo de fazer inveja aos políticos potiguares da segunda década do século XXI. Segundo Sérgio Trindade, além de nomear e comandar a campanha do próprio irmão, Augusto Severo – o mesmo que anos depois morreria num acidente de balão testemunhado por Alberto Santos Dumont, em Paris –, para deputado federal, Pedro Velho emplacou outro irmão, Alberto Maranhão, como secretário de seu governo e o primo, João de Lira Tavares, para chefe dos Correios.

Além de estabelecer o total domínio da sua família no legislativo estadual, Pedro Velho certificou-se de garantir para o seu clã a maioria dos postos da delegação potiguar na Câmara dos Deputados e no Senado Federal no Rio de Janeiro. Não bastasse o nepotismo político, Pedro Velho também não descuidou dos seus progenitores. De acordo com Denise Monteiro (apud Sérgio Trindade), ele:

"conseguiu a aprovação de um decreto em 1890, elevando a 10% o imposto de importação de açúcar, nacional ou estrangeiro, favorecendo a produção açucareira dos engenhos dos Albuquerque Maranhão, na medida que dificultou a concorrência que lhes podia ser feita pelo produto importado".

Além disso, Pedro Velho também conseguiu que o governo do Rio Grande do Norte:

"contratasse Amaro Barreto de Albuquerque Maranhão, pai do governador, para a construção de uma estrada, com mão de obra de retirantes da seca de 1889-1890, que, partindo da capital, dirigia-se à Casa Comercial fundada por seu avô e administrada por seus descendentes, em Macaíba. Nem mesmo o sal escapou: Adelino Maranhão, outro irmão de Pedro Velho, conseguiu se tornar o arrematador do imposto sobre esse produto" (Monteiro).

No embalo da fúria nepotista do governador Pedro Velho, a fronteira entre público e privado podia ser livremente cruzada ou mesmo eliminada, desde que o perpetuador de tal travessia carregasse no genoma a assinatura dos Albuquerque Maranhão.

Como era de esperar, o líder da outra oligarquia local, José Bernardo de Medeiros, fazendeiro do Seridó, não apreciou a escolha de tal critério de inclusão como condição essencial para desfrutar do saque dos bens públicos do estado. Começava aí o primeiro grande embate entre clãs norte-rio-grandenses, a tônica que se perpetuaria monotonamente durante todo o século XX – apenas com a mudança dos sobrenomes envolvidos na disputa pelo butim dos bens públicos – chegando até os nossos dias.

Como resultado desse verdadeiro ataque corsário crônico à coisa pública, que perdura por mais de cem anos, o Rio Grande do Norte do século XXI vive continuamente à beira da insolvência, em permanente estado de calamidade educacional e sanitária, ocupando frequentemente lugar de destaque nas páginas policiais dos grandes jornais do país, uma vez que frequentemente são desbaratados pela Polícia Federal ou pelo Ministério Público escândalos de corrupção vultosos, geralmente envolvendo políticos locais e seus familiares de primeiro grau.

Tristemente, o Rio Grande do Norte é um dos estados brasileiros ainda totalmente dominados por "coronéis oligárquicos" que se sentiriam extremamente à vontade, dados seus hábitos e práticas, se as leis da física lhes permitissem retornar ao passado, cento e poucos anos atrás, para fazer parte do governo de Pedro Velho; aquele que para todo o sempre carregará a nódoa histórica de ter inaugurado o "plano de negócios" das oligarquias norte-rio-grandenses.

Pedro Velho fez seu sucessor nas primeiras eleições diretas para escolha de presidente do Rio Grande do Norte. Com isso, manteve dentro do seio da sua família a garantia do fluxo contínuo das benesses do governo estadual. No ciclo eleitoral seguinte, valendo-se de um casuísmo que reduziu a idade mínima para candidatos à presidência do estado, Pedro Velho conseguiu emplacar a candidatura do irmão mais novo, Alberto Maranhão, ao cargo máximo do Rio Grande do Norte. Afora a ampliação do nepotismo, nada de monta resta no registro histórico desse primeiro mandato de Alberto Maranhão. Assim, mesmo a única obra concluída na sua gestão, o Teatro Carlos Gomes, teve todo o material de construção fornecido pelo irmão do governador, Fabrício Gomes de Albuquerque Maranhão. Anos mais tarde, o teatro seria rebatizado. Saía Carlos Gomes e entrava – como o leitor mais atento já deve ter adivinhado – Alberto Maranhão, como o nome a ser afixado na fachada do teatro. Por sinal, o teatro existe até hoje e com o mesmo nome. Alberto Maranhão, quem diria, resistiu à própria história.

O presidente seguinte do estado, Tavares de Lyra, primo e genro de Pedro Velho, convenientemente vagou o seu cargo de deputado federal, prontamente ocupado pelo ex-presidente – isso mesmo, Alberto Maranhão, aquele que resiste ao anonimato na porta do teatro de Natal. Se o processo soa familiar é porque ele se repete em todo ciclo eleitoral do Rio Grande do Norte até hoje. O rodízio de cargos pelos mesmos sobrenomes, ou por novas gerações das mesmas castas, tornou-se prática quase religiosa da vida política local. A ponto de gerações que pertencem a certas famílias locais não terem como demonstrar nenhuma outra ocupação produtiva nas suas carteiras de trabalho – a maioria das quais permanece novinha como no dia em que foram impressas – a não ser as tradicionais "filho/neto de sicrano", "irmão de beltrano". Três – às vezes quatro – gerações da mesma família militam apenas na política, sem nenhuma outra carreira no setor privado que possa ser mencionada. Treinadas na esfera municipal, as novas gerações são preparadas para galgar postos, primeiro na administração estadual e depois na federal. Se não bastasse isso, as oligarquias locais descobriram há algumas décadas que para fechar o cerco da sua dominação local era preciso também controlar o Tribunal de Contas e o judiciário e todos os veículos de mídia locais. Posta em prática, a estratégia hoje garante o controle quase total de jornais, rádios e emissoras de TV, sem contar um exército de blogueiros, por parte dessas famílias.

Sérgio Trindade reproduz em seu excelente *História do Rio Grande do Norte* os versos com que o *Diário de Natal*, então ferrenho opositor da oligarquia Albuquerque Maranhão, saudou a eleição de Tavares de Lyra:

"Sim, senhor, eis que chega o Lyra.
Do Alberto sucessor
Terceiro da Dinastia
Do oligarca Senador [Pedro Velho]
Vão assim os oligarcas

Uns nos outros se encanando
E os destinos da terra
De uma vez avassalando".

Como recompensa pela gracinha, durante o mandato de Tavares de Lyra, o *Diário de Natal* teve suas instalações "empasteladas".

Um último exemplo demonstra o grau inacreditável de corrupção com que a província do Rio Grande do Norte era gerida pelo clã Albuquerque Maranhão. Em 1905, a presidência do estado criou o Banco do Natal, para, em teoria, prover proprietários rurais com fontes de crédito e capital de giro para financiar a exportação de bens agrícolas do estado. Fundado com fundos do Tesouro estadual, a vasta maioria dos acionistas provinha – que surpresa! – da família Albuquerque Maranhão, que possuía 31,5% das ações da instituição, sem nunca ter posto um tostão próprio na empresa.

Durante o seu mandato, Tavares de Lyra viu uma multidão de 15 mil flagelados da seca que afligia o sertão potiguar invadir Natal, uma cidade com 16 mil residentes à época. O presidente do estado, com a bênção e os recursos do governo federal, decidiu empregar a massa de flagelados numa série de obras dentro da cidade de Natal. Dando origem a um fenômeno que se repetiria durante todo o século XX nas grandes metrópoles do Sudeste brasileiro, foram os retirantes do sertão que construíram a Estrada de Ferro Central, ligando Natal a Ceará-Mirim, a Praça Augusto Severo e a pavimentação de várias ruas e avenidas da capital do estado.

Dando início a outra tendência que se repetiria frequentemente cem anos mais tarde, dois anos depois de assumir a presidência do estado Tavares de Lyra foi convidado pelo presidente Afonso Pena, durante uma visita deste a Natal, para assumir o Ministério da Justiça e Negócios Interiores. Provavelmente cansado da província, Tavares de Lyra prontamente renunciou ao cargo e empossou um aliado da família.

Em 1908, Alberto Maranhão, agora líder do clã, retornou à presidência do estado do Rio Grande do Norte. Embora alguns historiadores locais enalteçam as realizações desse segundo mandato, o novo patriarca dos Albuquerque Maranhão manteve a tradição do clã ao beneficiar parentes e amigos com contratos para construção de inúmeras obras públicas. Como resultado do seu governo, ao término do seu mandato o Rio Grande do Norte encontrava-se em estado de insolvência, com funcionários públicos sem receber havia cinco meses.

Apesar de ter sido indicado pela família Albuquerque Maranhão, o sucessor de Alberto Maranhão, Ferreira Chaves, aliou-se com o novo chefe político dos Bezerra de Medeiros, José Augusto. Ao término do seu governo, Ferreira Chaves e seu parceiro conseguiram deslocar o eixo do poder político norte-rio-grandense do litoral para o sertão, mais precisamente para a região do Seridó, enriquecido pela cultura algodoeira e pela pecuária. Depois de um período de transição que consumiu dois governos estaduais, José Augusto Bezerra de Medeiros assumiu a presidência do estado em 1924, completando o processo de remoção dos Albuquerque Maranhão – depois de mais de vinte anos – do centro do poder e iniciando um novo ciclo oligárquico no Rio Grande do Norte. Saía do primeiro plano da agenda estadual a cana-de-açúcar e entravam o algodão e a pecuária no seu lugar.

Prontamente, o novo "vice-rei" do Rio Grande do Norte colocou a máquina do estado – e os parcos recursos ainda disponíveis – para promover a pecuária e a cultura do algodão, fontes de riqueza do clã Bezerra de Medeiros, em detrimento do cultivo da cana-de-açúcar do litoral. Alijados do palácio governamental, os Albuquerque Maranhão logo começaram a sentir a redução no fluxo do cordão umbilical nepotista que, por duas décadas, uniu maternalmente os cofres públicos do estado aos interesses privados e pessoais daquela oligarquia.

Curiosamente, Sérgio Trindade conta no seu *História do Rio Grande do Norte* que José Augusto Bezerra de Medeiros adquiriu reputação nacional como um político voltado para a causa da educação. Todavia, durante o seu governo, a despeito dos seus esforços, no final dos anos 1920, apesar dos seus 537.135 habitantes, o estado do Rio Grande do Norte ostentava apenas 412 escolas, onde se encontravam matriculados 31.987 alunos!

Se é questionável dizer que o apoio à educação era o forte do presidente do estado, com certeza no quesito nepotismo, aparentemente,

José Augusto não envergonhou seus primeiros padrinhos políticos, os Albuquerque Maranhão. Afinal, para seu sucessor apoiou um parente, Juvenal Lamartine. Não fosse o eclodir da Revolução de 1930, outro parente dos Bezerra de Medeiros certamente seria agraciado com o título de presidente do estado. Getúlio Vargas e a sua Aliança Liberal, porém, tinham outros planos para o Rio Grande do Norte.

Como dois políticos emergentes locais, o "coronel" Dinarte Mariz, baseado no Seridó, e o advogado e jornalista Café Filho, cuja base era Natal, disputassem o espólio norte-rio-grandense após a vitória do movimento liderado pela Aliança Liberal, o novo presidente do Brasil designou um tenente do exército, já conhecido por suas atividades golpistas durante todo o movimento tenentista da década anterior, para, na posição de chefe de polícia do estado, tentar um acerto entre as duas novas lideranças potiguares.

Ernesto Geisel, futuro ditador militar do Brasil, não durou muito no posto em Natal. Frustrado com as disputas políticas locais, que em certos aspectos lembravam as disputas dos potiguares e tapuias, renunciou poucos meses depois de nomeado e retornou ao Rio de Janeiro para continuar a sua carreira de golpista irredutível.

Apesar do grande impacto que a Revolução de 1930 teve para a história do Brasil e, em particular, para o Nordeste, hoje poucos se lembram dos eventos que transcorreram no Rio Grande do Norte durante essa revolta. Na realidade, o evento mais lembrado desse período é outro: a tentativa frustrada de Lampião e seu bando de invadir Mossoró!

Como maior subproduto da miséria rampante que tomava conta do sertão nordestino desde o Segundo Império, duas reações populares de monta começaram a emergir: o fanatismo religioso e o banditismo. A Revolta de Canudos serve como melhor exemplo do primeiro fenômeno, apesar de não ser o único.

No quesito banditismo rural, ninguém foi maior que Virgulino Ferreira da Silva – o Lampião –, que optou pelo cangaço, aos 21 anos, para vingar a morte do pai pela polícia no interior de Pernambuco, durante uma disputa com outras famílias da sua terra natal. Ao contrário do que se pode esperar, Lampião era alfabetizado e, até a briga entre famílias rivais que resultou na morte do seu pai, levava uma vida de classe média, trabalhando como artesão.

Por vinte anos, esse devoto do Padre Cícero – de quem, em 1926, recebeu a patente de capitão do Exército Patriótico criado pelo pároco para combater a Coluna Prestes – vagou pelos mais ermos grotões do sertão nordestino aterrorizando as tropas policiais, fazendeiros e cidades inteiras que viviam em alerta com receio de uma incursão do bando de cangaceiros liderados por Lampião, que, imortalizado pela literatura de cordel e pelos repentistas nordestinos, virou figura mitológica do sertão.

Curiosamente, no começo da década de 1930, até mesmo Luís Carlos Prestes sugeriu que Lampião fosse recrutado pelo Partido Comunista Brasileiro para acelerar ataques a fazendas do interior nordestino e assim acelerar a revolução comunista no campo. Lampião, dizia a lenda, não podia ser derrotado por nenhuma volante – como eram chamadas as tropas policiais – porque fizera um pacto com o demônio.

Em 13 de junho de 1927, depois de atacar a vizinha Apodi, Lampião, influenciado pelo cangaceiro paraibano Massilon, que lhe prometeu uma vitória tão histórica quanto fácil, atacou a cidade de Mossoró, a segunda maior do estado do Rio Grande do Norte. Tendo remetido dois ultimatos ao intendente da cidade, Rodolfo Fernandes, ao receber a recusa do mesmo o bando de Lampião decidiu entrar na cidade à luz do dia para fazer o serviço. O que os cangaceiros não sabiam é que, depois do ataque a Apodi, Rodolfo Fernandes havia previsto que Mossoró poderia ser o próximo alvo do bando. Depois de reunir os líderes da cidade, o intendente preparou um plano de defesa que previa a colocação de um grupo dos melhores atiradores disponíveis nas quatro torres da cidade. Prevendo que Lampião ousaria entrar em Mossoró pela rua principal, Rodolfo Fernandes espalhou pela cidade piquetes feitos de fardos de algodão e se entrincheirou em sua residência com um grupo de atiradores, que lotaram o telhado e as janelas à espera dos invasores.

Lampião caiu na armadilha sem se dar conta do que o esperava e levou aproximadamente cinquenta homens bem armados para dentro da tocaia. Surpreendidos pelos atiradores, que do alto das torres abatiam membros do bando como "patos", a invasão de Mossoró foi rechaçada com baixas sensíveis para o bando de Lampião, que, sem outra alternativa, teve que recuar e escapar rumo ao Ceará.

Aparentemente, o demônio não tinha jurisdição em Mossoró.

No combate, Lampião perdeu um dos seus tenentes, o cangaceiro Jararaca, que foi alvejado nas costas e na perna pelo atirador Manoel Duarte, atocaiado na casa do intendente. Jararaca, não se sabe como, conseguiu escapar, sendo preso apenas no dia seguinte. Depois de passar quatro dias na cadeia municipal, Jararaca foi levado para o cemitério da cidade, onde, depois de cavar a própria cova, foi "sangrado" pelo soldado João Arcanjo e enterrado – vivo, alegam algumas fontes – por seus algozes.

Oitenta e oito anos depois de sua morte, quem visita hoje o túmulo de Jararaca no cemitério municipal de Mossoró pode se espantar com o número de velas, coroas e ramalhetes de flores e prendas colocadas no túmulo pintado de azul e coberto de seixos. Ocorre que desde a sua morte – reza a lenda – Jararaca virou santo, e, a cada graça concedida, devotos manifestam sua gratidão no único templo erguido em nome do mártir-cangaceiro: o túmulo cavado com suas próprias mãos.

De volta ao presente, fica claro que o retrato da exclusão e da miséria perpetuado do Rio Grande do Norte não se limitava, no início deste século, à necessidade de coletar cabeças de peixe na praia de Genipabu para não morrer de fome. Na realidade, uma série de outros indicadores sociais e econômicos pode ser empregada para medir quantitativamente o grau de penúria a que foram condenados os habitantes do Rio Grande do Norte não agraciados com a benesse divina de pertencer aos quadros consanguíneos das famílias dos senhores de engenho, criadores de gado e oligarcas de todas as formas e matizes que sempre dominaram a vida política do estado.

Por exemplo, em 1991, o Índice de Desenvolvimento Humano Municipal (IDHM) médio do Rio Grande do Norte atingiu o magérrimo valor de 0,428. Em 2000, ele havia crescido minimamente para anêmicos 0,552, segundo dados do Atlas do Desenvolvimento Humano do Brasil. Esse índice leva em conta três grandes parâmetros:

1. Longevidade da população: medida pela expectativa de vida ao nascer.
2. Escolaridade média: medida para a população jovem e adulta.
3. Renda da população: medida como a renda mensal *per capita*.

Uma vez que se descobre como o IDHM é calculado, não é difícil entender o porquê dos baixos valores desse índice no estado do Rio Grande do Norte no começo desse século. Para demonstrar as razões do subdesenvolvimento social potiguar, em vez de discutir o IDHM médio do Rio Grande do Norte, vamos analisar a evolução desse índice em duas cidades vizinhas: Natal, a capital do estado, e a cidade de Macaíba, localizada na periferia da Grande Natal, a apenas 25 quilômetros da capital.

Os primeiros dados que chamam a atenção nessa comparação se referem à expectativa de vida no nascimento. Reparem que, em 1991, nascer em Macaíba significava ter uma expectativa de vida de 59 anos. Se o mesmo cidadão nascesse em Natal, a apenas 25 quilômetros do centro de Macaíba, sua expectativa de vida seria de 66,6 anos. Oito anos a mais separavam a esperança de vida ao nascer dessas duas cidades vizinhas.

Em 1991, a mortalidade infantil até um ano no município de Macaíba era de 72,5 óbitos por mil nascidos (mais de 7%), enquanto em Natal o índice era quase metade (43,5 óbitos por mil nascimentos, ou 4,3%). Quando a mortalidade infantil é calculada usando os primeiros cinco anos de vida, em Macaíba o índice de mortalidade infantil atingia horrendos 95 óbitos por mil nascimentos (9,5%, ou quase uma em cada dez crianças nascidas), enquanto em Natal o índice se mantinha em quase metade do da cidade vizinha (58 óbitos a cada mil nascidos, ou 5,8%).

De 1991 a 2010, ambas as cidades apresentaram uma queda considerável dos níveis de mortalidade infantil. Nota-se que essa queda foi bem mais acentuada no período de 2000 a 2010, quando uma série de programas sociais de apoio à população mais carente foi implementada pelo governo federal.

Passemos ao quesito educação. Em 1991, a porcentagem de pessoas com 18 anos ou mais que haviam completado o ensino fundamental chegava a irrisórios 16,5%. A situação de Natal (44,4%), apesar de melhor, ainda se situava em níveis calamitosos. Descendo um degrau da faixa etária, nota-se que a porcentagem de jovens de 15 a 17 anos com curso fundamental completo chegou a meros 11% em Macaíba. O mesmo índice para Natal situava-se em mais que o dobro, ao redor de 25%.

No mesmo ano de 1991, a porcentagem de pessoas com 18 a 20 anos com ensino médio completo em Macaíba situava-se no dramático valor de 5%. Em Natal, 17,5% tinham um diploma de ensino médio na mesma faixa etária. Descendo ainda mais na escala etária, vamos notar que a porcentagem de crianças de 11 a 13 anos que frequentavam as últimas séries do ensino fundamental em Macaíba situava-se em 24%. Natal podia se "orgulhar" de possuir 47% das suas crianças nessa condição.

No que tange à porcentagem de crianças de 5 a 6 anos matriculadas na escola, Macaíba, em 1991, podia confirmar a presença em sala de aula de apenas 37% delas. Natal, por sua vez, contava com 66% das crianças dessa faixa etária matriculadas em sala de aula.

Nove anos depois, em 2000, a situação educacional das duas cidades continuava desesperadora, apesar de ganhos modestos em todos os parâmetros descritos acima. Ressalte-se, porém, que, apesar do aumento substancial da porcentagem de crianças de 5 a 6 anos que se encontravam matriculadas no ensino fundamental nas duas cidades – Macaíba de 37% (1991) para 80% (2000) e Natal de 66% (1991) para 87% (2000) –, a realização da primeira avaliação nacional da qualidade do ensino elementar, através do cálculo do Índice de Desenvolvimento da Educação Básica (Ideb), revelou que, apesar de estarem fisicamente presentes nas escolas, as crianças de Macaíba e Natal (e de todo o Rio Grande do Norte) pouco ou nada assimilavam de conhecimento básico.

Apesar de ser um grande avanço, o Ideb mede apenas dois parâmetros de performance escolar: o índice de aprovação e o desempenho do aluno em provas de português e matemática, chamadas Saeb e Prova Brasil, ministradas pelo Instituto Nacional de Estudos e Pesquisas Educacionais Anísio Teixeira (Inep), órgão do Ministério da

Educação. Ao analisar os resultados do Ideb, no período que vai de 2005 a 2011, podemos notar que em 2005 o Ideb de todo o estado do Rio Grande do Norte foi o segundo pior de todo o país (Ideb = 2,7) para as séries iniciais do ensino fundamental. Apenas o estado de Alagoas teve um desempenho pior, uma vez que o Ideb da Bahia foi semelhante ao do Rio Grande do Norte. No caso das séries finais do ensino fundamental, o Rio Grande do Norte (Ideb = 2,8) manteve-se empatado com a Bahia, agora na antepenúltima posição, um fio de cabelo à frente dos estados do Amazonas, Pernambuco e Paraíba (Ideb = 2,7) e Alagoas, o último colocado (Ideb = 2,4).

Deve-se ressaltar que os números apresentados no parágrafo anterior levam em conta a média das três redes de ensino atuando no estado: federal, estadual e municipal. Quando apenas o desempenho do Ideb da rede estadual foi analisado para o mesmo ano, 2005, o Rio Grande do Norte ficou em último lugar no ranking (Ideb = 2,6), novamente empatado com a Bahia. A rede estadual de ensino do estado de Alagoas agradeceu o despautério das suas coirmãs potiguar e baiana, uma vez que dessa vez ela pôde escapar da lanterninha do ranking nacional da educação elementar brasileira.

Seguindo a nossa comparação dos municípios de Macaíba e Natal, podemos observar que, enquanto o primeiro ficou abaixo da média estadual em 2005, tanto nas séries iniciais (Ideb = 2,4) como nas finais (Ideb = 2,6), Natal ficou acima da média do Rio Grande do Norte em ambas as séries iniciais (Ideb = 3,0) e finais (Ideb = 2,8).

Ao longo dos seis anos seguintes, o Ideb de Macaíba aumentou para 3,5. Todavia, o crescimento do Ideb da cidade para as últimas séries foi mínimo (de 2,6 para 2,9). Natal teve aumentos relativos do seu Ideb muito parecidos aos de Macaíba, indo de 3,1 (em 2005) para 3,9 (2011) para as séries iniciais e de 2,8 para 3,0 nas séries finais do ensino elementar.

No momento em que a análise da variação do Ideb no período de 2005 a 2011 se volta para o desempenho do ensino médio, a situação fica ainda mais dramática. Levando-se em conta tanto a rede estadual como a federal (municípios não atuam nesse segmento), o Ideb do ensino médio do Rio Grande do Norte variou de 2,9 para

3,1 em seis anos. Esses números ficam ainda mais alarmantes quando se leva em consideração a gigantesca evasão escolar que ocorre no Brasil, e em particular no Rio Grande do Norte, na transição do ensino fundamental para o ensino médio. De 2007 até 2012, a média dessa evasão no país se aproxima dos 50%. Em outras palavras, metade das crianças brasileiras matriculadas no ensino fundamental desaparecem do sistema educacional nacional no início de cada ano letivo do ensino médio.

Em Macaíba, apenas 25% dos alunos que poderiam ter um diploma do ensino médio atingem essa graduação na faixa etária de 18 a 20 anos. Apesar de apresentar uma situação melhor do que Macaíba, menos de 50% dos jovens adultos de Natal têm um diploma do ensino médio.

Dados descrevendo as matrículas dos ensinos fundamental e médio em todo o país confirmam o diagnóstico final obtido pela análise da situação do Rio Grande do Norte. Em ambos os casos, fica claro que a transição das séries finais do ensino fundamental para o ensino médio é o período de maior fragilidade do sistema educacional brasileiro. A única diferença significativa é que a situação do Rio Grande do Norte ao longo de toda a primeira década do século XXI sempre foi muito mais dramática que a situação média do Brasil. No caso específico dos adolescentes de Macaíba e Natal, fica evidente que o ensino médio literalmente não existe como alternativa escolar.

Contabilizadas todas essas estatísticas, em 2010, o seu IDHM fazia Macaíba ocupar a posição número 3.291 entre os 5.565 municípios brasileiros. Natal, a apenas 25 quilômetros de distância, ocupava a 320ª posição no mesmo ranking.

De posse dessas estatísticas, e depois de testemunhar, com meus próprios olhos, ao longo da última década, o que elas representam em termos de sofrimento humano irreparável, não posso evitar de refletir sobre o que diriam os guerreiros potiguares e tapuias a respeito dos resultados auferidos, cinco séculos depois, pela implantação da tal "civilização superior" que lhe aportou às praias, sem ser ao menos convidada, e que, prometendo o paraíso – na ponta da espada e da cruz –, iniciou o processo de exclusão social das suas terras que perdura até hoje.

O BRASIL E O MUNDO DESCOBREM O RIO GRANDE DO NORTE

A rigor, desde os tempos coloniais, os eventos cotidianos do estado do Rio Grande do Norte transcorreram quase completamente à margem do imaginário coletivo do restante do país. Ao longo da história, brasileiros residentes nas regiões Sul e Sudeste do país, por exemplo, raramente despenderam qualquer atenção para notícias oriundas do pequeno estado. A situação não se modificou muito nas últimas décadas, pois, invariavelmente, as notícias sobre ele vinculadas pela grande mídia são apenas a respeito dos corriqueiros casos de corrupção envolvendo desvios escabrosos de recursos públicos e exemplos atávicos de nepotismo, uma boa maioria dos quais perpetrados por indivíduos ligados a uma das três grandes oligarquias que dominam a vida estadual há mais de meio século.

Todavia, dois eventos históricos do século passado fizeram todo o Brasil (o primeiro) e o mundo (o segundo), de repente, dirigirem seus olhos surpresos para a capital do Rio Grande do Norte. Na verdade, quando reconstruídos, lado a lado, como neste capítulo, apesar de completamente verdadeiros, esses dois acontecimentos definem um enredo tão surreal, tão pitoresco, que só mesmo Fellini poderia ter escrito um roteiro cinematográfico que lhes fizesse justiça.

O primeiro desses eventos, deflagrado com a tomada do quartel do 21º Batalhão de Caçadores (BC), localizado no centro de Natal, no início da noite de sábado, 23 de novembro de 1935, entrou para a história como o estopim inicial da chamada Intentona Comunista, um movimento semicaótico imputado ao Partido Comunista Brasileiro que, logo a seguir, se espalharia para o Rio de Janeiro. Esmagado em poucos dias, tanto no Rio Grande do Norte como na então capital da República, o levante deixaria como legado apenas o falso pretexto da "ameaça comunista iminente", que seria usado, inicialmente, para o golpe de Estado perpetrado por Getúlio Vargas em 1937, e, depois, em toda uma série de tentativas de ruptura do Estado de Direito que atingiria o seu ápice com o golpe de 1964, cometido por golpistas militares históricos formados nas fileiras do movimento tenentista dos anos 1920.

Ocorre que, como claramente descrito por Marly de Almeida Gomes Vianna no seu *Revolucionário de 35: sonho e realidade*, a tal "insurreição comunista natalense" não passou de: "uma quartelada como tantas outras que, pela audácia das prisões efetuadas [pelos rebeldes] e do confisco do dinheiro, pelas possibilidades de saque e pela covardia dos governantes civis e militares [do Rio Grande do Norte], conseguiu durar quatro dias".

Essa interpretação é baseada no fato de que: "Os dirigentes revolucionários, improvisados em governo, mal sabiam o que fazer, benevolentes e entusiasmados com o povo que comemorava nas ruas a alegria de estar dono da cidade, mesmo sem saber o que fazer com ela".

Isso porque: "A maior parte dos militares do 21º BC que iniciou a revolta não sabia explicá-la com clareza, e a junta revolucionária comunista [que tomou posse no segundo dia do levante] não tinha qualquer ideia de como continuar o movimento que deixara Natal em suas mãos".

Curiosamente, nas semanas que antecederam a tomada do quartel, tanto a direção nacional como a regional do Partido Comunista Brasileiro, acusado posteriormente de ter organizado o levante, tentaram de todas as formas impedir que qualquer tipo de revolta prematura ocorresse na capital potiguar. Porém, o acúmulo de outras querelas, envolvendo disputas políticas e militares de caráter puramente local, explicam muito melhor as verdadeiras razões que levaram um sargento-músico e um cabo a deflagrar um motim que resultou na tomada do quartel do 21º BC, da capital do estado, de cidades vizinhas e reverberou por toda a nação, mesmo depois de sufocado.

Segundo a reconstrução dos eventos que precederam a tomada do quartel feita por Marly Vianna, a situação política do Rio Grande do Norte se agravou significativamente com a derrota, nas eleições de outubro de 1935, do ex-interventor do estado, nomeado por Getúlio Vargas, Mário Câmara, apoiado por Café Filho, influente líder estadual da revolução de 1930. A surpreendente vitória de Rafael Fernandes nas eleições para governador foi suficiente para que uma onda de perseguições fosse desencadeada contra os partidários do grupo político derrotado.

Enquanto os aliados de Mário Câmara e Café Filho tentaram, de todas as formas possíveis, evitar a posse do novo governador, uma vez empossado no cargo Rafael Fernandes decidiu, entre outras represálias, acabar com a Guarda Civil do estado, criada por Café Filho depois da vitória da Revolução de 1930. Tal medida gerou considerável descontentamento na classe militar de patente mais baixa. Assim, de acordo com Marly Vianna:

> "A situação política do país, o nível alcançado pelas lutas populares desde 1934, toda a atividade da ANL [Aliança Nacional Libertadora, movimento que congregava opositores ao regime de Getúlio Vargas], o desgaste do governo e as lutas pela sucessão estadual, tudo isso motivou tensões políticas que poderiam explodir de uma hora para outra; o descontentamento era geral e a violência um recurso comum no país, especialmente no Nordeste. Nesse ambiente, qualquer medida impopular do novo governo [estadual] poderia desencadear uma reação exaltada. À baixa obrigatória de soldados, cabos e sargentos e à extinção da guarda civil somou-se ainda a perda de cargos comissionados de cabos e

sargentos do 21º BC, acusados de camaristas. Como no caso da Guarda Civil, a perseguição política era evidente e a centelha que provocaria a explosão não tardaria a ser acesa".

E a centelha não tardou mesmo. Na manhã do dia 23 de novembro, os militares aquartelados no 21º BC foram informados de que um punhado de praças, que haviam sido presos no dia 18 por participarem do assalto em um bonde no bairro do Tirol, tinha sido expulso da guarnição por transgressão grave do código militar. Comunicados sobre a expulsão dos ex-colegas naquele mesmo 23 de novembro, membros da extinta Guarda Civil se dirigiram ao quartel do 21º BC determinados, em protesto, a sublevar a guarnição.

Nesse clima explosivo, um cabo, Giocondo Gerbasi Alves Dias, recém-filiado ao PCB, e o sargento-músico Quintino Clementino de Barros, também ligado ao partido, comunicaram à direção do PCB em Natal que não havia como segurar o levante e que a única opção seria unir-se a ele. Vendo-se diante de um fato consumado, o sapateiro José Praxedes de Andrade, secretário do comitê regional do PCB, decidiu aderir ao movimento na última hora.

Por volta das 19h30 de sábado, quando a pacata capital potiguar se preparava para dar por encerrado o dia, o cabo Giocondo Dias e o sargento Raimundo Francisco de Lima deram início ao motim do 21º BC, dando voz de prisão ao comandante da guarda e ao oficial do dia. Num toque peculiar para um levante supostamente comunista, todos os prisioneiros foram trancafiados no cassino dos oficiais.

Depois de soltar todos os praças presos pela tentativa de assalto e armar toda a guarnição, os rebeldes começaram a dar vivas ao comando da ANL e a Luís Carlos Prestes. Naquele momento, porém, nenhum dos homenageados pelos revoltosos tinha qualquer noção de que um levante havia sido iniciado na pequena Natal usando seu nome como agente recrutador das massas.

Apesar de sublevar o quartel em tempo recorde, os rebeldes não conseguiram convencer nenhum oficial da guarnição a aderir ao levante. Do lado de fora, sem saber da recusa dos oficiais, populares que testemunharam a chegada repentina de muitos civis ao quartel, depois que os rebeldes abriram os portões para receber todos os que desejassem aderir ao movimento, pensaram se tratar de alguma festa e começaram a se juntar aos revoltosos, agora reforçados de militantes das células do PCB da capital potiguar.

Como o burlesco jamais poderia deixar de marcar presença na primeira revolução comunista tropical – organizada às pressas e sem o consentimento da liderança comunista nacional e realizada numa cidade chamada Natal –, no preciso momento em que o 21º BC caía nas mãos dos rebeldes, toda a fina flor do governo e da elite potiguar encontrava-se reunida no Teatro Carlos Gomes (aquele mesmo que já fora e em breve voltaria a ser rebatizado como Teatro Alberto Maranhão), participando de uma cerimônia de formatura. Como parte das festividades, no preciso instante em que a cidade de Natal era atacada pela vanguarda comunista, toda a aristocracia potiguar desfrutava, comovida, do primeiro ato de uma peça cujo título – *A vitória da cruz* – seria o menos propício possível para descrever os eventos que transcorriam pelas ruas ao redor do teatro.

Só mesmo em Natal: enquanto a aristocracia local derramava lágrimas, emocionada com a vitória teatral da fé cristã, patrulhas recheadas de comunistas tomavam conta da sua cidade.

No meio da encenação, informada do levante do 21º BC ainda dentro do teatro, a aristocracia natalense reagiu da forma como se esperava que se comportaria: batendo em retirada de forma geral, imediata e irrestrita. Em poucos minutos, boa parte do governo estadual, incluindo o governador, já estava refugiada na casa do agente consular do Chile na cidade. Em sincronia total com o poder civil constituído, a maioria dos oficiais do exército lotados na cidade, em vez de tomar uma posição contra ou a favor dos insurretos, decidiu simplesmente sumir de cena e, por via das dúvidas, esconder-se nas suas respectivas casas ou nas de amigos e parentes.

Vinte e quatro horas depois da debandada geral das autoridades locais, no anoitecer do domingo, dia 24 de novembro, Natal estava totalmente sob o controle dos rebeldes do 21º BC, que mal podiam acreditar no próprio sucesso. Para sacramentar a tomada da cidade, na manhã de segunda-feira seus habitantes foram informados, durante um comício na praça do mercado, da tomada de Natal pelo movimento. Nesse evento, segundo Marly Vianna, José Praxedes foi "aclamado para compor o novo governo".

Como nenhum outro grupo político da cidade, nem mesmo os opositores ligados a Café Filho, aceitou participar da junta de governo, o Comitê Popular Revolucionário, empossado naquele dia, só contou com a presença de comunistas. Logo no seu primeiro ato, o novo governo perpetuou uma das maiores ironias de toda a história do Rio Grande do Norte ao decidir instalar-se numa vila localizada justamente na Praça Pedro Velho – nomeada em homenagem a um dos maiores oligarcas de toda história do Rio Grande do Norte.

Naquela manhã de segunda-feira, o Comitê Popular Revolucionário da comuna de Natal era formado pelos seguintes membros:

- José Praxedes, sapateiro, presidente e secretário de Abastecimento.
- Lauro Cortês Lago, funcionário da polícia e diretor da casa de detenção, secretário do Interior.
- Quintino Clementino de Barros, sargento-músico do 21º BC, secretário de Defesa.
- José Macedo, tesoureiro dos Correios e Telégrafos, secretário de Finanças.
- João Batista Galvão, secretário do Liceu Ateneu, secretário da Viação.

Imediatamente depois da posse, a nova junta criou o seu veículo oficial de propaganda, o jornal *A Liberdade*, cuja única edição foi impressa na gráfica da Imprensa Oficial do Estado.

Desde a manhã de domingo, mesmo antes de criar o seu comitê revolucionário, os rebeldes já haviam se dividido em patrulhas cuja principal missão, além de assegurar o domínio de serviços estratégicos da cidade – como a chefatura de polícia e o serviço de telégrafos, entre outros –, era "executar requisições" fundamentais para sustentar o movimento. Nessa definição incluíam-se o levantamento de fundos, carros, armas, gasolina e suprimentos para manter os revoltosos. Encorajada pela audácia dos rebeldes, da noite para o dia, a população mais humilde de Natal saiu às ruas para saquear o comércio local, como se tal prática tivesse sido sancionada pelo comitê revolucionário. De acordo com Marly Vianna, os membros do comitê revolucionário até tentaram dissuadir a população de atacar o comércio, mas a tarefa provou ser impossível. Sem nenhuma barreira que os impedisse de suprir suas necessidades há tanto tempo represadas, os natalenses primeiro se abasteceram de mantimentos e roupas, para depois saquear todas as lojas que encontraram pela frente. Por toda a cidade era possível ver grupos de populares carregando o seu butim e festejando a revolução "da comuna de Natal".

Festejava-se, porém, muito mais a queda da oligarquia e dos poderosos e o livre acesso a mercadorias e ao dinheiro, ambos obtidos pelos saques, do que propriamente a vitória dos comunistas. Mesmo porque quase ninguém tinha a menor ideia do que era um comunista.

Apesar da falta de organização e disciplina, o movimento rapidamente encontrou o "mapa da mina" para financiar a revolta. Patrulhas de revoltosos, ajudadas por mecânicos simpáticos ao movimento, conseguiram arrombar os cofres do Banco do Brasil, da Recebedoria de Rendas e do Banco do Rio Grande do Norte. Como resultado dessas ações, inimagináveis até então, o comitê revolucionário conseguiu coletar uma assombrosa quantia para a época.

Além das incursões por toda a capital, patrulhas de rebeldes, aliadas a grupos locais, começavam a espalhar a revolta pelo interior do estado. No dia 26 de novembro a lista de cidades e vilas tomadas pelo movimento se expandira consideravelmente, incluindo São Gonçalo, Santa Cruz, Pau dos Ferros, Nova Cruz, Touros, Lajes, Taipu e Macaíba. Todavia, quando uma patrulha que se dirigia a Currais Novos se aproximou da Serra do Doutor, a maré de sorte dos rebeldes vermelhos começou a virar.

Desde o dia 24 de novembro, alertado por um delegado de Natal que escapara da cidade no sábado à noite, logo após a tomada do 21º BC, Dinarte Mariz, o cacique político de Caicó e aliado local de Getúlio Vargas na Revolução de 1930, começou a armar o seu exército particular para reagir à revolta comunista. Coordenando o contra-ataque legalista com o governador da Paraíba, Dinarte Mariz armou seus capangas com 150 fuzis e 20 mil cartuchos de munição, sobras dos combates da Revolução de 1930, e partiu ao encalço dos rebeldes. O encontro decisivo entre as tropas legalistas, formadas pelo exército de Mariz e tropas vindas de Campina Grande e João Pessoa, deu-se no dia 26 de novembro – terça-feira – na Serra do Doutor. Derrotados de forma inapelável, os rebeldes bateram em retirada enquanto as tropas legalistas começaram a marcha rumo a Natal, onde entrariam, sem nenhuma resistência, no dia seguinte, junto com um destacamento da polícia paraibana.

Até os últimos momentos, o Comitê Revolucionário tentou desmentir, como se fossem meros boatos, as notícias que davam como iminente a invasão da cidade de Natal por tropas legalistas. Porém, já na madrugada do dia 27 de novembro, o movimento começou a fazer água, primeiro com a fuga às escondidas do cabo Giocondo Dias, que debandou as tropas rebeladas do 21º BC e deixou Natal para se refugiar numa fazenda em Lajes. Em abril de 1936, ele seria preso, depois de ser esfaqueado pelo fazendeiro que o acolhera e espancado pela tropa que o capturou. Giocondo Dias sobreviveria para, 45 anos depois, suceder Luís Carlos Prestes como secretário-geral do PCB.

Nas primeiras horas da manhã do dia 27 foi a vez do Comitê Revolucionário abandonar Natal. Todos seriam presos, com exceção de José Praxedes, que desapareceu naquela mesma madrugada sem deixar vestígio, reaparecendo apenas quase cinquenta anos depois, em 1984, para contar a sua versão da história.

Tão rápida e inesperadamente quanto surgira, a comuna de Natal desintegrou-se. Dali por diante, ela sobreviveria apenas em alguns parcos parágrafos superficiais dos livros de história oficial e nas ordens do dia dos quartéis, pelo resto do século, como desculpa preferida para justificar golpes, perseguições, exílios e toda sorte de violências contra "esquerdistas".

No interior, as tropas legalistas e a milícia de Dinarte Mariz dispersaram os revoltosos sem nenhuma batalha de porte. Na realidade, a despeito de todas as escaramuças, apenas uma pessoa foi morta em Natal como resultado do levante.

Assim que se espalhou a notícia de que os membros do Comitê Revolucionário haviam abandonado a cidade, na tarde de 27 de novembro, os oficiais militares e os membros do governo começaram a abandonar seus esconderijos, onde permaneceram durante os quatro dias que durou a revolta, para reassumir seus postos como se nada tivesse acontecido. Anos mais tarde, soube-se que a maior parte da fortuna em dinheiro apropriada pelos revoltosos foi surrupiada pela polícia e pelas tropas que retomaram Natal. Esses fundos nunca retornaram aos cofres públicos.

Além de fornecer ampla munição para o endurecimento do regime ditatorial de Getúlio Vargas em nível nacional, a revolta de Natal, que foi seguida por uma igualmente fracassada tentativa de levante comunista no Rio de Janeiro, serviu para fortalecer de vez o domínio político de Dinarte Mariz e seus aliados no Rio Grande do Norte. Elevado à condição de "salvador da pátria", o oligarca de Caicó desempenharia papel central na vida do estado nos trinta anos seguintes, culminando com sua participação como representante do golpe militar de 1964, o qual apoiou com grande entusiasmo.

Do lado dos revoltosos, além das histórias de prisões, torturas, exílios e vidas destruídas, restaram apenas esparsos ecos das razões que os motivaram a manter o levante, como um resquício do seu manifesto, publicado na primeira e única edição de *A Liberdade*. Nele, os revoltosos propunham:

> "[...] estimular a indústria, criando grandes usinas metalúrgicas para fabricarmos, aqui dentro, as nossas máquinas, os nossos aviões, a nossa munição para resistir a quem quer que se aventure a reduzir-nos a colônia. [...] Dividiremos as terras. Garantiremos o direito ao trabalho. Ninguém despenderá [um tostão] para aprender a ler e completar sua cultura".

A utopia comunista de Natal morreu antes mesmo que a população pudesse ao menos ler o manifesto dos seus líderes, uma vez que, em novembro de 1935, a vasta maioria dos habitantes do Rio Grande do Norte era analfabeta.

***

O segundo momento em que Natal passou a frequentar o imaginário coletivo de todo o país e de todo o mundo começou a se materializar, exatos seis anos depois da Intentona Comunista, na manhã do dia 7 de dezembro de 1941, quando 353 aviões – que haviam decolado dos *decks* de seis porta-aviões da Marinha Imperial do Japão – atacaram, de surpresa, a base militar norte-americana em Pearl Harbor, no Havaí. No ataque, 2.402 soldados norte-americanos morreram e 1.282 ficaram feridos. No dia seguinte, os Estados Unidos, em estado de choque, declararam guerra ao Japão. Em 11 de dezembro, a declaração de guerra se estendeu à Alemanha e à Itália, que haviam se solidarizado com o império japonês e declarado guerra aos Estados Unidos no dia anterior.

A entrada oficial dos Estados Unidos na Segunda Guerra Mundial criou um dilema para o governo ditatorial de Getúlio Vargas, que até então tentava se manter neutro no conflito, caminhando por um caminho tortuoso equidistante dos Estados Unidos e da Alemanha, essa última na época uma grande parceira comercial do Brasil.

Ocorre, porém, que, bem antes de entrar oficialmente na guerra, o governo norte-americano já via com grande preocupação a investida das tropas nazistas na África do Norte. Temendo que a Alemanha usasse sua recém-estabelecida base africana para dominar o Atlântico sul e de lá invadir a América do Sul e abrir um novo flanco de ataque aos Estados Unidos, o governo norte-americano começou a pressionar Getúlio Vargas para permitir o estabelecimento de bases áreas militares no litoral brasileiro. O alvo principal dos norte-americanos, desde o início, era centrado no Rio Grande do Norte, particularmente no campo de pouso, construído uma década antes do estouro da Segunda Grande Guerra em Parnamirim, cidade vizinha a Natal.

Foi assim que, quatro séculos depois de ser o foco de disputas de potências europeias, mais uma vez a geografia privilegiada do Rio Grande do Norte colocava o estado como alvo cobiçado no grande jogo geopolítico mundial.

O rápido envolvimento dos norte-americanos em Natal só foi possível porque, desde o final dos anos 1920, o Rio Grande do Norte havia assumido um papel de destaque na história da aviação brasileira. Depois da morte de Augusto Severo, vitimado pela queda do seu balão Pax em Paris, em 1902, a aviação passou a ser vista no estado como uma porta para a modernidade. Talvez essa fascinação popular por máquinas voadoras explique por que a construção de aviões em solo potiguar tenha encontrado lugar no manifesto do Comitê Revolucionário que tomou Natal em novembro de 1935.

Como consequência desse entusiasmo pela aviação, o governador do estado, Juvenal Lamartine – o mesmo que coordenara a perseguição de Lampião e seu bando depois do ataque de Mossoró –, apoiado pelo empresário Fernando Pedroza, promoveu, em 1927, a inauguração do campo de pouso de Parnamirim, e um ano depois, em dezembro de 1928, a criação do Aeroclube do Rio Grande do Norte.

Como consequência dessas iniciativas, quase inimagináveis para um dos estados mais miseráveis do país, Natal passou a ser visitada por um grande número de "ases do ar", que, vindos da Europa, mapearam as rotas aéreas que permitiriam, em alguns anos, estabelecer um fluxo contínuo de malotes de correspondência entre o continente europeu e a América do Sul. Até hoje algumas das façanhas desses pioneiros da aviação – como a primeira travessia postal sem escala de São Luís do Senegal a Natal, realizada em 21 horas e 24 minutos, nos dias 12 e 13 de dezembro de 1930, pela tripulação francesa formada por Jean Mermoz, Jean Dabry e Léopold Gimié – podem ser identificadas em placas comemorativas, estampadas nas paredes do Aeroporto Internacional Augusto Severo, construído às margens do campo de pouso original de Parnamirim.

Dentre os muitos pilotos famosos da época, a visita mais distinta que Natal recebeu foi, sem dúvida alguma, aquela do piloto francês Antoine de Saint-Exupéry. Como diretor da Aeropostale Argentina, subsidiária da empresa francesa Aeropostale – aquela que estabeleceu a primeira rota de malotes de correspondência entre a Europa e Natal –, Saint-Exupéry provavelmente visitou Natal mais de uma vez nos anos em que viveu na América do Sul. Depois de se mudar da Argentina para os Estados Unidos, Saint-Exupéry escreveu o livro que o imortalizaria, *O pequeno príncipe*. Permanece um grande mistério, porém, se Saint-Exupéry travou conhecimento com a árvore que tem um papel tão central na sua obra literária – o baobá – no continente africano ou durante uma de suas visitas ao Rio Grande do Norte. Essa dúvida é relevante para a nossa história porque, bem pertinho do Campo de Pouso de Parnamirim, no distrito de Jundiaí, na cidade de Macaíba, encontra-se um dos poucos espécimes dessa árvore bojuda, de raízes enormes que se espalham a dezenas de metros, destruindo tudo o que encontram em seu caminho. O baobá de Macaíba, que pode ter servido de inspiração para o grande escritor francês, hoje decora a entrada do Campus do Cérebro do IINN-ELS, como pode ser visto em toda a sua exuberância na foto abaixo. Contendo uma gigantesca cavidade interna habitada por centenas de pequenos morcegos polinizadores dos cajueiros, esse baobá se transformou numa referência para todos os envolvidos com o projeto do IINN-ELS, por demarcar a fronteira do sonho impossível que se queria construir na pequena Macaíba.

Estabelecido como ponto de chegada da rota Dacar–Natal – usado primeiro por aventureiros e depois por aviões de companhias aéreas europeias para realizar a travessia do Atlântico sul a partir da

Baobá de Macaíba.

costa africana –, o Campo de Pouso de Parnamirim foi uma mão na roda para os norte-americanos. Sem muito alarde, no final de 1940 e no início de 1941, depois de estabelecer negociações secretas com o governo de Getúlio Vargas, o governo dos Estados Unidos começou a usar a pista do Campo de Pouso de Parnamirim como ponto de suas rotas de voo. Para tanto, valia-se dos aviões da Pan American Airlines, a Pan Am, e a sua associada brasileira, a Panair do Brasil.

Vivendo em plena ditadura do Estado Novo de Getúlio, poucos brasileiros e quase nenhum cidadão potiguar se deu conta de que, com a publicação do decreto 3.462 de 1941, o governo federal brasileiro basicamente concedia permissão para que a companhia aérea americana Pan American e a sua subsidiária Panair do Brasil transformassem o Campo de Pouso de Parnamirim numa base aérea norte-americana. Foi a partir desse decreto que começaram a desembarcar em Natal, para assombro completo da população local, aviões e mais aviões de carga norte-americanos trazendo equipamentos, maquinário o mais diverso e, acima de tudo, hordas e hordas de militares, pilotos e funcionários do Departamento de Defesa que começavam, rapidamente, a estabelecer-se na pacata capital do Rio Grande do Norte e, no processo, mudar a dinâmica econômica e social daquele minúsculo estado às margens do Atlântico equatorial.

Depois dos franceses, portugueses, espanhóis e holandeses, era agora a vez dos ianques tomarem de assalto a costa natalense. Com a formalização da ruptura do governo brasileiro com as nações do Eixo, no início de 1942, e as declarações de guerra dos governos da Alemanha e da Itália, navios da frota mercante brasileira começaram a ser atacados por submarinos alemães ao longo de toda a rota do Atlântico, entre o Brasil e os Estados Unidos. Logo, barcos brasileiros cheios de passageiros, navegando bem próximo da costa nacional, transformaram-se em alvos dos ataques alemães, gerando tragédias nas quais centenas de pessoas morriam como resultado de cada naufrágio. Do dia para a noite, Natal se transformara num ponto nevrálgico, tanto da estratégia de defesa da costa brasileira como do enorme esforço de logística necessário para abastecer as tropas aliadas lutando na África do Norte e na Ásia.

O que pensariam aqueles guerreiros tapuias se pudessem testemunhar com os próprios olhos a verdadeira invasão militar – mesmo que consentida, a palavra mais apropriada só pode ser essa mesmo – que trouxe para Natal o que havia de mais moderno na indústria bélica da aviação, à margem daquelas mesmas dunas de areia fina, esbranquiçada pelo sol equatorial inclemente e constantemente remodelada pelas correntes de ventos africanos que sopram, sem descanso para tomar fôlego, todos os dias do ano?

Em pouco mais de um ano, o humilde Campo de Pouso de Parnamirim – rebatizado com o nome de Parnamirim Field – transformou-se no aeroporto mais movimentado do mundo. Segundo a reconstrução apresentada por Roberto Muylaert, a base aérea se espalhava "por uma área de 13,5 milhões de metros quadrados, com 74 quilômetros de perímetro, área coberta de 245 mil metros quadrados, e uma área asfaltada correspondendo a uma estrada de 160 quilômetros de extensão e 7 de largura". Mil e quinhentos edifícios abrigavam até 10 mil homens. Duas pistas de pouso, uma de 1.834 metros e outra de 2.768 metros, complementavam a paisagem daquela que ainda hoje é a maior base aérea do país.

Além de construir a base aérea, os norte-americanos puseram em funcionamento um oleoduto de vinte quilômetros, conectando as docas do rio Potengi com Parnamirim Field, garantindo o suprimento de uma média de 100 mil litros de gasolina diários. Os tanques da base estocavam até 500 mil galões de combustível. Também resultou dessa empreitada norte-americana a construção da primeira estrada asfaltada conectando o campo de pouso e a cidade de Natal, bem como estradas secundárias que ligavam a base aérea às localidades de Ponta Negra e Pirangi.

Com toda essa infraestrutura, cerca de 1.350 aviões de fabricação norte-americana chegaram à base de Natal. A partir daí, o fluxo continuo de aviões vindos dos Estados Unidos, como as fortalezas voadoras B-17 e B-29, que tinham como destino final os campos de batalha da África do Norte e da Ásia, passaria a fazer parte da rotina diária e noturna dos céus potiguares. Como enfatiza Roberto Muylaert, quem olhasse toda manhã para o interior da base acharia que todos os aviões que haviam partido para a África no dia anterior já haviam retornado.

Ocorre que, na verdade, durante a noite, a base recebia um novo contingente de aviões, que ocupavam o lugar daqueles que já haviam partido para o continente africano.

Da noite para o dia, certos bairros de Natal, como o da Ribeira, localizado às margens do rio Potengi, tiveram que se adaptar à presença maciça de mais de 5 mil soldados, oficiais, pilotos e marinheiros norte-americanos que introduziam, sem aviso prévio, com a sua simples presença nos bares, restaurantes e bordéis da cidade, toda sorte de inovações culturais, sociais, religiosas, gastronômicas e até mesmo tecnológicas. Como resultado desse choque, Natal foi a primeira cidade brasileira a conhecer tanto a Coca-Cola como a cerveja em lata. Da mesma forma, o chiclete foi introduzido em território nacional pelas mãos dos aviadores norte-americanos que chegavam a Natal. Nem mesmo as instalações do 21º Batalhão de Caçadores, onde foi deflagrada a insurreição comunista de novembro de 1935, escaparam de uma reforma completa feita pelos norte-americanos.

Num processo que seria emulado por todas as partes do globo onde os Estados Unidos estabeleceriam centenas de bases militares nas cinco décadas seguintes, os militares norte-americanos introduziram passo a passo o seu modo de vida à rotina daquela outrora pacata cidade. Por exemplo, uma das praias próximas ao centro da cidade passou a ser frequentada primeiro pelos norte-americanos, uma vez que os natalenses não tinham por hábito tomar banho de mar por lazer, passando a ser rebatizada como Miami Beach. Setenta anos depois, é a mesma praia que avisto pela janela enquanto tento recontar essa história.

Bastaram alguns poucos dias para que os pilotos norte-americanos descobrissem os segredos da vida noturna natalense. Ainda segundo Roberto Muylaert, preocupados com a avidez com que os rapazes da força aérea do seu país buscavam o aconchego das moças que militavam nos três grandes bordéis da cidade – o Maria Boa, o Wonder e o Goodyear –, o governo norte-americano estabeleceu um pronto-socorro nas docas de Natal. A principal função desse pronto-socorro era realizar a profilaxia de doenças venéreas das prostitutas dos

Praia de Miami,
bairro de Areia Preta,
Natal, RN.

estabelecimentos frequentados pelos pilotos. Caso passassem no exame médico, cada uma das moças tinha a sua "carteira de habilitação sanitária" atualizada, o que aumentava consideravelmente as chances de atrair um ianque de jaqueta de couro e óculos Ray-Ban.

Além dos cabarés, eles também passaram a frequentar as casas das famílias natalenses. Não seriam poucos os casamentos que resultariam desses namoros, com a eventual consequência de que, depois do término da guerra, várias donzelas potiguares deixariam a terra natal rumo aos Estados Unidos.

No meio de todo esse embate entre dois mundos completamente diferentes, talvez o evento mais surreal durante a "ocupação norte-americana" no Rio Grande do Norte tenha ocorrido na manhã do dia 28 de janeiro de 1943, quando um gigantesco hidroavião Boeing B-314 de dois andares e quarenta toneladas de peso, com bandeiras norte-americanas pintadas na fuselagem, pousou nas calmas águas do rio Potengi. De dentro da enorme aeronave, nunca antes vista em território brasileiro, saiu, carregado por seu secretário de Estado mais próximo, ninguém menos que o presidente dos Estados Unidos, o então quase mítico Franklin Delano Roosevelt. Devido à sequela de uma poliomielite contraída já na vida adulta, Roosevelt sofria de uma paraplegia que ele tentava ocultar a todo custo dos seus eleitores.

Retornando da Conferência de Casablanca, no Marrocos, que entraria para a história como o encontro no qual ele e seu principal aliado, Winston Churchill, decidiram que a Segunda Guerra Mundial só poderia ser encerrada com a rendição incondicional de todas as forças do Eixo, Roosevelt viera conhecer a base mais importante dos Estados Unidos no hemisfério sul e negociar com Getúlio Vargas qual seria a participação de tropas brasileiras nas batalhas travadas em solo europeu.

Depois de almoçarem juntos no navio de guerra norte-americano *USS Humbolt*, para onde Roosevelt havia sido levado de lancha, logo depois do seu desembarque, Roosevelt e Getúlio retornaram para as docas. Despedindo-se de Rafael Fernandes, o mesmo governador cuja eleição contribuíra para a revolta do 21º BC em 1935, Getúlio embarcou com Roosevelt num Jeep do exército norte-americano para percorrer os vinte quilômetros até o Parnamirim Field. Com Roosevelt sentado no banco da frente, junto com o motorista, e Getúlio Vargas no banco traseiro, flanqueado pelo almirante Ingram, comandante da Quarta Frota da Marinha dos Estados Unidos e virtual comandante da Base Aérea de Parnamirim durante a guerra, o grupo saiu pelas ruas de Natal, para estupefação geral de militares norte-americanos e brasileiros e da população da cidade, que, ao ver o comboio oficial passar, reconhecia, dependendo da nacionalidade, ou o presidente do Brasil, ou o presidente dos Estados Unidos, aboletados no primeiro veículo da comitiva.

Embora poucos cidadãos natalenses tenham reconhecido Roosevelt naquele dia, o assombro que tal visita causou na cidade foi tal que, até hoje, religiosamente, no dia 28 de janeiro de cada ano, ocorre na cidade uma reconstrução do trajeto percorrido pelos dois presidentes. Contando com sósias dos três passageiros ilustres – e do motorista militar –, um Jeep percorre as ruas de Natal, agora bem mais congestionadas, das docas do rio Potengi até a Base Aérea de Parnamirim, que, felizmente, desde 1947, retornou a ser de posse exclusiva da Força Aérea Brasileira.

RUA DA VERGONHA, S/N

Apesar de ter imaginado, nos meses que antecederam o meu retorno oficial ao Brasil, no início de 2003, que a empreitada não seria nada fácil, e a despeito de levar muito a sério o alerta coletivo, feito por amigos brasileiros, de que, depois de quinze anos vivendo fora do país, eu não tinha como equacionar a verdadeira dimensão dos problemas nem as resistências locais que teriam que ser suplantadas para a implantação de um instituto de pesquisa de ponta na periferia de Natal, doze anos depois tenho que confessar que nada, nem ninguém, poderia ter me preparado para a verdadeira avalanche de obstáculos e dificuldades que se materializariam cotidianamente.

Hoje, olhando para trás, com o benefício do conhecimento de tudo o que ocorreu, fica claro para mim que eu realmente não tinha noção de como é difícil empreender no Brasil, principalmente na área científica. A constatação de que esse receio não estava nem próximo do meu radar em 2003 mostra quão pouco preparado eu estava para encarar o que viria pela frente. Isso porque, até então, toda a minha vida no Brasil – 27 anos, antes da minha partida para os Estados Unidos em 1989 – se passara na cidade de São Paulo. No início dessa aventura eu não tinha nenhuma experiência sobre como era o dia a dia no Rio Grande do Norte, como era a vida de alguém que chegasse de fora e quisesse se instalar no estado, como um projeto como o nosso seria recebido localmente e como seria tentar trabalhar num projeto social numa sociedade dominada por algumas das oligarquias mais tacanhas e truculentas do país.

Na verdade, hoje posso dizer, naqueles primeiros meses a minha ingenuidade era tanta que, na minha mente, eu nutria a ilusão de que o potencial inovador e o mérito óbvio dos projetos científico-sociais que queríamos trazer para o Rio Grande do Norte, tão depauperado socialmente no início deste século, seriam mais do que suficientes para convencer a todos, tanto em Brasília como em Natal, da legitimidade e da relevância estratégica da nossa proposta.

Descentralizar a produção científica brasileira disseminando ciência de ponta e infraestrutura e processos científicos inéditos por uma das regiões mais pobres do país, usar a ciência como base de um novo modelo educacional, num dos piores distritos escolares do país, que se iniciaria no pré-natal dos nossos futuros alunos e iria até o ensino médio, e inserir o Brasil e o Nordeste brasileiro na fronteira de uma das áreas mais dinâmicas da ciência mundial, a neurociência... Quem, em sã consciência, poderia se opor a essa missão?

Ninguém, pensava eu em março de 2003.

Ledo engano.

Ainda assim, ao longo dessa última década, todos os que eram a favor e os que se posicionaram contrários ao projeto do IINN concordam com a conclusão de que o Rio Grande do Norte não é para qualquer um. Se o nosso projeto – e nós mesmos – sobrevivesse lá, implantar o mesmo projeto em qualquer outro lugar do Brasil seria fichinha.

Desde a minha primeira ida à Esplanada dos Ministérios, em Brasília, em março de 2003, para apresentar o projeto do IINN ao governo federal brasileiro, pouco a pouco a minha ingenuidade e a minha inexperiência em lidar com as autoridades federais, a burocracia científica nacional, a comunidade científica brasileira e os políticos do Rio Grande do Norte passaram por um enorme processo de recalibração. Por exemplo, ao longo de todo o ano de 2003, aprendi que, mesmo que um ministro de Estado brasileiro prometa de pés juntos que o seu ministério vai apoiar o seu projeto, inclusive com recursos, esse apoio e os recursos prometidos levarão vários meses, se não anos, para serem oficializados e liberados, uma vez que tal ato não depende apenas da boa vontade e do desejo do ministro. Na realidade, a implementação de um projeto de parceria com o governo federal depende de toda uma cadeia infindável de eventos, que só podem ser concretizados pela anuência sincronizada de um verdadeiro exército de funcionários que, no conjunto, definem o que se habituou chamar de "baixo escalão".

Sem a anuência do "baixo escalão", nada acontece no Brasil.

E depois que todos esses funcionários tiverem se pronunciado, caso o requerente ainda esteja vivo, faltará ouvir o parecer do "jurídico", que, no Brasil, invariavelmente, é consultado no último momento, quando meses de trabalho e espera já foram perdidos. Como geralmente o departamento jurídico de cada ministério tende a negar, *a priori*, qualquer ação que não se encaixe perfeitamente em algum procedimento padrão, não porque ele seja necessariamente ilegal, mas porque foge à rotina, às vezes por detalhes insignificantes – a via-crúcis enfrentada por qualquer um que tente realizar algum projeto inovador junto ao governo brasileiro é algumas vezes de magnitude mais dolorosa e demorada do que em outros países.

Evidentemente toda essa via-crúcis só é enfrentada por aqueles que desejam realizar um projeto legítimo. Na realidade, no Brasil os projetos honestos pagam o preço – em termos de tempo e energia perdidos – pela quantidade estuporante de projetos fantasmas que tentam fraudar o governo federal.

Por causa desse fenômeno, apesar do entusiasmo com que a proposta do IINN foi recebida pelos três ministros com os quais me encontrei em 2003, seria preciso mais de um ano até que os recursos iniciais pudessem ser liberados para começar o nosso projeto. Mesmo com toda essa demora, não há como negar que o apoio inicial empenhado pelo governo federal brasileiro foi muito importante para o lançamento da "pedra fundamental" do projeto.

Naquela minha primeira ida a Brasília em 2003 – ao longo de três dias muito intensos, em audiências com esses ministros e suas equipes –, expus a filosofia central do nosso projeto, as razões que haviam me motivado a retornar ao Brasil para executar esse plano e as necessidades mais emergenciais para iniciar as primeiras ações do IINN em solo potiguar.

Um pouco antes dessa primeira rodada de encontros, uma matéria de primeira página no *Jornal da Ciência*, a tradicional publicação da Sociedade Brasileira para o Progresso da Ciência (SBPC), ofereceu o primeiro relato público do projeto do IINN.

O buchicho estava apenas começando. Afinal de contas, apenas dois meses depois dessa primeira matéria era a vez de a prestigiosa revista científica inglesa *Nature* anunciar, na sua edição de 22 de maio de 2003, os planos para a construção do IINN em Natal. Curiosamente, a foto usada para ilustrar a matéria é a de uma bela casa à beira-mar, incrustada na já citada praia de Miami, e que, como acabo de conferir, continua firme e forte no mesmo lugar. Por causa dessa foto, muitos colegas brasileiros menos avisados concluíram imediatamente que o nosso projeto visava apenas estabelecer uma "casa de praia" para veraneio durante o verão norte-americano. Durante muitos anos esse boato circulou livremente pelos corredores dos encontros de neurociência no Brasil.

Finda a visita a Brasília, eu me dirigi a Natal, na companhia do professor Isaac Roitman, então diretor de avaliação da Capes, para realizar meu primeiro encontro com o reitor da Universidade Federal do Rio Grande do Norte (UFRN) e outros membros da comunidade acadêmica daquela entidade. Novamente, fui muito bem recebido.

Durante essa visita, apresentei o projeto inicial do IINN às lideranças da UFRN. De imediato, o reitor demonstrou grande entusiasmo com a proposta e comprometeu-se a fazer da UFRN um parceiro estratégico do projeto. Foi durante essa reunião que ficou decidida a realização, em março de 2004, da primeira atividade pública do projeto do IINN, o I Simpósio Internacional de Neurociências de Natal. Ficou acordado também que, na falta de uma entidade jurídica que respondesse pelo IINN naquele momento, a UFRN seria a destinatária dos eventuais recursos públicos liberados para o projeto.

No decorrer daquela viagem, também manifestei a necessidade de identificar um local que pudesse servir como o Campus do

Cérebro, a futura sede do IINN que eu já começara a desenhar, se não em papel, pelo menos na minha mente. Imediatamente, o reitor da UFRN mencionou a possibilidade de ceder um terreno, pertencente à Fazenda Jundiaí, no distrito de mesmo nome, na cidade de Macaíba, onde funciona o Colégio Agrícola da UFRN.

Conhecida inicialmente pelo nome de Coité, o nome Macaíba só foi dado àquelas terras em torno do rio Jundiaí em 1855. Em 1877, a vila foi promovida a município. Cento e cinquenta anos depois, aproximadamente 60 mil almas habitavam a pacata cidade. Curiosamente, nos dias em que passei em Natal naquela primeira viagem, antes mesmo da minha primeira visita a Macaíba, um conhecido empresário de Natal pediu para conversar comigo. Segundo o recado que me foi transmitido, ele tinha uma proposta irrecusável a me fazer. Quando o recebi na reitoria da UFRN, ele mencionou uma entrevista que eu tinha dado à rádio da universidade, na qual eu comentara da nossa necessidade de obter um terreno para sediar o IINN.

– Pois eu tenho o terreno que o senhor precisa! – ele logo foi anunciando.

– E que terreno é esse?

– Bom, a minha proposta é doar uma fatia de dez hectares de um terreno onde pretendo construir um condomínio fechado. Como ouvi dizer que a própria governadora do estado prometeu doar todas as melhorias necessárias para o terreno que vier a ser a sede do seu instituto, estou disposto a doar esse lote para o senhor, se o governo do estado trouxer as melhorias para o entorno do meu terreno.

– E onde fica o terreno do senhor?

– Bem ao lado do Aeroporto Augusto Severo!

Uma breve visita ao dito terreno claramente mostrou que o empresário queria que o governo do estado se encarregasse de toda a infraestrutura do seu projeto imobiliário. Como eu imaginara, as tais melhorias que ele reivindicava custariam várias vezes o mesmo preço de um terreno de dez hectares naquela região da cidade. Claramente, a permuta oferecida não tinha o menor cabimento. De qualquer modo, essa primeira experiência mostrou como eu teria que ser cuidadoso ao navegar por uma sociedade totalmente desconhecida para mim. Naquele dia, fui apresentado pela primeira vez ao *modus operandi* local. Dezenas de outros incidentes mostrariam que, infelizmente, essa era a norma, não a exceção, da maneira de "negociar" no Rio Grande do Norte.

Logo na minha primeira visita a Macaíba e à Fazenda Jundiaí, eu me convenci de que aquele era o lugar perfeito para instalar o Campus do Cérebro do IINN. A foto reproduzida aqui mostra o primeiro grupo de "aventureiros" que decidiu, montado num carro de boi, explorar o lote de cem hectares que a UFRN propunha nos doar. Localizado no topo de um morro, a oitenta metros do nível do mar, às margens de um açude raso mas muito emblemático e com uma vista panorâmica das fazendas que ocupam o vale do rio Jundiaí, o terreno, à primeira vista, parecia perfeito para o objetivo que lhe seria destinado. Uma das primeiras fotografias do terreno, visto da sede da Escola Agrícola, pode ser vista a seguir.

Tudo parecia caminhar de vento em popa. Na volta para casa, na Carolina do Norte, mal podia conter o entusiasmo. Eu nem poderia

Grupo de "exploradores" que em 2003 realizou a primeira visita ao terreno da Fazenda de Jundiaí, da Universidade Federal do Rio Grande do Norte, onde seria construído o Campus do Cérebro do IINN-ELS.

Imagem do terreno do Campus do Cérebro.

imaginar que seriam necessários outros treze anos para que tudo o que tinha em mente naquele momento virasse realidade.

Os próximos meses de 2003 foram ocupados com a organização do Simpósio Internacional de Neurociências que ocorreria em março de 2004. Tal evento foi viabilizado por uma doação de 50 mil dólares do reitor da Universidade Duke e um *grant* de um grande amigo norte-americano, Alan Rudolph, que se mantém ligado ao projeto até hoje.

De volta a 2003, à medida que os meses iam passando, as dificuldades em liberar os recursos em Brasília demostravam cada vez mais que o caminho seria muito mais pedregoso do que eu imaginara. Verdade seja dita, desde o início a nossa intenção era tentar manter boa parte do projeto com recursos privados. Depois da experiência adquirida nos quinze anos vivendo nos Estados Unidos, onde recebi várias doações privadas para o meu laboratório de pesquisa na Universidade Duke, eu tinha confiança em que um modelo similar poderia ser replicado no Brasil. Novamente, porém, subestimei as dificuldades de convencer empresários brasileiros, que nunca compartilharam da mesma cultura de filantropia norte-americana para com a ciência, a se engajarem no nosso projeto.

De qualquer forma, antes mesmo de conseguir levantar recursos privados, seria necessário constituir uma entidade jurídica que se responsabilizasse pela manutenção e gestão do IINN. Depois de meses de pesquisa e debate com advogados brasileiros, chegou-se à conclusão de que a melhor estrutura jurídica disponível para gerenciar o tipo de projeto que queríamos realizar seria aquela provida por uma Organização da Sociedade Civil de Interesse Público (OSCIP).

Logo depois da realização do I Simpósio Internacional de Neurociências de Natal, em 17 de abril de 2004, foi criada a Associação Alberto Santos Dumont para Apoio à Pesquisa, a AASDAP. Com sede administrativa em São Paulo, a AASDAP passava a ser a entidade responsável por todo o projeto do IINN.

Evidentemente, o IINN também precisava ter uma sede em Natal. Quando a questão foi levada ao novo reitor da UFRN, o professor Ivonildo recomendou que o IINN ocupasse uma sala no Centro de Convivência da universidade. Ao visitar o espaço alocado, descobri que ele tinha um piso de terra batida e não dispunha nem de eletricidade, nem de água, nem de banheiro, nem de linha telefônica e muito menos de conexão de internet. Claramente, a dimensão do projeto não parecia ter sido entendida pela maior autoridade acadêmica da UFRN.

Sem alternativa, foi preciso sair pela cidade de Natal em busca de um conjunto de salas para abrir as portas do IINN. Depois de muita procura, um par de salas foi alugado num prédio de escritórios. Foi lá, no World Trade Center – de Natal –, que foram fincadas as primeiras raízes do IINN em solo potiguar.

Ao longo do ano de 2003 também foi necessário elaborar o projeto arquitetônico do IINN. Como ponto de partida, era preciso que o projeto contivesse as primeiras unidades fundamentais para o funcionamento do projeto científico-social do instituto. Àquela altura já estava definido que, além de um grande e moderno instituto de neurociência, o nosso Campus do Cérebro contaria com uma escola de tempo integral, capaz de acolher até 1.500 crianças de 0 a 17 anos. Na realidade, esse componente educacional do projeto era uma das suas grandes novidades. Dessa forma, era necessário abrigá-lo numa estrutura cuja arquitetura fosse ousada e vibrante, pois, além de tudo, a nossa proposta de educação integral adotaria uma pedagogia protagonista e humanística, na qual o método científico desempenharia um papel central. Para completar o triângulo básico do Campus do Cérebro, também seria construído um centro de apoio materno-infantil, voltado para o atendimento multidisciplinar das mães e crianças do entorno do IINN. Finalmente, o Campus do Cérebro teria um grande complexo esportivo, possibilitando não só a prática do esporte como lazer, mas também o desenvolvimento de um projeto olímpico e paralímpico e de um centro de medicina esportiva que contemplasse, inclusive, o emprego da prática esportiva como forma de terapia para a reabilitação de pacientes com deficiências neurológicas.

Embora a visão macroscópica do Campus do Cérebro já existisse no início de 2003, havia a necessidade urgente de identificar e recrutar um arquiteto capaz de traduzir todas essas ideias e divagações num projeto executivo que pudesse ser apresentado às autoridades brasileiras. Depois de alguns meses de procura, coube ao arquiteto José Galbinski, radicado em Brasília, encampar essa missão e produzir os estudos iniciais das três primeiras edificações do futuro Campus do Cérebro – o Instituto de Neurociência, a escola e o hospital materno-infantil. Os desenhos iniciais desses prédios – ilustrados nas fotos a seguir – foram revelados pela primeira vez para o grande público de todo o Brasil e de vários países – incluindo mais de três dezenas dos maiores neurocientistas do planeta – durante a minha palestra, no encerramento do I Simpósio Internacional de Neurociências de Natal, no auditório do Hotel Pirâmide, na Via Costeira, próximo da praia de Miami, em Natal.

Para se ter uma ideia do impacto desse evento na cidade, durante cinco dias, todas as noites, os telejornais locais mostraram imagens das palestras, entrevistas com neurocientistas brasileiros e estrangeiros e toda a movimentação que fez da neurociência o novo *hit* da cidade de Natal. De manhã, os dois maiores jornais da cidade traziam várias matérias cobrindo o evento. De repente, alguns dos meus

Desenhos originais dos prédios do Campus do Cérebro. Cortesia do professor Galbinski.

melhores amigos neurocientistas, vindos dos Estados Unidos, da Bélgica, da Alemanha, da França, de Portugal, do Japão, eram parados nas ruas, reconhecidos por transeuntes que, entusiasmados, queriam tirar uma foto com um dos "bichos raros" que circulavam agora às dezenas pelas ruas e praias da cidade. Até mesmo o prefeito de Natal, Carlos Eduardo Alves, ligado a uma das oligarquias do estado, que até então não havia tido tempo para receber nenhum de nós, de repente achou uma vaguinha na sua agenda para nos visitar e oferecer "todo apoio da prefeitura" para o projeto do IINN.

Right. Logo veremos como a prefeitura de Natal respondeu ao nosso único pedido.

Definitivamente, Natal descobrira a neurociência, que viera para se somar à paisagem paradisíaca da cidade. Até mesmo um repentista, contratado para animar um dos eventos sociais do simpósio, encontrou uma rima rica para neurociência durante a sua apresentação.

As surpresas durante aqueles dias foram muitas. Logo na primeira noite do evento, fui surpreendido com um telefonema aflito do gerente do hotel pedindo a minha presença na recepção. Sem saber o que esperar, desci às pressas achando que alguma coisa ocorrera com algum dos hóspedes estrangeiros. Qual não foi a minha surpresa quando, ao chegar, eu me deparei com um mensageiro sorridente que me entregou um envelope no qual podia se ver claramente o escudo da Presidência da República do Brasil. Sem entender nada, abri o envelope para encontrar uma mensagem pessoal. Nela o presidente da República, Luiz Inácio Lula da Silva, saudava a iniciativa de trazer para Natal um evento científico dessa importância e remetia os melhores votos a todos os cientistas brasileiros e estrangeiros que ali compareciam para o lançamento de um projeto que, segundo ele, ainda daria muito o que falar. Numa mensagem à parte, o presidente me convidava a visitá-lo no Palácio do Planalto, depois do simpósio, para explicar em detalhes quais eram os nossos planos. Emocionado com ambas as mensagens, nem percebi que alguns amigos norte-americanos de longa data – incluindo o professor Gordon Shepard, da Universidade Yale, que quinze anos antes me convidara para ser seu aluno de pós-doutorado – transitavam pela recepção.

Nenhum deles entendeu o que se passava no início. Alguns dias depois, sentados na primeira fila do auditório ao final da minha palavra, a maioria se veria chorando também.

Como esquecer daquele primeiro jantar no restaurante Guinza da Via Costeira? E o nascer do sol potiguar, saudado à beira da piscina do hotel, como se uma nova vida começasse ali, logo abaixo do equador? Ou então aquela dança no Forró com Turista, contemplando as estrelas da Via Láctea que pareciam nos dar as boas-vindas e desejar boa sorte?

No domingo, depois da minha palestra, enquanto eu almoçava com meus pais, que haviam se deslocado de São Paulo para Natal só para presenciar esse momento, o telefone celular – emprestado por dona Giselda – tocou. Era o diretor da Fundação Avina, entidade privada internacional, que participara durante um dos dias do simpósio e conversara longamente comigo durante o trajeto de ida e volta do hotel ao aeroporto.

– Miguel, fiquei muito impressionado com o projeto do IINN. Pode contar com a ajuda da Avina. Vamos ser seus parceiros.

A primeira das muitas doações privadas que o IINN viria a receber acabara de ser fechada.

***

Nos anos 1970, durante as longas conversas de final da tarde no pequeno estúdio que a minha avó Lygia Maria mantinha no segundo andar de sua casa, Brasília era um tema recorrente. Desde a minha infância, eu nutria uma fascinação muito grande pelo verdadeiro épico que retratava a construção daquela cidade, do nada, bem no meio do planalto central brasileiro. Nunca eu poderia ter imaginado naqueles tempos que, quarenta anos depois, eu não só teria a oportunidade de conversar com o criador de toda aquela escultura-cidade, Oscar Niemeyer, mas que, numa tarde ensolarada do dia 11 de março de 2004, quatro dias depois do término do nosso simpósio inaugural, eu estaria me dirigindo ao Palácio do Planalto, ao lado de um dos meus ícones científicos, o neurocientista norte-americano Jon Kaas, rumo a uma audiência com o presidente do Brasil.

Antes de entrar no Palácio do Planalto, porém, um último ajuste foi necessário. Como o dr. Jon Kaas não usava gravata, e a segurança do Palácio exigisse uma, foi preciso que a sua esposa, Barbara Martin, abotoasse o último botão do colarinho dele para tentar remediar a quebra de protocolo. Depois de alguns minutos de negociação, o novo *look* de um dos mais merecidamente eleitos membro da Academia de Ciências norte-americana foi considerado apropriado.

Minutos depois, lá estávamos nós, na sala de espera do gabinete da Presidência da República, dois neurocientistas, a esposa do dr. Jon Kaas, o reitor da UFRN, o professor Isaac Roitman da Capes e Frei Betto, agora assessor da Presidência, que intermediara o encontro, à espera da nossa audiência. Depois de uma breve espera, um pouco depois das quinze horas, a porta do gabinete se abriu, e um auxiliar nos indicou que estava na hora de entrar. Para quem, como eu, participara ativamente do movimento estudantil do final dos anos 1970 e acompanhara todo o processo de redemocratização do Brasil nas passeatas e nos comícios que culminaram, inicialmente com as primeiras eleições para governador em 1982, e depois com a campanha das diretas em 1984, cujo final melancólico serviu como rastilho de pólvora que me levaria ao exílio quatro anos depois, aquele foi um momento muito especial.

Aguardando no centro do gabinete, lá estava o presidente do Brasil, sorridente, estendendo a mão para nos cumprimentar efusivamente.

– Então esse é o maluco que quer construir um instituto de pesquisa no meio do mato?

– Esse mesmo, senhor presidente.

Depois de ser apresentado a toda a nossa pequena comitiva, o presidente Lula pediu que eu sentasse no canto do sofá que ficava ao lado da sua poltrona. Ao meu lado, ele pediu que sentasse o professor Kaas e sua esposa. Sem perder tempo, ele foi direito ao ponto.

– Mas me conte direito essa ideia, Nicolelis. O que você quer fazer?

Pelos trinta minutos seguintes detalhei toda a ideia que fora apresentada poucos dias antes na palestra de encerramento do nosso simpósio em Natal. Ao longo de toda a minha apresentação, atento e cada vez mais interessado, o presidente Lula se dirigia a mim e ao professor Kaas com comentários sobre o Nordeste, sobre a importância da ciência para o desenvolvimento da região e sobre como a educação seria uma prioridade no seu mandato. Olhando diretamente para cada um de nós, o presidente foi se emocionando com as ideias que serviram de base para o projeto do IINN. Depois de perguntar como tinham sido os meus anos de exílio nos Estados Unidos e lamentar descobrir que eu era tão palmeirense quanto ele era corintiano, o presidente Lula chamou o seu fotógrafo para bater a foto oficial do encontro.

Depois da foto, quando todos começaram a se despedir e a sair do gabinete, a pedido do ajudante de ordens que dizia que o presidente estava atrasado para o próximo encontro, inesperadamente ele me segurou pelo braço e disse:

– Você espera um pouco. Deixe o povo sair.

Quando todos já haviam se retirado, inclusive o ministro, e restavam na sala apenas o presidente Lula e eu, ele se virou para mim e, apoiando ambas as mãos de metalúrgico nos meus ombros, me olhou com os olhos marejados e disse:

– Nicolelis, você volte lá para o Rio Grande do Norte, para a periferia de Natal e Macaíba, e prove para mim e para todo mundo que o que você quer fazer, esse seu sonho louco de fazer ciência no Nordeste, pode ser realmente feito. Conte comigo e com meu governo para o que for necessário. Mas volte lá e ponha isso tudo para funcionar. O Nordeste e o Brasil precisam muito disso.

Sem que eu tivesse nem tempo de agradecer, o presidente do Brasil me abraçou visivelmente comovido e se despediu dizendo:

– O nosso próximo encontro vai ser em Natal. E eu vou querer ver tudo que você aprontou.

Fora do gabinete, todos me esperavam emocionados, mesmo os meus dois amigos norte-americanos, que confessaram jamais terem participado de um encontro tão "elétrico". Já fora do Palácio, enquanto o professor Kaas desabotoava o colarinho que quase o estrangulara durante toda a audiência, perguntei a ele o que achara do encontro.

– Miguel, eu só posso dizer uma coisa. Apesar de não entender uma só palavra do que o presidente disse, não tenho a mínima dúvida de que eu votaria nele!

Imbuído da missão que o presidente agora chancelara, só naquele ano de 2004 eu fiz onze viagens dos Estados Unidos para Natal. Cada uma dessas maratonas aéreas se iniciava no início da tarde, no Aeroporto de Raleigh, nas proximidades da Universidade Duke, na Carolina do Norte. A primeira escala, depois de uma hora de voo, era invariavelmente Atlanta. Depois de algumas horas de espera em Atlanta, mais dez horas de voo noturno para o Aeroporto de Guarulhos, em São Paulo, com chegada prevista para o início da manhã. Depois de três horas de espera em Guarulhos, a última parte da viagem até o Aeroporto Augusto Severo levaria mais três horas. Ao todo, 24 horas de viagem.

À medida que eu começava a visitar Natal, as dificuldades iam ficando cada vez mais expostas. Num dos meus retornos em 2004, fui informado de que, para formalizar a doação do terreno da UFRN em Macaíba para o IINN, seria necessário fazer um levantamento topográfico da gleba de cem hectares que nos seria destinada. Ao saber disso, um engenheiro, de sobrenome muito famoso no estado, que tinha se apresentado a mim durante uma das minhas visitas a Natal, me procurou oferecendo os serviços da sua empresa de engenharia, que ele e outros colegas mantinham "à parte", apesar de serem funcionários públicos em regime de dedicação exclusiva – regime que no Brasil impede a atuação na iniciativa privada.

– Soube que o senhor precisa fazer um levantamento topográfico de um terreno.

– Sim, preciso, sim.

– Bom, eu e meus sócios podemos ajudar o senhor. Nós estamos muito entusiasmados com o seu projeto e queremos ajudar.

Surpreendido com a oferta e esperando ser contemplado com o primeiro trabalho *pro bono* para o nosso projeto, foi a minha vez de me entusiasmar.

– Muito obrigado. Eu fico muito agradecido. E o que os senhores precisam para executar o levantamento?

– Pouca coisa. Por 200 mil reais, a nossa equipe pode lhe entregar o levantamento pronto em duas semanas.

– Duzentos mil reais? Mas o terreno todo foi avaliado nesse valor. Como o levantamento topográfico de um terreno avaliado em 200 mil reais pode custar 200 mil reais?

– Há, o senhor não imagina como esse trabalho é delicado. E aqui em Natal esse é o "valor de mercado", o senhor me entende?

Sem entender patavinas, completamente estarrecido pelo que eu acabara de ouvir, agradeci ao meu interlocutor e saí do encontro determinado a descobrir qual era o "valor de mercado" cobrado para um levantamento topográfico na cidade de Natal. Depois de duas horas eu tinha em mãos uma estimativa assinada por uma empresa de engenharia da cidade. Total do custo orçado: 8 mil reais.

De posse do orçamento, no dia seguinte eu casualmente me encontrei com aquele engenheiro, de sobrenome muito famoso no estado.

– E aí, professor Nicolelis, pensou na minha oferta?

– Sem dúvida – respondi eu. – Pensei muito. Aliás, eu gostaria de agradecer muito a sua boa vontade e seu entusiasmo, mas recebi uma proposta um pouco mais em conta.

– Verdade? Quanto mais em conta? Olhe, a gente recebe por aquilo que paga. Cuidado que existem muitos picaretas que prometem mundos e fundos, a um preço camarada, e depois não dão conta do riscado.

– Eu imagino. Mas muito obrigado de qualquer forma. Acho que desta vez eu vou ter que me arriscar um pouco.

Depois de nos despedirmos cordialmente, quase não acreditando naquilo, eu dei o assunto como encerrado e desviei minha atenção para o próximo item da minha longa lista de pendências, sem perder um segundo a mais com aquela verdadeira tentativa de extorsão.

Dois dias depois os telefonemas anônimos começaram.

– É o Nicolelis que fala?

– Ele mesmo.

Então, aos berros, o meu interlocutor começou a transmitir a sua mensagem:

– Seu filho da p...! Você realmente achou que ia cair de paraquedas aqui no Rio Grande do Norte e todo mundo ia se arrastar atrás de você? Seu gringo de m...!

– Eu sou brasileiro nato, meu senhor.

– Você é um paulista safado. Por muito menos, outros forasteiros como você já apareceram com a boca cheia de areia por estas bandas. Tome seu rumo e suma desta terra porque aqui já tem uma bala com o seu nome. Fique esperto, seu gringo, aqui qualquer cinquentinha é suficiente para acabar com gente da sua raça.

"Bem-vindo ao Rio Grande do Norte", esse foi o primeiro pensamento que me cruzou a cabeça ao final daquele primeiro contato real com o poder local. Até hoje não sei quem foi o autor/mandante daqueles telefonemas. Mas o número e a localização do orelhão de onde eles foram feitos eu fui capaz de identificar. Para tanto, bastou ligar de volta para o número que aparecia na tela do meu celular alguns minutos depois e fazer algumas perguntas ao inocente transeunte que atendeu. Provavelmente, o responsável pela chamada não sabia que o número do orelhão ficaria registrado no meu celular. Ainda hoje, eu creio, muitos ficariam estarrecidos de saber de que parte da cidade veio.

Mas como cão que ladra não morde, eu sobrevivi para contar a história.

Já no meio do segundo semestre de 2004, perdido no meio de uma burocracia interminável para tentar regularizar o terreno de Macaíba, levantar recursos e recrutar pessoas, cada vez foi ficando mais patente tanto para mim quanto para o nosso pequeno "exército de Brancaleone" – que desde maio de 2004 contava com mais uma integrante, a professora Dora Montenegro, a qual, como veremos no capítulo a seguir, se transformaria num dos pilares centrais do projeto do IINN – que o plano original de esperar até que o Campus do Cérebro estivesse pronto para dar início às nossas ações poderia nos manter rodando em círculos. Afinal, quem daria dinheiro para um projeto que não tinha nada para mostrar, além de ótimas intenções? Sem resultados que fizessem jus à grandeza dos nossos sonhos, e sem apoio financeiro maciço, não haveria como construir a infraestrutura do Campus do Cérebro, orçado em algumas dezenas de milhões de reais à época.

O que nós precisávamos, ficou claro na minha mente, era dar um passo para trás e iniciar uma verdadeira "guerrilha", uma série de ações de menor vulto que a construção do Campus do Cérebro que possibilitassem demonstrar todo o potencial impacto da nossa proposta. Foi assim que, nos minutos que antecederam a decolagem de um voo de Natal para São Paulo, sentado ao lado da professora Dora Montenegro, comecei a rabiscar no único pedaço de papel disponível – um guardanapo fornecido pela aeromoça – o que viria a ser conhecido como "o projeto piloto do IINN".

A filosofia por trás do "projeto piloto" era distribuir ações científico-sociais específicas, e de menor porte do que as planejadas para o

Campus do Cérebro, tanto em Natal como em Macaíba. De acordo com essa proposta, a AASDAP alugaria um prédio para instalar os seus primeiros laboratórios de neurociência na periferia de Natal, bem como o seu primeiro "centro de educação científica", também localizado na capital do estado. Em paralelo, também seria instalado um centro de saúde materno-infantil e outro de educação científica em Macaíba, nas cercanias do futuro Campus do Cérebro.

Mas como financiar e equipar o primeiro empreendimento do "projeto piloto", o centro de pesquisas? Naquela altura, a AASDAP mal conseguia pagar o aluguel da sua sede em São Paulo, uma sala minúscula num modesto prédio de escritórios. As soluções começaram a surgir no final de 2004, quando a Universidade Duke me autorizou a usar toda a reserva financeira do meu laboratório, contendo por volta de 150 mil dólares salvos como um fundo de emergência ao longo de dez anos, a fim de comprar equipamentos vitais para a instalação de um laboratório de neurociência em Natal. Da mesma forma, recebi autorização da Duke para realizar no Brasil um componente de um projeto de pesquisa, para o qual eu acabara de receber um financiamento.

Contando com a ajuda dos técnicos do Centro de Neuroengenharia da Duke que eu dirijo, foi possível estabelecer um termo de parceria entre o meu laboratório e a AASDAP para que um projeto de pesquisa pudesse ser desenvolvido em conjunto. A grande novidade desse acordo, inédito no Brasil, é que a AASDAP teria direito a uma boa taxa administrativa, embutida nos recursos remetidos ao Brasil, para que ela pudesse cobrir todos os custos indiretos envolvidos num projeto de pesquisa. Algo rotineiro nos Estados Unidos, essa taxa administrativa é a principal responsável pela sobrevivência de todas as grandes universidades norte-americanas, uma vez que ela pode ser usada para reformas, construção de infraestrutura científica, pagamento de pessoal administrativo e uma série de outras despesas essenciais para a realização de pesquisa de ponta. No Brasil, naquela época, nenhuma agência de fomento científico tinha essa prática. A AASDAP começava a inovar, como prometido, até mesmo na gestão científica.

Com mais 450 mil dólares provenientes desse subcontrato de pesquisa aprovado pela Duke, em três meses nós tínhamos o capital inicial para instalar um centro de pesquisas de neurociência em Natal. Faltava apenas achar um imóvel de pequeno porte que pudesse nos abrigar. Ao retornar a Natal com a boa notícia na mala, eu já tinha um cronograma na cabeça: uma semana para achar um imóvel para alugar, um mês para uma boa reforma, mais um mês para transportar os equipamentos doados do meu laboratório na Duke para Natal, e assim poderíamos *hit the ground running* [cair no chão correndo], como se diz na Carolina do Norte.

Em poucos dias vi todo o meu "planejamento de gringo", como um amigo definiu o meu cronograma, ir para o vinagre. A primeira razão para isso foi a quase completa impossibilidade, no começo de 2005, de identificar um imóvel regularizado na cidade de Natal. Como na AASDAP, desde a sua fundação, a filosofia implantada foi de fazer tudo absolutamente dentro das normas da lei brasileira, tínhamos que achar um imóvel que estivesse absolutamente regularizado, isso é, com habite-se e alvará de funcionamento emitidos pela prefeitura de Natal e com débitos – como o IPTU – em dia. Por semanas, tanto eu como a professora Dora e outros membros da AASDAP varremos Natal de cima para baixo em busca de um imóvel que preenchesse essas condições mínimas. Apesar de identificar vários prédios e casas que poderiam ser usados para os nossos propósitos, o fechamento do negócio invariavelmente emperrava na hora de o proprietário produzir os documentos requeridos.

É difícil descrever quão absurdo foi para nós rodar, dia após dia, por uma cidade de quase 1 milhão de habitantes – capital de estado que a especulação imobiliária, alimentada por uma demanda de milhões de euros vindos de Portugal, Espanha e Itália, transformara num verdadeiro canteiro de obras, tal o número de condomínios fechados, torres de apartamentos e outros empreendimentos – e não conseguir um único mísero imóvel que pudesse ser alugado por falta de regularização documental.

Era como se Natal, sob o ponto de vista legal, simplesmente não existisse e fosse apenas uma miragem no meio daquelas dunas maravilhosas.

Depois de meses de frustração, quase por acaso nós finalmente encontramos um pequeno edifício de três andares, no final de uma ruazinha de barro, localizada no bairro de Candelária, à margem da pista da BR-101, que, saindo de Natal, conduz ao Aeroporto Augusto Severo e também a Macaíba. O prédio que servia como uma moradia de estudantes precisaria de uma boa reforma e muitas renovações para poder abrigar um instituto de pesquisa, mas, para nossa imensa felicidade, o proprietário dispunha da quase totalidade dos documentos e estava no processo de conseguir o último necessário para que pudéssemos fechar negócio. Depois de uma negociação muito breve, foi sacramentado o contrato de aluguel.

O próximo "parto de cócoras" do nosso "projeto piloto" seria a reforma completa do edifício, para que ele pudesse abrigar laboratórios de neurofisiologia, biologia molecular, histologia, além de dois biotérios de roedores (um para ratos e outro para camundongos), sala de microscopia, sala de computação, sala de eletroencefalografia, sala de reuniões, auditório, além de escritórios para pesquisadores e para o pessoal administrativo.

Fachada da primeira unidade do IINN-ELS: o Centro de Ensino e Pesquisa César Timo-Iaria.

Alguns dos primeiros laboratórios do Centro de Ensino e Pesquisa César Timo-Iaria.

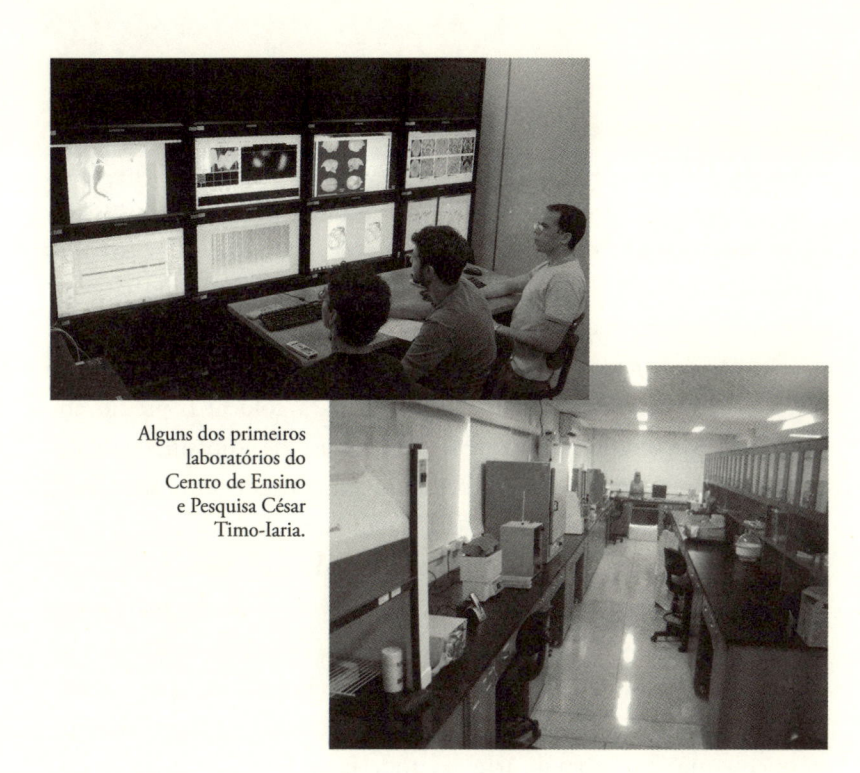

Mesmo depois de identificar uma empresa de construção que pudesse fazer essa reforma a um preço acessível, tarefa que requereu mais algumas semanas de espera, faltava descobrir alguém que pudesse construir as bancadas de laboratório necessárias para cada um dos nossos espaços, uma vez que não havia recursos suficientes para encomendar esse mobiliário em São Paulo. Em outro golpe do acaso, descobriu-se um marceneiro natalense muito talentoso, que se dispôs a examinar fotos e desenhos das bancadas do meu laboratório nos Estados Unidos para tentar reproduzi-las no nosso novo instituto.

O maquinário para os biotérios foi adquirido de uma empresa brasileira localizada na periferia de São Paulo. Espécies de ratos e camundongos especiais para pesquisas em neurociência foram trazidos dos Estados Unidos. Para regular o uso desses animais em nossas pesquisas, a primeira Comissão para o Controle do Uso Ético de Animais de Experimentação do estado do Rio Grande do Norte, baseada em padrões internacionais, foi criada dentro desse nosso primeiro prédio. Uma vez desencadeado, o processo de transformação daquela residência estudantil num verdadeiro centro de pesquisas contaminou todos os envolvidos de tal maneira que, durante meses, não houve noite, final de semana, feriado ou dia santo em que não houvesse um sem-número de atividades ocorrendo dentro daquele prédio que então simbolizava a verdadeira largada do nosso sonho potiguar.

Apesar de ter fechado negócio e recebido o imóvel em julho de 2005, foram necessários mais seis meses para colocar o prédio em pleno funcionamento. Novamente, uma série de idiossincrasias locais surgiram no meio desse processo. Para conceder o nosso alvará de funcionamento, a prefeitura de Natal, além dos trâmites conhecidos em todo o país, exigia que "uma obra de arte fosse colocada na frente do edifício". Apesar de nunca ter ouvido falar em nada igual em toda a minha vida, no desespero por abrir as portas concordamos com a norma sem pé nem cabeça. Quando já estávamos para fechar negócio com um artista local, um funcionário da prefeitura nos comunicou que a tal "obra de arte" só poderia ser feita por artistas recomendados pela própria prefeitura, mediante comunicação da missão específica da empresa que iria funcionar no imóvel!

Exatamente um ano e meio depois da sua compra nos Estados Unidos, todo aquele equipamento científico adquirido com os 150 mil dólares da minha verba de reserva na Universidade Duke – que tivera que ficar estocado pelas salas do meu laboratório durante todo esse tempo – chegava a Natal. Tendo que cruzar aquela rua de barro, esburacada e completamente alagada pelas chuvas torrenciais que caíam na cidade à época, para chegar até a porta do recém-inaugurado Centro César Timo-Iaria de Ensino e Pesquisa do IINN foi preciso que um "caminhão Munck" fosse chamado às pressas para desembarcar os *freezers* e outro maquinário mais pesado daquele carregamento.

Por telefone, nos Estados Unidos, acompanhei toda a operação, de vez em quando ouvindo as vozes entusiasmadas de toda a equipe de funcionários, cientistas, alunos, pessoal da limpeza, enfim todos os envolvidos – com exceção dos roedores dos biotérios – na recepção que entrou para a história do IINN como a "noite da chegada".

Não foi só naquela noite épica que a falta de asfalto da rua que passara a abrigar o IINN causou grandes transtornos não apenas para nós, mas também para os nossos vizinhos, moradores de um conjunto habitacional que era constantemente alagado durante a época das chuvas, recebendo água e lama na altura do joelho do primeiro andar dos prédios.

Lembrando a promessa do prefeito de Natal, Carlos Eduardo Alves durante o nosso primeiro simpósio, um dia em 2005, requisitei uma audiência com sua excelência para reivindicar, se não o asfaltamento, ao menos que a rua fosse coberta com paralelepípedos de pedra que aliviassem um pouco o drama cotidiano de todos os que moravam ou trabalhavam às margens daquele verdadeiro mar de lama.

Recebido pelo prefeito, fui informado por ele e pelo seu secretário de Obras que aquela ruela só poderia ser asfaltada ou receber paralelepípedos depois que o Departamento Nacional de Infraestrutura de Transportes (DNIT) realizasse a obra das galerias fluviais da rodovia BR-101, que passava a dois quarteirões do nosso prédio. Como a região de Candelária está situada sobre um dos últimos aquíferos não contaminados por detritos sanitários, o Ministério Público (MP) não permitia que nenhum melhoramento – ou nova construção de edificações – fosse feito naquela rua antes da solução do problema de escoamento de água da BR.

Apesar de escutar atento à explicação, que me foi vendida como definitiva, eu estranhei tudo aquilo. Afinal de contas, o bairro de Candelária possui vários condomínios fechados, bem próximos do nosso prédio. Invariavelmente, as ruas ao redor desses condomínios, inclusive um onde residia uma ex-prefeita da cidade, removida do cargo pelo mesmo MP, são todas muito bem asfaltadas.

Nos nove anos seguintes – que englobam a desastrosa administração da prefeita Micarla de Sousa e, recentemente, o retorno à prefeitura de Natal do próprio Carlos Eduardo Alves, de quem Micarla foi vice-prefeita – nós continuaríamos a conviver com os alagamentos e buracos da nossa ruela, que até hoje permanece sem asfalto ou qualquer outra melhoria. Inclusive, em junho de 2014, uma chuva torrencial provocou o alagamento do primeiro andar do nosso centro de pesquisa, gerando perdas importantes e nos obrigando a abandonar o prédio. Como consequência, tivemos que mudar todos os nossos laboratórios para outro edifício, construído próximo à entrada do Campus do Cérebro de Macaíba, para abrigar nosso centro de primatologia (veja imagem a seguir).

Durante essa década de funcionamento da nossa primeira sede científica no Rio Grande do Norte, além de todos os nossos funcionários, vários ministros de Estado, cientistas estrangeiros, dignitários, embaixadores de vários países, um presidente do Senado, vários senadores e deputados federais, alguns governadores, um punhado de bilionários, dezenas de cientistas e centenas de visitantes tiveram que trafegar pelo lamaçal e pelos buracos da nossa rua de barro para chegar até as instalações daquele que, em alguns anos, se transformaria no mais conhecido projeto científico brasileiro, não em Natal ou no Rio Grande do Norte, mas em todo o mundo.

Curiosamente, alguns anos atrás, o terreno logo em frente ao nosso prédio foi comprado por uma grande construtora, que, prontamente, se pôs a erguer múltiplas torres lotadas de apartamentos. No dia da sua inauguração, a porta desse empreendimento, posicionada

Centro de Neurociências de Primatas, na entrada do Campus do Cérebro de Macaíba, Rio Grande do Norte.

na rua imediatamente paralela à nossa, abria-se para um verdadeiro "tapete de pedras" formado por milhares de maravilhosos paralelepípedos, todos colocados um bem juntinho do outro, por toda a sua extensão, que se inicia na tal BR-101 – que continua sem galerias fluviais até a última equina do terreno das torres.

Naquela tarde, postei na minha conta do Twitter uma foto mostrando o estado da nossa rua – cheia de poças de lama por todos os lados –, tirada da porta do nosso Centro César Timo-Iaria, localizado na Rua Professor Francisco Luciano de Oliveira, 2.460, como a prefeitura de Natal chama essa ruela. Para todos nós do IINN, porém, o nosso verdadeiro endereço era: Rua da Vergonha, S/N.

O estado calamitoso ao nosso redor, ano após ano, apenas serviu como mais uma prova cabal de que nada nem ninguém nos faria desistir da nossa missão. Mesmo que o resto de nossos dias em Natal fossem passados com lama pelos joelhos.

Equipe científica e do programa de saúde materno-infantil do Instituto de Ensino e Pesquisa Alberto Santos Dumont, sucessor da AASDAP, durante uma visita à nova sede do IINN-ELS, no Campus do Cérebro de Macaíba, RN.

Equipe de professores das duas Escolas Alfredo Monteverde (Natal e Macaíba, RN) e do Centro de Educação Científica de Serrinha, BA, durante um intervalo de um dos encontros de formação pedagógica realizada na Escola Alfredo Monteverde de Macaíba, RN.

O autor e Pedro Nicolelis, em março de 2003, durante a primeira visita ao terreno onde seria construído o Campus do Cérebro, no distrito de Jundiaí. Pedras e um galho marcam o ponto onde anos mais tarde seria construída a nova sede do centro de pesquisa do IINN-ELS.

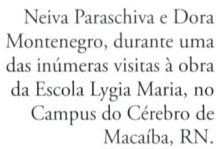

Neiva Paraschiva e Dora Montenegro, durante uma das inúmeras visitas à obra da Escola Lygia Maria, no Campus do Cérebro de Macaíba, RN.

Gustavo, aluno da escola pública da vila de Residência, RN, e futuro ortopedista, fotografado em 2007 durante a visita do autor a sua comunidade.

Vista panorâmica da nova sede do IINN-ELS, no Campus do Cérebro de Macaíba, RN, vista da avenida que o conecta com a Escola Lygia Maria.

Foto panorâmica do canteiro de obras da Escola Lygia Maria, no Campus do Cérebro de Macaíba, RN, tirada em 2015.

Visão panorâmica da nova sede do centro de pesquisas em neuroengenharia do IINN-ELS, no Campus do Cérebro de Macaíba, RN, tirada do telhado de um dos pavilhões da Escola Lygia Maria.

Vista lateral da nova sede do centro de pesquisas do IINN-ELS no Campus do Cérebro de Macaíba, RN.

Laboratório de informática
da Escola Alfredo
Monteverde, em Natal,
durante uma das suas aulas.

Evolução do orçamento do MCTI e de crédito FINEP de outras fontes

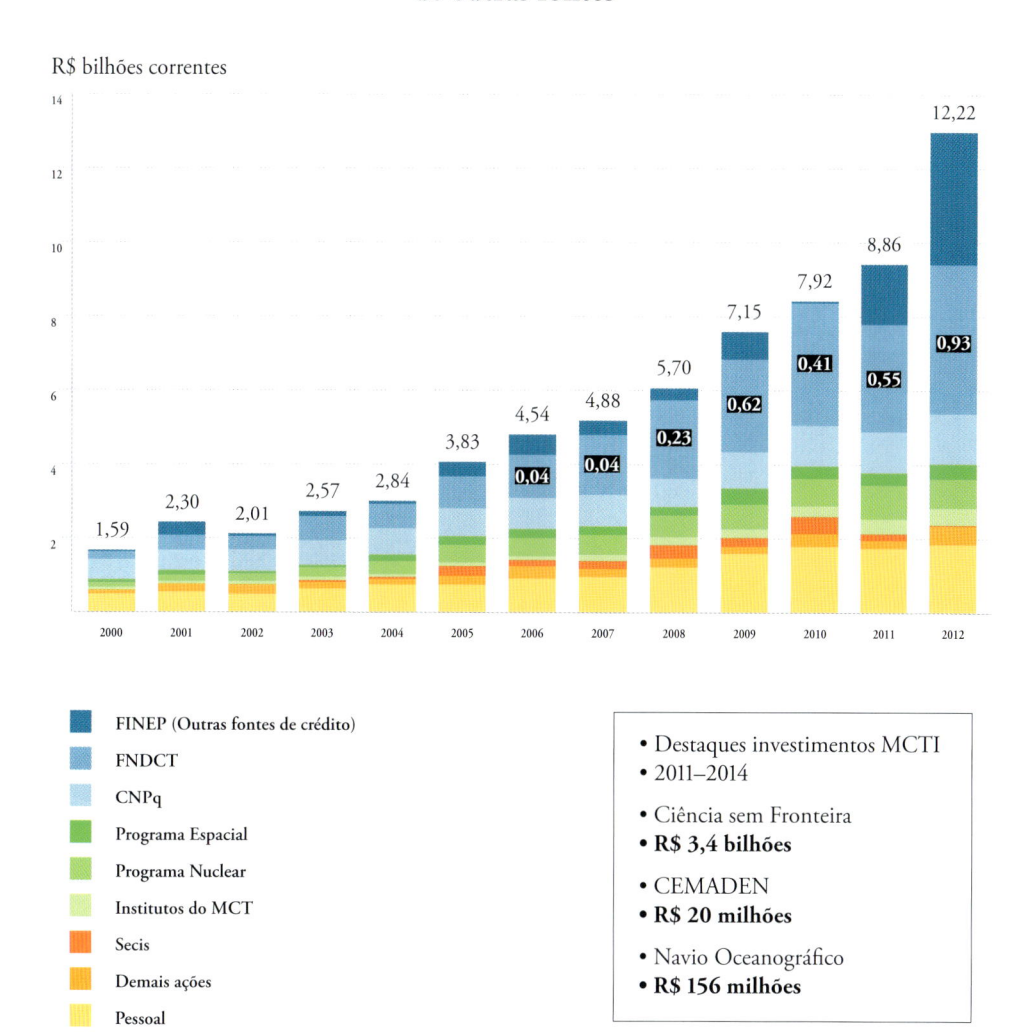

R$ bilhões correntes

- FINEP (Outras fontes de crédito)
- FNDCT
- CNPq
- Programa Espacial
- Programa Nuclear
- Institutos do MCT
- Secis
- Demais ações
- Pessoal
- **0,93** Crédito FINEP–FNDCT

- Destaques investimentos MCTI
- 2011–2014
- Ciência sem Fronteira
- **R$ 3,4 bilhões**
- CEMADEN
- **R$ 20 milhões**
- Navio Oceanográfico
- **R$ 156 milhões**

Outras fontes de crédito: FAT, FNDT, Funttel, BNDES, Tesouro

Evolução do orçamento do Ministério da Ciência, Tecnologia e Inovação e da Financiadora de Projetos (FINEP) do governo federal brasileiro de 2000-2012.
Note o aumento de seis vezes no orçamento federal dedicado a ciência nesse período.

Relação entre o investimento anual de cada país em pesquisa e desenvolvimento e o número de cientistas e engenheiros por milhão de habitantes

NÚMERO DE CIENTISTAS E ENGENHEIROS POR MILHÃO DE HABITANTES

- América do Norte
- América do Sul
- Europa
- Oriente Médio e África
- Ásia - Pacífico
- Rússia - CEI

Países: Finlândia, Cingapura, Dinamarca, Coreia do Sul, Noruega, Estados Unidos, Austrália, Taiwan, Japão, Suécia, Portugal, Canadá, Reino Unido, França, Alemanha, Áustria, Irlanda, Rússia, Espanha, Bélgica, Suíça, República Tcheca, Holanda, Polônia, Itália, Ucrânia, Turquia, Israel, Argentina, Irã, México, Malásia, Brasil, China, Arábia Saudita, Catar, Indonésia, Paquistão, Índia, África do Sul

PERCENTUAL DO PIB INVESTIDO EM PESQUISA E DESENVOLVIMENTO

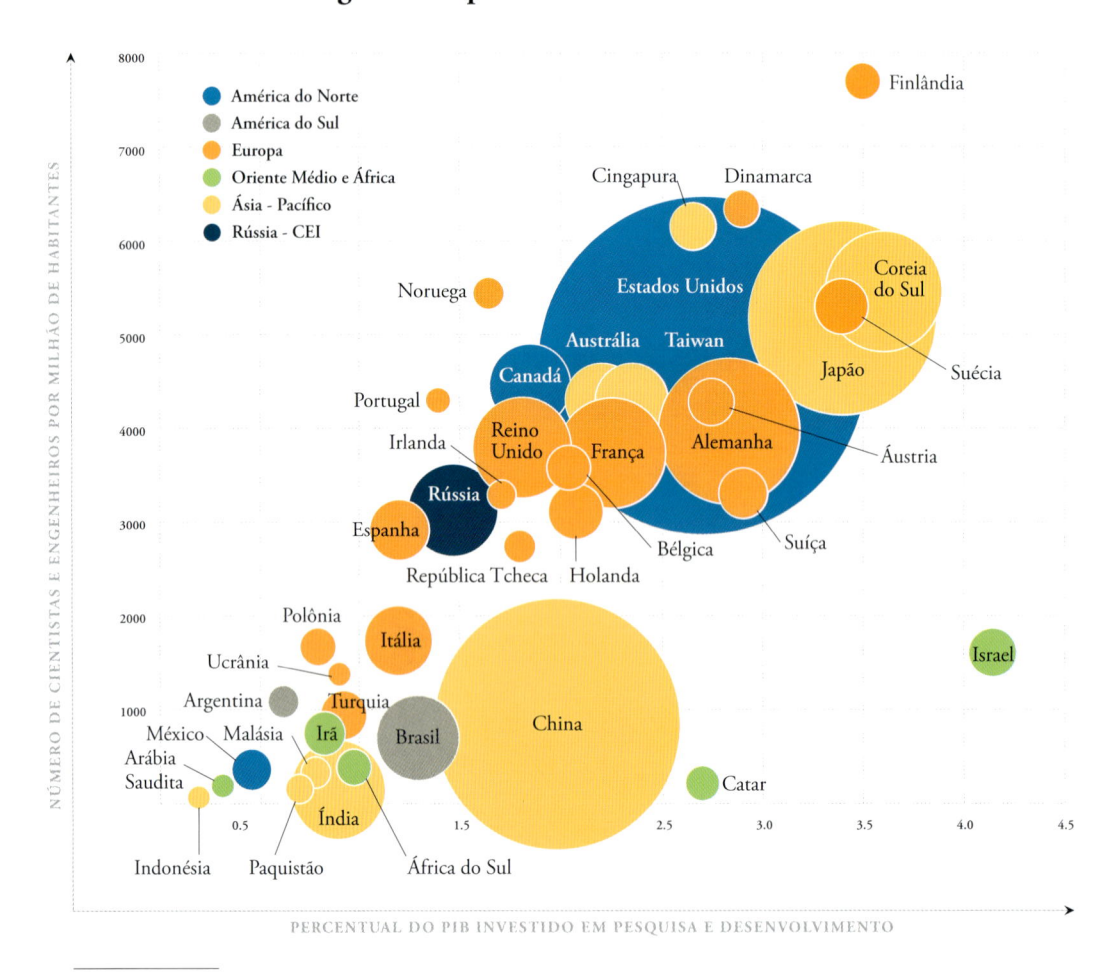

Fonte: Battelle, R&D Magazine, International Monetary Fund, World Bank, CIA Fact Book, OECD

Relação entre o investimento anual de cada país em pesquisa e desenvolvimento e o número de cientistas e engenheiros por milhão de habitantes.

O CASO DE AMOR À PRIMEIRA VISTA ENTRE NEUROCIÊNCIA E EDUCAÇÃO: NASCE O IINN-ELS

"Se você quer mesmo ter um projeto educacional inovador ligado ao Instituto Internacional de Neurociências de Natal, você tem que conhecê-la. Não há ninguém no Brasil mais qualificado ou capaz de dar conta de um desafio dessa magnitude do que ela."

Depois de um quarto de século de convivência, eu aprendera que, se a minha "parceira" Neiva Paraschiva estava disposta a recomendar alguém com esse grau de ênfase, era melhor eu prestar muita atenção na recomendação – afinal de contas, o DNA russo não lhe permitia rasgar elogios a qualquer um. Apesar de ainda estar ligada à escola de esportes, a MedSport, que nós dois havíamos criado em 1981, e que ela dirigiria pelos 25 anos seguintes, Neiva já começara a desempenhar um papel central na AASDAP, a associação criada para gerenciar o projeto do IINN. Nesse outono paulistano, em 2004, logo depois da minha audiência com o presidente Lula, Neiva havia assumido uma das mais importantes missões do nosso projeto: recrutar quadros que pudessem implementar o projeto social que havia sido apresentado algumas semanas antes, na palestra de encerramento do I Simpósio Internacional de Neurociências de Natal.

Além da MedSport, em São Paulo, nos últimos anos Neiva também prestava consultoria a outro projeto esportivo infantojuvenil, que desenvolvia programas de educação esportiva com crianças em várias cidades brasileiras, como Santos, Rio de Janeiro e Taguatinga. Logo ao iniciar essa consultoria, Neiva conhecera a professora Dora Almeida Prado Montenegro, que também tinha sido chamada para participar desse projeto.

De acordo com o relato que Neiva agora me fazia, esse encontro mudara dramaticamente a sua visão sobre a educação. Segundo ela, bastaram alguns dias de convívio para que ela se desse conta de que a professora Dora Montenegro era uma verdadeira "força da natureza"; uma mulher cuja maestria pedagógica, fibra, energia, dedicação e, acima de tudo, amor pela educação e pelo Brasil não eram apenas inspiradores, mas também contagiantes. Desde esse encontro, descrito por Neiva como "amor à primeira vista", as duas se tornaram "unha e carne", desenvolvendo várias ideias e projetos em conjunto.

Além de todos os atributos já mencionados, durante a sua maravilhosa carreira como educadora Dora se especializara na árdua mas fundamental tarefa de educar professores através de programas de formação contínua, baseados nos ensinamentos do grande educador brasileiro Paulo Freire. Dessa forma, recrutar alguém com esse grau de experiência para liderar um projeto educacional que tinha que começar do zero – como era o nosso caso – seria uma verdadeira bênção.

– Pois vamos marcar um jantar com ela esta semana. Podemos ir na Speranza – a cantina italiana que eu frequentava desde os meus dias de estudante secundário e onde a própria Neiva havia sido cooptada a cometer a loucura de se juntar ao nosso "exército de Brancaleone potiguar".

– Claro, vou convidá-la. Mas já vou avisando que não vai ser nada fácil convencê-la. Ela está muito atarefada, cheia de trabalho.

Além disso, ela recebe sempre um monte de convites. Para piorar, toda a família dela é de São Paulo. Três dos quatro filhos dela moram aqui, ou seja, eu duvido muito que ela aceite trabalhar num projeto que, eventualmente, vai requerer que se mude para Natal.

– Bom, se a gente não tentar, nunca vai saber.
– Vamos em frente, então.

Feito o convite, que foi prontamente aceito, alguns dias depois lá estávamos nós, Neiva, Dora e eu, no mais famoso endereço do bairro mais italiano de São Paulo, a Bela Vista (ou Bixiga para a maioria dos paulistanos) – a Rua Treze de Maio –, rachando um filé à parmegiana e um ravióli ao sugo, depois de umas fatias de tortano (pão de linguiça calabresa) e um antepasto de berinjela e pimentão, com muçarela de búfala.

Depois de conhecer um pouco da história de vida e profissional de Dora, com quem me senti à vontade instantaneamente, chegou a minha vez de expor a visão do projeto educacional do IINN que tínhamos em mente. Enquanto falava, eu podia sentir a conexão que ia aos poucos se estabelecendo entre nós dois. Cada vez que ouvia Dora falar algo, eu tinha a sensação nítida e cristalina de já ter ouvido algo parecido em algum momento da minha vida. A cada ideia nova apresentada, Dora fazia uma série de perguntas diretas, sempre com uma genuína intenção de aprender mais sobre as nossas intenções e os nossos objetivos.

Após receber as respostas possíveis – afinal, o nosso projeto não era mais do que um embrião àquela altura – e muitas vezes ter que ouvir que eu não tinha a menor pista da resposta final, ela começou a tecer as suas próprias considerações. No meio daquele ambiente "carcamano", com gente falando alto enquanto desfrutava de uma *pasta al dente con molto pomodoro* – que me remontava à minha própria infância –, eu de repente me dei conta de onde eu tinha ouvido aquela mesma pureza e "belezura", como diria Paulo Freire, de sabedoria, emanando de uma só pessoa, às margens de uma mesa italiana como aquela que agora nos unia. Como se o cadeado que mantivera por tantos anos aquelas memórias tão queridas guardadas a sete chaves no meu manto cortical tivesse sido aberto num estalo, eu me dei conta de que ali, na minha frente, era outra Lygia quem falava comigo.

Lygia Maria Rocha Leão Laporta, minha avó materna, fora a influência intelectual mais importante da minha infância. Tudo de fundamental que aprendi na vida tem suas raízes nas conversas que Lygia e eu tínhamos, todas as tardes, naquele sobrado de vila, a casa 7 da Rua dos Chanés, número 255, no coração de um bairro paulistano chamado Moema.

Agora, quinze anos depois da última conversa com a minha amada Lygia, ela estava de volta, bem ali, na minha frente, sorrindo para mim e dizendo que, apesar de o projeto ser muito inspirador, seria bem difícil para ela aceitar um compromisso conosco. Afinal de contas, não era mais uma criança e, ultimamente, já andava muito atarefada. Além disso, o projeto teria que ser desenvolvido no Rio Grande do Norte e toda a sua vida estava centrada em São Paulo. Mãe, marido, filhos, netos, irmãos, casa, cachorros, tudo girava em torno de São Paulo.

Para fazer as coisas ainda mais óbvias para mim, Dora também residia em Moema – o bairro onde eu crescera, vizinho de dona Lygia e seu parque de diversões, o qual ela abria só para mim, todas as tardes, quer no seu quintal, cheio de plantas "amazônicas", troçava ela, e papagaio letrado, quer no seu minúsculo escritório, onde a sua vasta biblioteca, em particular sua coleção de livros sobre dom Pedro I, apinhava-se em estantes estreitas e sempre lotadas. Dona Lygia adorava tanto ler sobre a vida do nosso primeiro imperador que um dia, surpreso com essa sua obsessão, eu soltei a seguinte pérola:

– Vó, a senhora gosta tanto de dom Pedro I, mas tanto, que eu já estou começando a desconfiar que a senhora é a Marquesa de Santos reencarnada!

Dona Lygia riu muito dessa tirada, tanto quanto Dora quando eu lhe disse que depois de tudo o que eu ouvira naquela noite não podia aceitar um não como resposta, não antes de pedir a sobremesa mais famosa do Bixiga: a *pastiera di grano* da Speranza.

Depois da sobremesa, do café e de mais uma rodada de prosa como se nos conhecêssemos há décadas, Dora já começava a amolecer.

Como a amiga que antigamente ia junto ao cinema para tomar conta dos namorados, Neiva não perdia um detalhe da conversa. A cada objeção levantada por Dora, ela me ajudava a achar argumentos para dissuadi-la da necessidade de recusar o convite de imediato.

– Mas você não precisa se mudar para Natal neste instante, Dora. Estamos só iniciando. Tudo pode ser feito em viagens, como fazemos nos outros projetos.

– Você pode ser uma consultora a distância – Neiva começava e eu terminava a réplica.

– Quanto a você não ser mais uma criança, eu não conheço ninguém com a sua energia e disposição para trabalhar – Neiva segundava a moção.

Quando a segunda fatia de *pastiera* já estava tendo o mesmo destino da primeira, eu não me contive mais.

– Dora, eu não tenho dúvida alguma. Esse projeto precisa de você e você precisa desse projeto. Essa vai ser a maior aventura da nossa vida. Vamos desencadear uma revolução educacional num lugar onde ninguém poderia imaginar que isso seria possível. Paulo Freire vai se encontrar com Santos Dumont e a educação vai cair de amores pela neurociência. E esse caso de amor vai se dar, imagine você, na periferia de Natal e em Macaíba!

Todas as cartas foram postas na mesa naquela noite. Apesar de não me recordar bem como foi que deixamos as coisas, só posso dizer que desde aquela noite eu não me desgrudei mais da segunda Lygia que cruzou a minha vida. Quanto a Dora, desde então ela se tornou o símbolo mais emblemático de tudo de bom que o projeto do IINN trouxe para as crianças do Rio Grande do Norte, que, a partir de então, e por todos os últimos dez anos, tiveram o privilégio de frequentar diariamente o verdadeiro "parque de diversões" criado e mantido, com muito amor e trabalho, por essa verdadeira maga e heroína da educação brasileira!

Como a abertura do Centro de Pesquisa César Timo-Iaria, em julho de 2005, a primeira iniciativa do "plano piloto" do IINN, a criação de infraestrutura básica para pesquisa em neurociência, começava a sair do papel. Para dirigir essa primeira unidade, indiquei o meu ex-aluno de pós-doutorado Sidarta Ribeiro, que deixou o meu laboratório nos Estados Unidos para se fixar em Natal.

Agora, com a concordância da professora Dora Montenegro em se juntar à AASDAP, chegara a hora de alavancar a segunda "frente" do plano: o projeto educacional. Desde a concepção do IINN, havia se decidido que as nossas ações sociais seriam focadas num projeto educacional diferente de tudo o que existia no Brasil. Inicialmente, o nosso plano era construir uma escola de tempo integral, onde uma nova abordagem pedagógica e um novo currículo, focado no método científico, seriam implantados. Com as dificuldades encontradas para a construção imediata do Campus do Cérebro em Macaíba e a consequente adoção do "plano piloto", discutido no capítulo anterior, houve uma mudança importante em nossa tática. Agora, em vez de partir para a construção de uma escola regular, todo o nosso esforço seria concentrado na implantação de um programa de educação científica, oferecido no contraturno da escola pública, para cerca de mil jovens de 10 a 15 anos. De acordo com a proposta, os estudantes selecionados para participar dessa primeira iniciativa continuariam a frequentar a escola pública normalmente num período do dia (manhã ou tarde) e, duas vezes por semana, eles passariam o outro período do dia (tarde ou manhã) em "escolas" do IINN, participando de um programa de educação científica completamente experimental – isto é, totalmente desenvolvido em laboratórios e oficinas construídos para permitir que crianças aprendessem ciência da mesma forma que cientistas profissionais praticam essa arte: fazendo experimentos e verificando por si mesmos as leis do universo que nos cerca.

Tendo definido o principal curso de ação, o grande obstáculo seguinte enfrentado àquela altura – segundo semestre de 2005 – seria obter recursos suficientes para permitir que Dora formasse uma equipe de professores, instalasse e equipasse a unidade inaugural do projeto de educação em Natal e pusesse a primeira iniciativa social do IINN em marcha. Seguindo uma estratégia que passaria a ser quase um cartão de visitas da AASDAP pela próxima década, no que diz respeito a técnicas de levantamento de recursos, eu decidi aplicar o principal ditado apendido nos meus anos de estudante no Brasil, aquele que havia me permitido sobreviver como cientista nos Estados Unidos: na falta de qualquer alternativa convencional, parte-se para a improvisação criativa para sanar a necessidade imperativa!

Por uma dessas coincidências impressionantes da vida, no exato momento em que eu buscava uma forma de financiar o projeto educacional do IINN, fui procurado pelo novo diretor superintendente do Hospital Sírio-Libanês (HSL), dr. Maurício Ceschin, em São Paulo. Depois de tomar conhecimento pela imprensa sobre as minhas pesquisas com interfaces cérebro-máquina, desenvolvidas na Universidade Duke, o dr. Maurício me procurou para discutirmos a possibilidade de criar um laboratório de neurofisiologia clínica no Instituto de Ensino e Pesquisa (IEP) do HSL. A ideia seria desenvolver pesquisas aplicadas sobre interfaces cérebro-máquina que pudessem, num futuro próximo, ser usadas no tratamento de pacientes afligidos por uma série de moléstias neurológicas. Depois de várias conversas em São Paulo, ficou acordado que esse laboratório se especializaria no estudo de novas neurópteses para o tratamento de duas patologias neurológicas muito importantes: a doença de Parkinson e a paralisia corpórea.

Até aquela época, nenhum acordo igual a esse havia sido firmado no Brasil: duas entidades privadas unindo-se para criar um laboratório de pesquisa, numa área de fronteira da medicina moderna, para preparar a introdução de novas terapias neurológicas no país. Se do ponto de vista científico a parceria que se estabelecia entre o HSL e a AASDAP era extremamente inovadora e comparável ao que havia de melhor em termos mundiais, outro componente do acordo HSL--AASDAP criava um paradigma nunca antes testado, nem no Brasil, nem em qualquer outra parte do mundo.

Segundo esse acordo, em troca da *expertise* para estabelecer e gerenciar um laboratório de pesquisa em seu instituto em São Paulo, através de um plano que envolvia transferência de tecnologias específicas, treinamento de pessoal, gerenciamento de projetos e implementação de novos procedimentos clínicos e neurocirúrgicos, o HSL se comprometia a financiar os projetos sociais do IINN (geridos pela AASDAP) no estado do Rio Grande do Norte! Assim, de uma hora para outra, a professora Dora poderia ter acesso a todos os recursos necessários – provenientes de uma fonte totalmente inesperada – para colocar em prática o programa de educação científica do IINN.

Apesar de se tratar de um novo marco para a neurociência brasileira, tanto do ponto de vista de gestão – uma vez que nenhum recurso público seria usado no estabelecimento de uma colaboração médica de grande porte – quanto no quesito de inovação científica – afinal, o Brasil seria o primeiro país, depois dos Estados Unidos, a investir pesado na transferência da pesquisa em neuropróteses para prática clínica –, a comunidade científica e a imprensa brasileira especializada em ciência deram pouca atenção para a iniciativa. Para nós do IINN, porém, essa primeira grande parceria privada serviu como um verdadeiro divisor de águas, uma vez que ela demonstrava a real possibilidade de desenvolver um projeto como o nosso por meio de acordos estratégicos privados, tanto nacionais como internacionais.

Para dirigir o novo laboratório HSL-AASDAP, convidei o meu grande amigo e colega desde a graduação na Faculdade de Medicina da USP, o professor Koichi Sameshima. Depois de identificar e reformar um espaço cedido pelo Instituto de Ensino e Pesquisa do HSL, o primeiro laboratório da AASDAP fora do Rio Grande do Norte abriu as portas em meados de 2006. Simultaneamente, começava a nossa nova saga para encontrar um local onde seria instalado o primeiro Centro de Educação Científica (CEC) do IINN em Natal. Como no ano anterior, a busca por um imóvel legalizado na cidade de Natal provou ser um parto de cócoras. Nossa primeira tentativa foi alugar um galpão localizado ao lado do prédio que já sediava a nossa primeira unidade, o Centro de Pesquisa César Timo-Iaria, na já famosa Rua da Vergonha, S/N, no bairro de Candelária. Um acontecimento inusitado, porém, impediu que essa, que seria a solução mais simples e econômica, se materializasse. Tudo começou com a necessidade de fazer uma pequena reforma interna no galpão para que ele pudesse abrigar a nossa primeira escola. Essa reforma envolvia a inclusão de divisórias em todo o galpão, para a criação de múltiplos laboratórios e salas de aula independentes, e a construção de alguns banheiros.

Para tanto, era preciso conseguir um alvará de reforma na prefeitura de Natal. Imbuídos da missão, nos dirigimos à prefeitura.

Depois de uma longa espera, fomos logo informados de que a mesma razão que impedia o asfaltamento da Rua da Vergonha, onde o imóvel se situava, havia levado o Ministério Público estadual a proibir qualquer tipo de reforma ou construção no local. Surpresos com a informação, procuramos a Secretaria de Obras do município. Lá, tentamos argumentar que essa reforma seria mínima, envolvendo apenas algumas divisórias e dois banheiros. Além disso, nosso objetivo era abrir um espaço para educação científica, dedicado exclusivamente a crianças das escolas públicas dos bairros da periferia de Natal. Sem mover um único músculo facial ou demonstrar qualquer empatia ou solidariedade com a nossa missão, o funcionário da prefeitura simplesmente nos informou que qualquer questão deveria ser apresentada diretamente à procuradora do meio ambiente do Ministério Público responsável pela proibição.

Sem perder um minuto, no dia seguinte lá estávamos nós, à espera da nossa audiência, sentados na antessala do escritório da procuradora responsável pelo meio ambiente da cidade. Recebidos depois de quase uma hora de espera, comecei a apresentar o nosso projeto. Depois de fornecer todos os detalhes sobre o programa educacional que planejávamos implantar, entreguei à procuradora os projetos arquitetônico e de engenharia que guiariam a reforma do galpão para que fosse possível instalar a nossa primeira "escola infantojuvenil de ciências" no Rio Grande do Norte. Novamente, enfatizei que a reforma seria mínima, não envolvendo nenhum tipo de escavação, fundação ou alteração das paredes principais do prédio.

Também sem alterar a expressão facial ou demonstrar qualquer interesse no projeto educacional, a primeira vez que a procuradora abriu a boca foi para fazer a seguinte pergunta:

– E os banheiros?

– Como assim, o que tem os banheiros? – Eu realmente não tinha entendido nada.

– No seu projeto arquitetônico eu posso ver que a reforma inclui a construção de banheiros. Não é verdade?

— Sim, claro. Como se trata de uma escola, onde aproximadamente 125 crianças vão passar cerca de 2 a 3 horas por período do dia, duas vezes por semana, nós precisamos adicionar esses banheiros.

— Como o senhor deve estar ciente, essa rua encontra-se situada sobre o último aquífero de água doce não contaminada da cidade de Natal. Por essa razão, eu, como procuradora ambiental do MP do Rio Grande do Norte, pedi o embargo de qualquer nova construção nessa região. Dessa forma, não há como abrir uma exceção para o seu projeto.

— Senhora procuradora, entendo perfeitamente a sua posição e concordo plenamente com qualquer medida que vise proteger o nosso meio ambiente, em particular as reservas de água doce da cidade. Mas, como lhe descrevi, o que pleiteamos não é um alvará para a construção de um novo imóvel. Estamos requerendo apenas um alvará de reforma para modificar o interior de um imóvel já existente. Dentro dessa proposta, evidentemente, incluímos a construção de banheiros, porque não há como operar uma escola sem banheiros.

— Banheiros geram resíduos. Como a vasta maioria do bairro de Candelária e essa rua em particular não têm rede de esgotos, os detritos gerados por seus futuros alunos vão infalivelmente contaminar o solo e o aquífero que se encontra debaixo dele. Não há como abrir nenhuma exceção.

— Minha senhora, existem várias casas e prédios ao redor desse galpão. Ao todo eles geram uma quantidade infinitamente maior de resíduos. A contribuição da nossa escola para esse volume de detritos seria absolutamente insignificante.

— Não posso abrir nenhuma exceção.

Tendo que improvisar rapidamente para tentar convencer uma procuradora do MP a permitir que uma escola de alto nível fosse aberta no estado com um dos piores desempenhos educacionais do país, tentei de tudo.

— E se, em vez de construir banheiros, nós instalássemos banheiros químicos no lugar e fizéssemos a remoção dos resíduos diariamente, contratando uma empresa especializada nesse serviço?

— O risco de contaminação do solo continuaria a ser inaceitável.

Em nenhum momento daquela audiência, a procuradora demonstrou ter qualquer interesse no projeto educacional que ela agora inviabilizava temporariamente. Indiferente a qualquer plano alternativo que lhe foi apresentado, ela fechou a questão, a cara e a reunião.

Frustrado, saí daquele encontro determinado a achar outra solução. Curiosamente, como vimos no capítulo anterior, alguns anos depois daquele encontro, ainda durante a gestão da mesma procuradora ambiental, bem do outro lado da Rua da Vergonha, ou seja, a uns 20 metros de onde se situava o galpão que tentamos transformar em escola, múltiplas torres de apartamentos seriam construídas, uma bem ao lado da outra, como parte de um condomínio fechado de médio luxo. Assim, centenas de pessoas passaram a habitar aquele condomínio e a produzir montanhas de resíduos sólidos e líquidos diariamente.

Até hoje nunca descobri como é que tais torres receberam alvará de construção e habite-se, ganhando de presente até uma linda ruazinha calçada com paralelepípedos, enquanto a nossa modesta reforma para criar uma escola foi sumariamente vetada. Para o resto dos tempos, esse passaria a ser apenas mais um dos mistérios do Rio Grande do Norte que ninguém conseguiria desvendar.

Voltando à estaca zero, Dora, seu marido Evandro e eu retornamos à dura rotina de vasculhar toda Natal em busca de um imóvel regularizado para sediar a nossa primeira escola de ciências que não pusesse em risco o aquífero de Natal ou o bom humor de qualquer outro burocrata local. Depois de semanas de buscas infrutíferas envolvendo boa parte da cidade, por puro acaso Dora encontrou um pequeno prédio de dois andares em boas condições, a apenas alguns quilômetros da nossa primeira unidade, o Centro de Pesquisa César Timo-Iaria. Localizado no singelo bairro de Cidade Esperança – que nome poderia ser mais apropriado? –, o prédio fora originariamente dividido em duas partes. A primeira fora alugada algum tempo antes para uma escola municipal da cidade de Natal. A segunda servira como antigo depósito da justiça eleitoral de Natal, mas havia algum tempo encontrava-se vazia, esperando um novo locatário.

Depois de confirmar que todos os documentos do imóvel estavam em ordem e constatar que o proprietário tinha todo o interesse em alugar o prédio por um longo prazo para o nosso instituto, nós fechamos negócio. Apesar da grande satisfação de ter encontrado um "lar" para dar início ao nosso projeto educacional, logo nos demos conta de que haveria ainda muitos obstáculos pela frente para que as portas da nossa primeira "escola de ciências" pudessem, enfim, ser abertas.

Para começo de conversa, seria preciso realizar uma reforma completa nas instalações do imóvel. Partindo da parte elétrica, instalações hidráulicas, internet, e chegando até uma nova divisão do espaço físico para acomodar os laboratórios e as oficinas que faziam parte do nosso projeto, basicamente seriam necessários vários meses e fartos recursos para colocar aquele local em condições de receber as seiscentas crianças que eventualmente constituiriam a primeira classe do nosso primeiro centro de educação científica.

Pelo menos, como agora estávamos num bairro da periferia mais humilde de Natal, não houve nenhum problema em conseguir um alvará para executar a reforma.

Além da reforma na infraestrutura física do prédio, era também preciso começar o trabalho mais desafiador do projeto: formar um corpo docente que estivesse apto a assimilar a nossa filosofia de usar o método científico como um dos pilares pedagógicos de um projeto educacional infantojuvenil. Em paralelo, fazia-se necessário sedimentar o projeto político-pedagógico do centro de educação científica e ao mesmo tempo começar a estabelecer os primeiros contatos e vínculos com as escolas públicas e a comunidade da Cidade Esperança e dos distritos vizinhos, como o bairro Felipe Camarão, de onde seriam selecionados os futuros alunos do nosso programa. Por fim, logo ficou claro que os recursos que havíamos conseguido com a nossa parceria científico-social com o Hospital Sírio-Libanês não seriam suficientes para executar a reforma, contratar e manter a equipe e comprar todos os equipamentos necessários para ministrar um currículo de educação científica de primeira linha. Claramente, seguindo uma rotina que se repetiria nos dez anos seguintes, era preciso "retornar à estrada" e "passar o boné" para conseguir outros apoios financeiros para dar início e manter o nosso projeto educacional.

Dentro desse contexto desafiador de meados de 2006, para muitos observadores externos, a simples constatação da quase infindável lista de tarefas administrativas e técnicas, bem como dos enormes entraves logísticos e financeiros que se materializavam diariamente à nossa frente, teria oferecido razão mais do que suficiente para qualquer um jogar a toalha. Em vez disso, não tenho dúvida alguma em dizer que a tomada de posse daquele prédio modesto, num bairro humilde da periferia de Natal, galvanizou todos nós de maneira única.

Nessa época, eu dividia o meu tempo numa ponte aérea pouco convencional. Como desde dezembro de 2005 eu aceitara o convite de realizar um período sabático de dois anos no recém-criado Instituto do Cérebro e da Mente da Escola Politécnica Federal de Lausanne, na Suíça, o meu tempo era igualmente partilhado entre meu laboratório na Universidade Duke, nos Estados Unidos, meu novo laboratório suíço e o IINN. Basicamente, meu roteiro envolvia um ciclo contínuo de viagens pelo triângulo formado pelas cidades de Durham, Lausanne e Natal.

Ao longo daqueles dois anos, depois de algumas semanas em Durham, nos Estados Unidos, eu seguia viagem para Lausanne. Depois de um tempo na Suíça, atacado pela comichão de estar presente o máximo possível no processo de construção do IINN, eu pegava um voo de Genebra para Lisboa, e da capital portuguesa voava diretamente para Natal, num novo voo criado pela TAP, a companhia aérea portuguesa. A constância dessas viagens transcontinentais foi tanta que ao término daqueles 24 meses eu já era tratado pelo primeiro nome por muitos dos tripulantes da TAP que faziam a mesma rota Lisboa–Natal!

Nas minhas viagens à Suíça, tirei proveito máximo da incomparável rede ferroviária para me deslocar por todo o país para dar palestras e conhecer institutos de pesquisa. Numa dessas minhas andanças de trem, no meio do inverno europeu de 2006, no momento em que eu me preparava para descer na estação central de Lausanne o meu celular tocou. Moderadamente irritado com a necessidade de ter que atender o telefone enquanto me preparava para descer de um trem apinhado de gente, qual não foi a minha surpresa quando a voz feminina do outro lado da linha, num português muito sonoro, após confirmar se era o meu número, prontamente se identificou: "Professor Nicolelis, o meu nome é Lily Safra, como vai o senhor?".

Totalmente surpreso com a revelação da identidade da minha interlocutora, feita sem nenhum intermediário ou cerimônia, prontamente voltei à realidade, depois de um segundo de estupefação, ao descobrir que, no meu afã de tentar responder à saudação, eu perdera o contato plantar com o degrau da porta do trem, que agora já se encontrava estacionado na estação.

Como resultado dessa distração, eu literalmente "beijei o solo de Lausanne" numa queda livre cheia de estilo. Qualquer transeunte deve ter admirado minha devoção pela "cidade olímpica", afinal são raros os passageiros que se projetam ao solo das estações suíças durante o desembarque.

Tentando refazer-me da queda o mais rapidamente possível e notando que ambos os meus joelhos haviam sido logo ralados pelo concreto da plataforma, resultando na ruína completa da calça que os envolvia, recuperei o celular e tentei restabelecer contato.

– Muito bem, muito bem, e a senhora?

– Muito bem, muito obrigada. Professor Nicolelis, o nosso amigo em comum professor Idan Segev esteve comigo recentemente e me disse maravilhas do seu projeto em Natal, no Brasil.

Idan Segev, um neurocientista computacional israelense, se transformara num dos meus melhores amigos na última década. Desde o nosso primeiro encontro em Paris, num 14 de Julho de meados da década de 1990, numa celebração do dia da Queda da Bastilha durante a Revolução Francesa, Idan e eu havíamos participado de inúmeras aventuras científicas mundo afora. Em 2004, Idan fora um dos primeiros neurocientistas a aceitar o convite para vir a Natal participar do lançamento do projeto do IINN durante o Simpósio Internacional de Neurociências. Desde então ele tinha se imbuído pessoalmente de disseminar por todos os seus amigos e contatos na Europa a nossa proposta de estabelecer um projeto científico-social no Nordeste brasileiro. Desde que conhecera em primeira mão o terreno em Macaíba onde seria construído o Campus do Cérebro, Idan se transformara num dos mais ardorosos apoiadores do projeto do IINN. Assim, durante a realização de um dos eventos de arrecadação de recursos da Universidade Hebraica de Jerusalém, Idan, uma das estrelas científicas daquela instituição, tomara a liberdade de contar para sua grande amiga Lily Safra tudo o que ele testemunhara durante sua visita a Natal. O resultado dessa conversa materializava-se naquele telefonema que agora eu recebia, sentado na plataforma de desembarque da estação central de Lausanne, tentando dar conta de dois joelhos ralados e um terno arruinado.

— Eu realmente fiquei maravilhada com tudo o que ele me disse sobre o seu projeto e gostaria muito de conversar com o senhor para obter mais detalhes sobre os seus planos. O senhor teria tempo para um almoço aqui em Londres?

— Seria um enorme prazer. Como agora venho periodicamente a Lausanne, eu certamente poderei me deslocar para Londres sem problema algum. Basta definir uma data que seja conveniente para a senhora.

— Que tal em dois dias então?

— Dois dias? — Olhando diretamente para os meus joelhos ralados, que agora despontavam pelos rasgos da calça do único terno que eu trouxera nessa viagem, eu já começava a imaginar como daria conta da situação *sui generis* em que me encontrava.

— O senhor teria como vir a Londres na quinta-feira desta semana?

— Sem dúvida! Quinta-feira desta semana. — E os joelhos expostos agora pareciam sorrir com escárnio da minha aflição.

— Pois então estamos combinados. Meu assistente vai entrar em contato para acertar os detalhes logísticos. Só mais uma pergunta. O que o senhor gostaria para o almoço?

— Não se incomode, eu como quase de tudo.

— Eu soube que o senhor aprecia uma boa comida italiana. Que tal um ravióli de muçarela ao sugo?

— Melhor impossível!

— Pois bem, então até quinta-feira. Uma boa tarde.

— Boa tarde.

Nem bem desliguei e já foi deflagrada a operação "procura-se um terno novo para ontem". Tendo passado alguns meses na Suíça, eu já aprendera que não era possível se esperar nada feito "na urgência" naquele país. Apesar da fama internacional da eficiência e da pontualidade suíças, bastaram alguns meses para que eu aprendesse que não era nada trivial conseguir algo "para ontem" naquele belo país alpino. Na realidade, o suíço médio resiste bravamente a qualquer tentativa de sair da rotina, mesmo que seja para satisfazer um cliente disposto a qualquer sacrifício para conseguir um novo terno em 24 horas.

Depois de várias tentativas infrutíferas e frustrantes, a minha última opção foi recorrer a uma pequena loja localizada próximo à Praça Saint-François, no centro de Lausanne. Ao entrar pela porta principal da alfaiataria, exibindo dois joelhos expostos pelos vãos abertos na minha calça, fui recebido por um alfaiate que, preocupado com a minha aparência, foi logo dizendo.

– Não é o melhor dos dias, não é mesmo?

– O senhor nem imagina. Acabei de cair na plataforma da estação de trem. E também acabei de saber que preciso estar em Londres na quinta-feira para uma reunião fundamental. O problema é que, como o senhor pode ver, na minha queda eu destruí a calça do meu terno. Agora preciso de um terno novo em 24 horas.

– Pois o senhor veio ao lugar certo. Giuseppe é o meu nome, e na minha alfaiataria os ternos ficam prontos em menos de 24 horas.

– Senhor Giuseppe, de que parte da Itália o senhor vem?

– Da melhor parte, da Toscana!

– Que coincidência! Aqui na sua frente se encontra um trineto de uma moradora de Lucca.

– Lucca, a terra natal de Puccini!

– Esse mesmo, vizinho da não menos ilustre Paulina Giusti, minha trisavó italiana!

– Vero? Bravo! Pois então vamos ver o que pode ser feito pelo trineto de dona Paulina de Lucca.

Depois de uma hora escolhendo um terno que pudesse ser ajeitado a tempo para o meu encontro, eu me despedi do meu salvador, o alfaiate Giuseppe, com a promessa de retornar no dia seguinte para retirar a encomenda a tempo de seguir para Londres, rumo ao encontro que mudaria para sempre o destino do Instituto Internacional de Neurociências de Natal.

***

Depois de chegar a Londres na noite anterior ao encontro, eu me hospedei no pequeno hotel perto da sede da BBC onde sempre fico durante minhas visitas à capital inglesa. No dia seguinte, como combinado, um carro veio me pegar para me levar ao encontro. Após mais ou menos meia hora de traslado pelas ruas congestionadas de Londres, o carro parou na entrada da garagem de um edifício residencial tipicamente londrino. Da entrada surgiu um senhor muito bem-vestido, que abriu a porta do carro e, após me cumprimentar, me indicou a direção a seguir.

– Por aqui, professor Nicolelis.

Procurando me ajustar ao interior do terno recém-configurado pelo grande estilista Giuseppe de Lausanne, eu me dirigi à porta de entrada do edifício. Antes mesmo que eu tivesse tempo de esboçar qualquer tentativa de acionar a campainha, a porta se abriu e um mordomo muito bem trajado – bem melhor do que eu, diga-se de passagem – me saudou em português, com um sotaque lisboeta, e imediatamente recolheu meu sobretudo e meu cachecol.

– Por aqui, professor. Madame Safra está à sua espera.

Enquanto eu ainda me adaptava ao hall de entrada, decorado com uma enorme variedade de telas cujos pintores fariam parte de qualquer resenha da história da arte dos últimos séculos, e era conduzido pelo mordomo em direção à escada central, ouvi meu nome novamente ser anunciado, só que agora por uma voz feminina.

– Professor Nicolelis, que prazer em vê-lo!

Descendo a escada, a senhora Lily Safra se dirigiu a mim como se nós dois fôssemos amigos próximos há vários anos. Depois de me acompanhar para a sala de jantar, onde já se encontrava posta uma mesa para dois, nos extremos de uma ampla mesa retangular, ela logo me deixou completamente à vontade.

— O senhor deve estar faminto depois dessa viagem. Muito obrigada por atender ao meu pedido tão prontamente. Na verdade, quando falamos há dois dias eu notei que o senhor teve um acidente na chegada a Lausanne.

— Para dizer a verdade, fiquei tão surpreso com o seu telefonema que esqueci de prestar atenção na escadinha da porta do trem e desembarquei de maneira, digamos, pouco ortodoxa em Lausanne.

— Espero que o senhor tão tenha se machucado.

— De forma alguma. Para quem cresceu jogando bola nas ruas de São Paulo, joelhos arranhados não são nada de mais.

— Que bom. Eu realmente fico muito satisfeita em poder encontrá-lo pessoalmente. Nosso amigo Idan me deixou muito curiosa com tudo o que o senhor tem feito no Brasil. Ele foi só elogios ao seu trabalho em Natal. Além disso, ele me contou sobre as suas mais recentes descobertas relacionadas à doença de Parkinson. Ambos os temas são muito importantes para mim, por isso tomei a liberdade de convidá-lo para que pudéssemos conversar à vontade sobre esses assuntos. Mas primeiro vamos almoçar.

Na hora seguinte, entre um prato e outro, inclusive um ravióli ao sugo incomparável, comecei a contar à senhora Safra toda a história do projeto. Nascida no Rio Grande do Sul e há vários anos morando fora do Brasil, Lily estava muito interessada em saber de todos os detalhes sobre Natal e o Rio Grande do Norte.

Depois de terminado o almoço, ela me conduziu ao seu estúdio privado, onde, depois de um chá, eu tive a oportunidade de ligar o meu laptop e mostrar todas as imagens do "projeto piloto" do IINN, bem como os planos arquitetônicos para o futuro Campus do Cérebro em Macaíba. Depois dessa apresentação, a senhora Safra me pediu que lhe mostrasse alguns dos resultados das minhas pesquisas com interfaces cérebro-máquina e o meu trabalho com camundongos transgênicos que serviam como modelos experimentais da doença de Parkinson. Ao longo de quase três horas, nós dois, como brasileiros exilados que éramos, falamos muito do Brasil e da importância da ciência e da educação de qualidade para a formação de uma sociedade. Num momento dessa conversa, apresentei a minha ideia mais querida: a de criar em Macaíba um programa educacional que se iniciasse com o pré-natal das mães dos nossos futuros alunos e que fosse seguido por um acompanhamento de puericultura das nossas crianças até o final da adolescência. Curiosamente, apesar de termos nos conhecido apenas há poucas horas, e das óbvias diferenças que nos separavam, falar do Brasil e dos planos que eu tinha para o nosso instituto em Natal, mesmo que naquela altura a maioria deles fosse apenas realizável na minha imaginação, forjou uma conexão imediata entre nós.

Ao término da minha exposição, já no final da tarde, Lily Safra visivelmente emocionada me disse:

– Os seus sonhos são encantadores. Eu gostaria muito de poder ajudá-lo a realizá-los, tanto aqueles relacionados ao Brasil como as suas aventuras científicas relacionadas à doença de Parkinson. Eu gostaria muito de continuar esta conversa com o senhor. Vou colocá-lo em contato com os meus assistentes para que possamos abrir um diálogo sobre como poderei participar da construção dessa utopia tropical em nosso país. Conte comigo, professor Nicolelis.

No caminho de volta para o hotel, eu quase não podia acreditar no que transpirara naquela tarde cinzenta em Londres. Ao longo do resto de 2006, a equipe da Fundação Edmond Safra, responsável por todas as ações filantrópicas realizadas pela senhora Lily Safra, interagiu comigo para definir o espectro do projeto que seria apoiado pela fundação. Ao final dessa negociação, que teve a participação de um jovem advogado da Filadélfia, Max Coslov, ficou acertado que, mediante aquela que viria a ser uma das maiores doações privadas da história da ciência brasileira, o IINN passaria a se chamar Instituto Internacional de Neurociências de Natal Edmond e Lily Safra, ou IINN-ELS. Da mesma forma, dado o volume dos recursos destinados ao projeto, as agora duas (não apenas uma) futuras escolas de educação científica do IINN-ELS, uma na Cidade Esperança, em Natal, e a outra em Macaíba, passariam a se chamar Escola Alfredo J. Monteverde.

Em março de 2007, a própria senhora Lily Safra, acompanhada da família, veio a Natal para participar, num auditório lotado de cientistas e estudantes, da cerimônia de abertura do II Simpósio Internacional de Neurociências, no qual foi feito o anúncio oficial do novo nome do nosso instituto e das nossas escolas científicas.

Ficava assim mais uma vez provado que, pelo menos em Macaíba, o impossível, vira e mexe, se transforma em factível.

O DIA EM QUE ANITA GARIBALDI TROCOU DE RIO GRANDE

Na segunda metade do século XX, logo após a Segunda Guerra Mundial, um grande número de países devotou suas melhores mentes e esforços à busca de uma "reforma educacional" que tivesse algum impacto significativo na sociedade e na economia. Curiosamente, um dos poucos consensos obtidos com esse grande número de tentativas foi: investir montanhas de dinheiro, por si só, não resolve nem de perto o problema da busca por um modelo de educação pública de alta qualidade. Pelo contrário, no passado, países que investiram grandes quantidades de recursos por aluno não conseguiram estabelecer sistemas educacionais de sucesso: na realidade, acima de um certo patamar, investir mais dinheiro foi contraproducente.

A primeira conclusão importante a ser extraída dessa análise é que nenhum país "compra" uma educação pública de alto nível. Se esse fosse o caso, os sistemas educacionais da Arábia Saudita e seus vizinhos no golfo Pérsico, munidos de seus oceanos de petrodólares, estariam hoje posicionados no topo dos rankings educacionais mundiais, o que não é, nem de longe, o caso.

Como toda atividade social humana complexa, a criação e a manutenção de um sistema educacional público verdadeiramente inclusivo, capaz de oferecer a todos os alunos de uma nação as melhores oportunidades possíveis para que eles atinjam a plenitude do seu potencial intelectual e humanístico, e, por conseguinte, a felicidade plena – a maior, mais relevante e, para alguns, a única real meta de qualquer sistema educacional –, é necessário que uma série de fatores estejam presentes. Além disso, a experiência internacional mostra claramente que nenhum sistema educacional de alta qualidade pode ser construído de cima para baixo, por decreto, por qualquer tipo de governo, sem a participação efetiva e decisiva dos outros setores da sociedade civil – professores, alunos e pais, que desempenham um papel central no seu sucesso. Sem o envolvimento desses chamados *stakeholders* da sociedade civil, não há nenhuma esperança de sucesso em qualquer reforma educacional.

Assim, alguns dos principais pré-requisitos de um sistema educacional podem ser garantidos pelo poder público constituído, a saber:

1. um aporte de investimento adequado;
2. universalidade do acesso ao sistema, que permita que toda criança em idade escolar tenha vaga assegurada numa escola pública;
3. a definição de alguns objetivos pedagógicos concretos a serem atingidos ao longo do processo educacional – por exemplo, que todas as crianças de certa faixa etária sejam alfabetizadas.

Some-se a isso uma enorme lista de outros fatores, essenciais para o sucesso de qualquer reforma educacional, que depende única e exclusivamente do grau de envolvimento e relevância com o qual o resto da sociedade civil encarará a questão da melhoria da educação pública. Uma farta lista de exemplos suporta essa noção ao demonstrar que tentativas de implementar "reformas educacionais por decreto", em que todas as decisões estratégicas e operacionais derivam de grupos de administradores ou "educadores de gabinete" a serviço de qualquer governo, sendo transmitidas, de cima para baixo, a todo um sistema educacional, como se essas diretivas fossem "ordens a serem seguidas", sem consulta prévia com educadores, alunos e famílias, que vivem a realidade cotidiana da escola, ainda mais num país tão complexo como o Brasil, tendem a fracassar de forma espetacular.

Se alguém nutre alguma dúvida sobre esse diagnóstico, alguns exemplos podem ser muito esclarecedores. Antes de mais nada, porém, vale a pena ressaltar a essa altura que os brasileiros não são os únicos a acreditar que a solução dos problemas educacionais pode ser encontrada apenas com maiores investimentos e métodos derivados "do mercado", ou dos manuais reciclados de macroeconomia, adaptados para a questão educacional. Durante décadas, uma proposta, conhecida mundialmente como Movimento de Reforma Educacional Global, tentou fazer exatamente isso ao enfatizar o uso de testes padronizados para avaliar quase continuamente o progresso dos alunos, oferecer pagamentos extras em dinheiro a professores que conseguissem aumentar o desempenho dos alunos nesses testes, condicionar investimentos em distritos escolares à performance de alunos e professores nos ditos testes, ampliar o número de repetências, e nesse processo cobrar continuamente, através de metas quantitativas, o desempenho de escolas, pressionar professores, diretores e alunos com contínuas ameaças de cortes de verbas, intervenções externas e toda sorte de penalidades para aqueles que resistissem ao método de tratar o problema da educação como o de uma empresa que, apesar de altos investimentos, continua a não demonstrar aumentos de produtividade e lucro.

De uma forma geral, todos os países que optaram por esse caminho colheram fracassos homéricos. Basicamente, sistemas escolares sujeitos ao "medo contínuo" conseguiram formar estudantes que estudavam apenas para passar nos ditos testes padronizados, uma vez que os professores, como forma de sobreviver, dedicavam a maior parte do seu tempo a preparar seus alunos para esses exames e nada mais. Sem aprender como aprender, os alunos advindos desses sistemas educacionais enfrentam enormes dificuldades para se adaptar ao mundo real, uma vez que a única proficiência adquirida nos bancos escolares – a habilidade de resolver testes padronizados – nem de longe se mostra adequada para suprir as demandas do próprio mercado de trabalho, fonte inspiradora do movimento de reforma educacional que preconiza o uso das táticas descritas acima.

Como era de esperar, nenhum outro país apostou mais nessa "solução de mercado" do que os Estados Unidos. Como resultado da sua reforma educacional, promovida tanto por governos democratas como por republicanos, nos últimos vinte anos os norte-americanos testemunharam, atônitos, a maior degradação do seu sistema educacional público desde que a instituição desse modelo educacional foi introduzida no país, no começo do século XX. A impressionante queda livre observada no desempenho dos estudantes norte-americanos do ensino fundamental e médio em exames internacionais, desenvolvidos para medir e comparar a proficiência em linguagem, matemática e ciências de estudantes de vários países, é apenas um dos reflexos da gravíssima crise que assola o sistema educacional dos Estados Unidos nas últimas duas décadas. Como consequência desse fracasso, um paradoxo educacional cada vez mais claro se estabelece naquele país: enquanto as universidades continuam a ser o alvo central da cobiça intelectual de estudantes secundaristas de todo o mundo, graças à notória liderança mundial dessas instituições em múltiplos campos, e principalmente nas áreas de pesquisa científica e inovação tecnológica de ponta, os mesmos estudantes estrangeiros manifestam pouco ou nenhum interesse em frequentar escolas públicas durante o curso fundamental e médio.

Mas se nem mesmo os poderosos norte-americanos, com suas Harvards e MITs em cada esquina, conseguiram remediar as mazelas do seu sistema educacional público, mesmo depois de despejar bilhões de dólares em reformas oriundas da "filosofia de mercado", a maior divindade cultuada pelo *American way of life*, que outra sociedade no planeta teve condições de reformar o seu sistema educacional de forma radical e servir de exemplo para o resto do mundo?

Em meados dos anos 1990, para espanto de muitos, uma resposta a essa pergunta finalmente emergiu do nada. Nem Estados Unidos, nem Inglaterra, França, ou Alemanha. A maior e mais revolucionária reforma educacional dos nossos tempos, com resultados impressionantes que chocaram a comunidade internacional, aconteceu na pequenina Finlândia, até meados do século passado considerada a prima pobre da Escandinávia. Virtualmente desconhecida do mundo acadêmico até então, a maravilhosa e comovente saga da revolução educacional finlandesa é narrada em detalhes no livro *Finnish Lessons* [Lições finlandesas], de Pasi Sahlberg, um dos educadores que participou de forma decisiva desse evento sísmico para a educação mundial do final do século XX.

No que deveria ser um livro obrigatório para qualquer educador brasileiro, Sahlberg, de forma didática, explica quais foram os pilares da reforma que mudou para sempre as escolas finlandesas e fez dos seus alunos os mais felizes de todo o mundo, segundo vários estudos internacionais. Ainda mais emocionante é constatar que toda essa felicidade foi traduzida no melhor desempenho acadêmico obtido por qualquer outra nação, no que tange à performance dos seus alunos em testes de avaliação educacional, promovidos pela OCDE, nos anos 1990 e 2000. Isso tudo apesar de a reforma educacional finlandesa ter eliminado qualquer teste padronizado dos primeiros nove anos do currículo escolar fundamental daquele país, e nenhuma ênfase ser dada pelos professores finlandeses à preparação para exames internacionais. Em vez disso, todo aluno finlandês é avaliado apenas pelo seu professor e por si mesmo, num exercício pedagógico de autodescoberta que ensina as crianças a medir o seu próprio progresso como algo natural, sem o estigma e o estresse conferido por outros sistemas escolares.

Ainda assim, os alunos daquele país escandinavo foram capazes de tirar as melhores notas nos testes de avaliação de proficiência linguística, matemática e científica da OCDE. Tudo isso atingido com um investimento relativamente modesto, uma vez que a Finlândia aplicava em 2007 apenas 5,6% do PIB em educação, enquanto países como os Estados Unidos e o Canadá investiam 7,6% e 6,1%, respectivamente, e a média dos outros países da OCDE por volta de 5,7%. Ressalte-se que só esse último dado demonstra que a meta brasileira de atingir 10% do PIB nos próximos anos, por si só, não é garantia de que as coisas vão melhorar na educação.

Para atingir esse estratosférico nível de sucesso em apenas três a quatro décadas, pasmem vocês, a Finlândia fez basicamente tudo, mas realmente tudo ao contrário do que era preconizado pelo Movimento de Reforma Educacional Global e pelos defensores da aplicação das "leis de mercado" e da "filosofia anglo-saxônica" de aumentar o medo e as punições em todos os níveis do sistema educacional público. Depois de chegar à conclusão, em novembro de 1963, que o sistema educacional do país precisava ser reformado profundamente, o governo da Finlândia estabeleceu o que ficou conhecido como *peruskoulu*, o novo sistema de educação fundamental, compreendendo os primeiros nove anos da vida escolar de toda criança finlandesa. Esse sistema entrou em vigor no início dos anos 1970. Segundo Pasi Sahlberg, a filosofia central desse novo movimento educacional se baseou na crença de que: "[...] todo estudante pode aprender se forem oferecidas as oportunidades adequadas e o apoio necessário".

Sahlberg também conta que o modelo finlandês preconiza: "[...] que o entendimento da diversidade humana e o aprendizado obtido através dessa diversidade é uma meta educacional importante e que escolas deveriam funcionar como democracias em pequena escala".

As primeiras consequências da implementação e do sucesso alcançado pela *peruskoulu* foi o incremento da educação secundária finlandesa, uma vez que tanto estudantes como seus familiares passaram a ver com bons olhos a necessidade e a vantagem de os alunos continuarem seus estudos, tanto no ensino médio como no superior, para melhor se posicionar para o futuro de uma sociedade dominada pela economia do conhecimento. Hoje, 95% dos alunos finlandeses que completam o período básico da *peruskoulu* continuam seus estudos, seguindo as opções de ensino médio-superior oferecidas pelo sistema educacional finlandês. Assim, o principal produto obtido com a redução da taxa nacional de evasão escolar, na transição do ensino elementar para o médio, foi permitir que a Finlândia começasse a construir a sua própria versão de uma economia do conhecimento, de baixo para cima, através do incentivo percebido por seus jovens de que continuar seus estudos constituia uma grande vantagem, uma vez que a aventura de aprender por toda a vida podia ser recompensada com empregos que ofereciam enormes vantagens pessoais, além de excelentes retornos financeiros.

Por conseguinte, não é à toa que hoje, quarenta anos depois do lançamento da reforma educacional que mudou o país, a Finlândia seja considerada uma das sociedades mais inovadoras do planeta.

Prova disso é que durante a primeira década do século XXI, a maior empresa finlandesa, a Nokia, tenha sido considerada uma das mais criativas do mundo. Com um em cada três funcionários envolvidos em inovação, a Nokia dominou o mercado de telefones celulares durante boa parte da última década, oferecendo empregos para uma nova juventude finlandesa, ávida por colocar em prática todo o seu poder inovador e disruptivo, nutrido com carinho desde os primeiros anos de vida escolar. Sem a reforma educacional dos anos 1970, porém, nada disso seria possível.

Mas no que exatamente consistiu essa reforma educacional finlandesa? Basicamente, como mencionado acima, os finlandeses fizeram tudo diferente do que se preconizava em outros países à época. Investiram seriamente na formação e na capacitação de seus professores, que hoje só podem entrar em sala de aula depois de concluir um mestrado em alguma área de pesquisa em educação básica (ou científica); valorizaram como nunca a profissão de educador, transformando a carreira de professor numa das mais cobiçadas pela juventude finlandesa; delegaram poder de decisão e criação para as escolas municipais; e, principalmente, removeram qualquer forma de medo, pressão, coação ou competição desmedida dentro do ambiente escolar. Dessa forma, os finlandeses incentivaram suas crianças a aprender pelo prazer de descobrir e, nesse processo, aceitar muito mais riscos durante o seu período de aprendizado, uma vez que agora o tempo gasto na escola se transformava numa grande aventura de exploração e crescimento intelectual. Como resultado, em todas as comparações realizadas entre o desempenho de estudantes finlandeses e seus pares em outros países industrializados que optaram pela doutrina educacional do medo – envolvendo pressão e cobrança por resultados através de testes padronizados e outros métodos policialescos – os alunos da Finlândia se destacam pela sua criatividade, capacidade de improvisação, proficiência linguística, matemática e científica, e, acima de tudo, uma atitude extremamente positiva em relação às suas escolas, aos professores e à arte de aprender. Por exemplo, na Finlândia ocorreu uma quase completa erradicação do fenômeno conhecido como "ansiedade ou medo de matemática". Segundo um estudo realizado pelo Programme for International Student Assessment [Programa Internacional de Avaliação de Estudantes] (Pisa), enquanto 52% das crianças japonesas e 53% dos estudantes franceses relatam sentir grande ansiedade ao resolver exercícios de matemática como parte da sua lição de casa, apenas 7% dos finlandeses reportam o mesmo sentimento. Isso porque, na Finlândia, segundo Pasi Sahlberg:

> "A escola de ensino fundamental pode ser definida, na sua totalidade, como uma instituição livre de testes padronizados, na qual os estudantes podem focar em aprender como saber, criar e sustentar a sua curiosidade natural. O medo de aprender [pelo medo de falhar, de ser ridicularizado pelos pares, algo tão comum nas escolas brasileiras] não existe nas escolas finlandesas".

O que poderia ser mais emocionante do que isso? Saber que, pelo menos num lugar deste mundo, crianças aprendem por prazer, e não por medo de que o sistema as penalize por eventuais erros – mas, ao contrário, as incentiva a continuar experimentando até que possam achar a resposta correta, se é que ela existe, pelos próprios meios. Tudo isso sabendo que nesse processo é fundamental celebrar o percurso, e não apenas o ponto de chegada. A sabedoria contida nessa filosofia é tão clara e profunda que, a cada página das *Finnish Lessons*, tem-se a vontade de parar a leitura e dedicar uma prece silenciosa aos deuses finlandeses que inspiraram toda uma geração de educadores, políticos, pais e cidadãos daquele país a adquirir a coragem e a ousadia de oferecer um futuro melhor para suas crianças.

Aliás, são tantas as inovações e as desmitificações concretizadas pelas quatro décadas da experiência finlandesa que é quase impossível sumarizar o seu sucesso em algumas poucas páginas. Por exemplo, além de ser obtido com muito menos recursos que em outros países, a Finlândia provou que o sucesso de um sistema educacional não depende de um número excessivo de horas de ensino em sala de aula. Na média, as escolas finlandesas utilizam muito menos horas de instrução por dia do que as escolas norte-americanas e a média dos outros países que pertencem à OCDE. Dentro da mesma filosofia, as crianças finlandesas recebem muito menos lição de casa do que em outros países industrializados. Em vez de passarem o dia todo trancadas num ambiente fechado, a noção de educação na Finlândia inclui o incentivo para que as crianças pratiquem esportes, convivam com o ambiente aberto – mesmo num dos países mais gelados do planeta – e explorem outros aspectos da vida cultural e social do país, como meio de alcançar uma formação intelectual mais profundamente humanística. Ainda assim, os estudantes finlandeses, que ficam menos horas nos bancos escolares e que perdem menos tempo com montanhas de lição de casa, competem de igual para igual com sistemas educacionais bem mais marciais, como o japonês e o coreano, e exibem um desempenho muito superior aos de países que, como os Estados Unidos, exigem mais horas de escola por dia e maior carga de lição de casa.

Acima de tudo, nas escolas finlandesas a felicidade impera como rainha soberana do sistema educacional.

Quer mais? Vamos em frente então. Na Finlândia, alunos não repetem de ano nos primeiros nove anos de educação básica. Tal decisão, baseada em estudos longitudinais rigorosos, conduzidos por educadores finlandeses, demonstraram que não há qualquer efeito benéfico com essa medida, muito pelo contrário: os efeitos para a criança são apenas deletérios. Com base nesses estudos, essa forma de "punição" foi completamente eliminada do sistema educacional finlandês. Além disso, graças a um esforço gigantesco dos educadores em identificar a incidência de distúrbios do aprendizado na população infantil do país, descobriu-se que por volta de 20% dos alunos que ingressam no primeiro ano do estudo elementar demonstrarão algum tipo de dificuldade de aprendizado ao longo de sua vida escolar. Em vez de tentar isolar esses alunos, o sistema finlandês treina seus professores a lidar da melhor forma possível, sem pressa, com esses distúrbios de aprendizado, mantendo todos os alunos unidos na mesma classe. Prova de que essa abordagem funciona muito bem foi obtida quando, ao término dos nove anos do ensino fundamental finlandês, verificou-se que pelo menos metade das crianças que apresentavam alguma dificuldade de aprendizado na primeira série da *peruskoulu* demonstrou estar no mesmo nível do restante da classe. Esse resultado impressionante ilustra categoricamente que a filosofia finlandesa de atenuar e, porventura, encontrar a correção de eventuais distúrbios de aprendizado é muito mais eficiente do que as técnicas normalmente usadas em outros países (repetência de ano, classes especiais, reforço escolar em separado etc.).

Essa revolução, porém, não teria sido possível se toda a sociedade civil finlandesa não tivesse abraçado a causa de transformar o sistema educacional do seu país no melhor do mundo, a meta abertamente preconizada pelos idealizadores do projeto de reforma educacional no início dos anos 1970, quando tudo isso parecia simplesmente impossível. Como resultado desse envolvimento da sociedade e da audácia da meta original, as escolas finlandesas são tratadas como verdadeiros "centros de aprendizado comunitário", ou o centro da vida intelectual de cidades onde os professores são considerados não meros funcionários públicos, mas sim verdadeiros arautos da transmissão da cultura finlandesa para as futuras gerações. Não só o envolvimento dos pais na vida cotidiana das escolas é muito maior que em qualquer outro país, mas é esse sistema comunitário que garante a independência que cada escola tem em introduzir novos métodos e abordagens pedagógicas, independentemente do governo federal. Como tal, a Finlândia simplesmente renunciou a qualquer tipo de monitoramento ou supervisão federal das suas escolas. Esse papel foi totalmente delegado às comunidades que vivem no entorno das escolas e aos responsáveis – professores, diretores e pais – pela gestão diária de cada estabelecimento escolar.

Na Finlândia, a educação é uma construção coletiva, edificada por toda a sociedade, na qual todo cidadão contribui com a sua parte e o governo apenas paga a conta e observa, passivamente, o progresso e a materialização de forma orgânica de uma das mais avançadas democracias do planeta.

Trocando em miúdos, a mensagem de esperança e inovação que a Finlândia transmitiu para todo o mundo é simples: se uma sociedade quer seriamente mudar seu sistema educacional para melhor, ela precisa apostar suas fichas nos seguintes dez mandamentos:

1. Melhorar drasticamente o treinamento básico e especializado dos seus professores.
2. Incentivar o ensino baseado em conhecimento obtido através da pesquisa científica e da aplicação do método científico na prática pedagógica cotidiana, mesmo no ensino elementar.
3. Elevar radicalmente o reconhecimento e o *status quo* da profissão de educador na sociedade – e não apenas melhorar o salário dos professores – para atrair jovens talentos para a carreira.
4. Oferecer autonomia para as escolas e esquecer metas nacionais arbitrárias. O sucesso se materializará organicamente, através do processo de busca incessante da felicidade dos alunos.
5. Envolver pais e familiares no processo educacional e na gestão das escolas e transformá-las em polos comunitários.
6. Eliminar a cultura do medo dentro das escolas e extinguir testes padronizados, cobranças por índices de produtividade, repetição de ano, bônus para professores, inspeções externas e toda sorte de pressão sobre professores e alunos.
7. Valorizar a cultura da criatividade, do risco, da ousadia, da inovação em busca de soluções de problemas.
8. Incentivar o trabalho em equipe e desestimular a competitividade a todo custo.
9. Priorizar as aptidões de cada estudante, em detrimento de abordagens padronizadas de ensino, fazendo da felicidade humana a grande meta a ser atingida pelo sistema educacional.
10. Transformar a educação numa prioridade nacional, envolvendo todos os setores da sociedade na missão coletiva de transmitir a cultura e a identidade nacional para as futuras gerações.

Nada poderia ser mais diferente das propostas de reformas educacionais preconizadas nos Estados Unidos, na Europa Ocidental e, lamentavelmente, no Brasil. Ainda assim, de posse dos resultados auferidos pela experiência finlandesa, demonstra-se a tese de que é possível reformar completamente um sistema educacional numa geração (vinte a quarenta anos). Todavia, contrariando preconceitos e visões mercadológicas tão comuns nestes tempos, a construção de uma verdadeira sociedade do conhecimento não pode ser alicerçada na instituição de uma cultura baseada no medo, na pressão por resultados quantitativos em testes padronizados e na alienação dos principais "acionistas" (alunos, professores e pais) de um sistema educacional. Ao contrário, qualquer reforma educacional que visa propiciar a todas as crianças de um país uma verdadeira oportunidade de atingir o seu potencial humano e, no processo, assegurar um caminho concreto rumo à felicidade individual e coletiva necessita devolver a elas a sua voz própria, o direito inalienável de expressar seus desejos e anseios, dentro de um ambiente de aprendizado condizente com o crescimento intelectual, a descoberta e a busca do conhecimento puro e da magia da superação dos limites individuais durante essa exploração, através da cooperação, da solidariedade e do amor.

Neste ponto da narrativa é importante salientar que essa breve descrição da revolução educacional finlandesa – antes de qualquer referência à filosofia implementada nos centros de educação científica do IINN-ELS em Natal e Macaíba, nas duas unidades da Escola Alfredo J. Monteverde e no Centro de Educação Científica de Serrinha na Bahia – se fez necessária não só para estabelecer o pioneirismo finlandês na área, mas também para ilustrar quantas coincidências, guardadas as devidas proporções, existem entre os dois exemplos.

Em meados de 2007 e 2008, quando ambas as escolas do IINN-ELS no Rio Grande do Norte começaram a funcionar, nenhum de nós tinha ouvido falar da experiência pioneira da Finlândia. Todavia, naquele período eu havia me deparado com os estudos do economista americano e ganhador do Prêmio Nobel da Economia James J. Heckman, diretor do Center of Economics of Human Development da Universidade de Chicago, que demonstraram que o melhor "retorno financeiro" que se podia obter para um investimento público é aquele obtido quando recursos governamentais são investidos nos primeiros anos de vida de uma criança. Como veremos a seguir, esse resultado me influenciou na criação do programa Educação para Toda a Vida do IINN-ELS. Curiosamente, guiados pela enorme experiência pedagógica

Relação da taxa de retorno de investimento públicos com idade dos beneficiários por políticas públicas

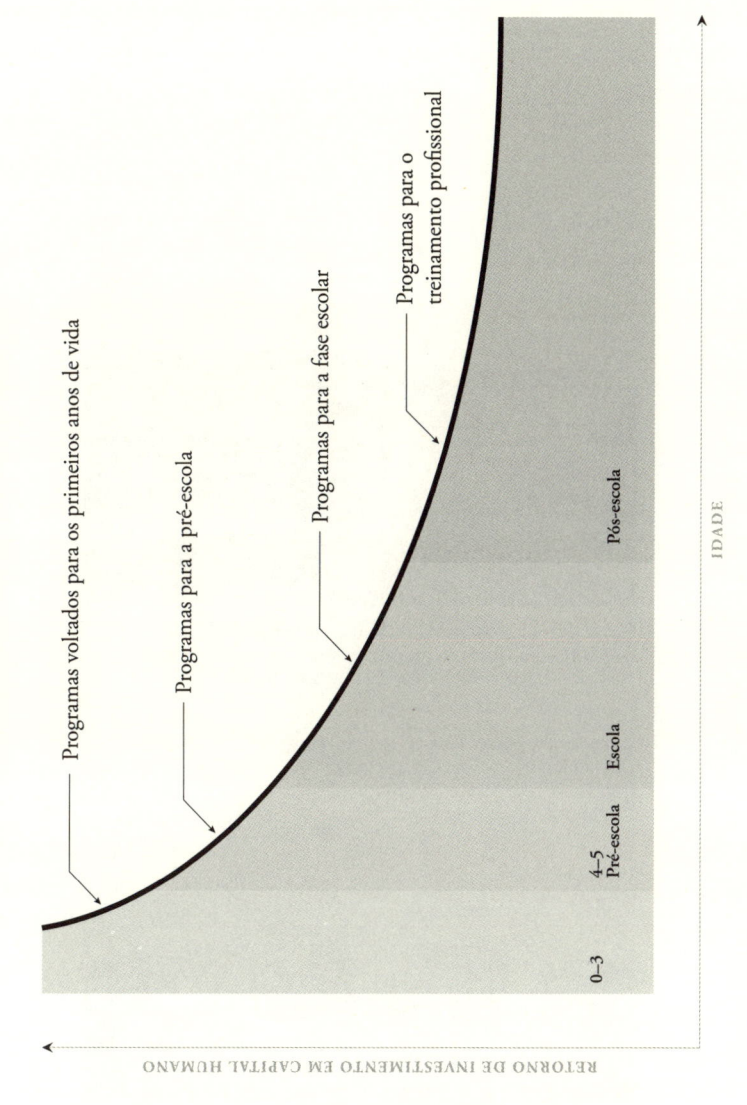

Programas voltados para os primeiros anos de vida

Programas para a pré-escola

Programas para a fase escolar

Programas para o treinamento profissional

0–3

4–5
Pré-escola

Escola

Pós-escola

IDADE

RETORNO DE INVESTIMENTO EM CAPITAL HUMANO

Fonte: Heckman, 2007

Relação da taxa de retorno de investimentos públicos com a idade dos beneficiados por políticas públicas.

e de vida da nossa diretora, a professora Dora Montenegro, hoje é possível dizer que uma pequena Finlândia foi implantada em solo potiguar.

O restante deste capítulo será dedicado a traçar em maior detalhe esse paralelo e também demonstrar que, mesmo no Rio Grande do Norte, foi possível acrescentar um componente inovador nessa nossa proposta educacional que nem mesmo os finlandeses foram capazes de imaginar.

Escola Alfredo Monteverde de Natal, a primeira escola criada pela AASDAP como parte do projeto do Instituto Internacional de Neurociência de Natal Edmond e Lily Safra (IINN-ELS).

Escola Alfredo Monteverde de Macaíba, a segunda escola criada pela AASDAP nas proximidades do terreno do futuro Campus do Cérebro.

Centro de Educação Científica de Serrinha, criado pela AASDAP no interior da Bahia.

Laboratório de educação científica da Escola Alfredo Monteverde de Natal, onde foi inaugurado o primeiro curso de educação científica infantojuvenil do IINN-ELS.

Para começar, as escolas Alfredo J. Monteverde não têm nada em comum com as escolas públicas frequentadas no turno oposto do dia pelos nossos alunos. Em vez de ter salas de aulas convencionais, cada uma das escolas do IINN-ELS foi amplamente reformada (ou construída, no caso da unidade de Serrinha, na Bahia) para contar com amplos e bem equipados laboratórios. Voltada para atender um projeto político-pedagógico inovador, gestado e parido pela sua diretora e equipe, mesmo a arquitetura interna dessas escolas transmite aos alunos que lá chegam, no turno oposto da escola pública, a impressão imediata de que algo muito diferente acontece entre aquelas paredes. Isso porque toda a instrução desses alunos se dá nesses laboratórios, onde cada grupo de no máximo 25 a 30 crianças, monitorado por um professor e um auxiliar de laboratório, aprende os grandes conceitos da ciência da melhor forma já inventada: fazendo ciência, como um cientista profissional.

Laboratórios de biologia, química e física se juntam a oficinas de robótica, computação, ciência e tecnologia para oferecer aos nossos alunos uma experiência eminentemente lúdica e prática de "aprender fazendo ciência". Talvez ouvir algo assim hoje possa soar menos chocante, mas em 2007 poucos podiam acreditar que crianças de 10 a 15 anos, egressas de escolas públicas de um dos piores distritos escolares do país, seriam capazes de participar de aulas de robótica ministradas num laboratório que poucas escolas privadas brasileiras possuem. Na realidade, quando a nossa diretora mencionou a sua intenção de ensinar ciência dessa forma às crianças potiguares, um famoso cientista da Universidade de São Paulo, que fora meu professor no curso de medicina, simplesmente retrucou, com um ar de desdém: "Minha senhora, isso é impossível. A senhora vai perder seu tempo. Não existe massa crítica por lá para assimilar esse conhecimento".

Oito anos depois, quase 11 mil crianças de Natal, Macaíba e mais recentemente Serrinha, no interior da Bahia, onde posteriormente outra das nossas escolas foi estabelecida, em parceria com o governo daquele estado, podem coletivamente desmentir o diagnóstico prematuro daquele "expoente" da ciência nacional. Isso porque não só essas crianças passaram a sorver o conhecimento que elas mesmas mineravam, literalmente, com as próprias mãos, mas também, nesse processo, elas se transformaram efetivamente em verdadeiros protagonistas da própria educação.

Em poucas semanas de interação, naquele pioneiro ano de 2007, os nossos professores puderam testemunhar a gradual mudança de atitude dos seus primeiros alunos, que rapidamente começaram a tomar gosto pela coisa, surpreendendo a todos nós com a paixão e a seriedade com que passaram a se dedicar aos experimentos planejados pela nossa equipe.

Mas como poderia ser diferente? Quem de nós, se transportado de volta ao início da nossa vida escolar, não ficaria fascinado em aprender a lei de Ohm realizando um projeto de eletrificação de uma maquete em escala da própria casa, construída pelas próprias mãos numa oficina de mecatrônica, em vez de ter que decorar uma fórmula misteriosa colocada no quadro-negro pelo professor de física?

Como teria sido aprender a magia do teorema de Pitágoras construindo triângulos retângulos de diferentes medidas e verificando, experimentalmente, que a tal soma dos quadrados dos "senhores" catetos realmente se iguala ao quadrado da "dona" hipotenusa?

Ao envolver-se diretamente com o aprendizado da linguagem – a temida matemática – e as leis que descrevem as maravilhas do universo que existem ao nosso redor através dos próprios sentidos naturais, os nossos alunos começaram a ser expostos a muito mais do que um mero programa de educação científica. De repente, ao notar que a maioria das casas onde moravam não tinha janelas, nem água encanada ou esgoto tratado, essas crianças da periferia humilde de Natal e Macaíba começaram a exercitar a própria cidadania de uma forma jamais imaginada, nem por eles, nem por suas famílias. E assim, quase de supetão, o esforço do que era para ser apenas uma escola de ciências deu à luz um projeto de educação cidadã, conferindo, finalmente, peso específico e "sustância" – como se diz no Nordeste – à proposta original do IINN-ELS de usar a ciência como agente de transformação social.

Maravilhados, só nos restou sair do caminho e deixar que todas essas flores de cacto do semiárido potiguar decidissem, por si sós, que dali para a frente a sua vida seria contada apenas por uma infindável florada, dia após dia, sem tempo para pausa ou hesitação.

E assim, a cada dia a partir do momento em que essas escolas abriram as portas, Dora e sua equipe de educadores, valorizados e incentivados a crescer intelectualmente através de um programa de formação contínua que permanece até os dias de hoje, começaram a plantar as sementes de um verdadeiro foco revolucionário na história tão sofrida da educação do Rio Grande do Norte. Em pouco tempo, crianças que jamais ousaram olhar diretamente nos olhos de um professor ou fazer uma pergunta em sala de aula começaram a emitir suas opiniões, olhando de frente para seus mentores, buscando, por prazer e obstinação, suprir toda aquela sede por aprender que existe, latente, dentro de cada um de nós desde os primeiros segundos de vida.

A cada dia, o nosso berçário educacional começava a tomar forma e a surpreender todos os envolvidos, do mais jovem aluno ao mais experimentado educador. Para fazer com que cada um dos nossos alunos desenvolvesse dentro de si a autoconfiança necessária para explorar tanto o mundo que o cerca como todo o vasto e desconhecido universo do qual muitos jamais ouviram falar até adentrar aquele ambiente de ensino, Dora fez questão de adicionar ao nosso currículo uma oficina de história e geografia. Nesse "laboratório", nossas crianças aprenderam a localizar a sua presença física neste mundo tão gigantesco e intimidador. De repente, tanto o Rio Grande do Norte como Natal e Macaíba ganharam uma existência concreta no mapa, bem como lugares distantes como São Paulo, Paris, Bagdá ou Marrakech, agora visitados diariamente em voos virtuais realizados no laboratório de computação através do Google Earth.

Além disso, cada um dos nossos alunos descobriu que, naquela mesma terra onde hoje aprendiam as maravilhas da ciência moderna, um dia, num passado não muito distante assim, reinavam soberanos os valorosos guerreiros tapuias, que resistiram até as últimas consequências a qualquer invasor europeu, fosse ele português, francês ou holandês, que ousou tentar apoderar-se à força do seu mundo. Como legítimos herdeiros desses guerreiros, nossos alunos aprenderam a se orgulhar da sua terra, da sua cultura, da sua história, do seu sotaque, das suas festas, das suas comidas regionais, enfim, de todo o seu modo de vida. Em vez de se sentirem vítimas de mais uma das versões do inexorável e disseminado complexo de vira-lata que ainda assola boa parte dos brasileiros, pelo menos em Natal e Macaíba (e mais tarde Serrinha), nossos alunos aprenderam desde cedo que eles eram, sim, capazes de qualquer coisa, contrariando tudo aquilo que lhes havia sido dito até então.

Pela primeira vez na vida desses milhares de crianças que já passaram pelas nossas três escolas em oito anos, alguém não só dizia confiar plenamente na sua capacidade de conquistar o próprio futuro, mas também afirmava categoricamente que esse futuro podia ser qualquer coisa que elas quisessem que fosse, mesmo se envolvesse a própria definição do impossível.

Só quem testemunhou o cotidiano dos anos que se seguiram tem a capacidade de descrever o que foi presenciar o brilho dos olhos dessas crianças, a autoconfiança, a crença irreversível de que o impossível podia se transformar em algo atingível. Numa das mais impressionantes demonstrações de entusiasmo que eu já testemunhei, milhares de crianças potiguares depositaram a sua confiança e o melhor dos seus esforços nas palavras, nos atos e na dedicação de um grupo de jovens professores brasileiros que lhes devotou uma das mais emocionantes demonstrações de amor que um ser humano pode dedicar a outro.

Com todas as dificuldades, com todos os obstáculos, entre 2007 e 2009 Dora e sua equipe atraíram hordas de crianças para uma nova proposta de ensino como jamais havia existido naquelas terras potiguares tão sofridas, tão aviltadas por séculos. Como Dora sempre gosta de dizer, dentro de uma escola é perfeitamente possível ser rigoroso, do ponto de vista de manter um alto nível educacional, calcado em valores éticos e humanísticos, sem ser rígido. Nas três escolas que ela e seus professores criaram e mantêm até hoje, crianças descobrem que ter voz e direitos nunca experimentados antes são dádivas, presentes que vêm atados a responsabilidades muito grandes. Conduzidos pelo exemplo de amor e profissionalismo dos seus professores, nossos alunos descobrem que é possível atingir os próprios limites sem necessidade de medo. Como na Finlândia, em nossas escolas não existem testes padronizados nem competição desenfreada por medalhas ou recompensas. Alunos e professores comungam da mesma filosofia de que aprender é uma aventura sem fim, para toda a vida. Dessa forma, nossos alunos avaliam as próprias aptidões e o próprio progresso por si só e através da interação com seus professores. Só através de um pacto como esse é possível criar um ambiente de aprendizado constante, onde a criatividade, a audácia e a inovação passam a ser praticadas cotidianamente, quase sem ninguém notar.

Nos anos seguintes, nossos alunos passaram a usar recursos até então inimagináveis numa escola do Rio Grande do Norte, ou de outros locais do Brasil, para estudar. Peças de teatro escritas, dirigidas e encenadas pelos próprios alunos passaram a contar em prosa e verso a vida de gênios como Galileu, Einstein e Darwin para todos os estudantes. Feiras de ciência – onde os alunos não só expunham seus trabalhos, mas, agora transformados em educadores comunitários, responsabilizavam-se por apresentar a familiares, pais, avós, tios e agregados temas como o Big Bang, o DNA, a teoria da evolução etc. – transformaram o cotidiano de bairros como Cidade Esperança e Felipe Camarão e de cidades como Macaíba e Serrinha. Até uma rádio interna, a inesquecível Rádio Big Bang – transmitindo em ondas curtas, médias e "muiiiiito" longas para todo o cosmo –, foi criada pelos nossos alunos. Em vez de comprar tudo pronto, Dora fez questão de adquirir apenas os componentes para que nossos estudantes aprendessem a construir uma rádio do zero. Depois de realizar tal proeza, e construir o próprio estúdio radiofônico, hoje são os alunos que escrevem os programas, dirigem e anunciam as transmissões. Sem poder resistir a tal tsunami de criatividade, a marca da Rádio Big Bang foi encampada por um dos observadores desse experimento educacional, transformando-se na emissora responsável pela melhor transmissão pelo Twitter de todos os jogos futebolísticos do alviverde mais imponente da Via Láctea!

Ao longo desses quase sete anos, são inúmeras as provas espontâneas de que nada mais seria como antes naquelas paisagens potiguares localizadas ao redor das escolas do IINN-ELS. Duas, porém, nunca me saem da memória. A primeira ocorreu no dia em que o então presidente da República, Lula, recebeu um grupo de alunos e professores durante uma de suas idas a Natal. Durante a visita, a aluna que havia ganhado o torneio organizado pelos estudantes para definir o logo das nossas escolas foi encarregada de entregar uma camiseta oficial ao presidente. Indagada por Lula sobre o que ela achava da nossa escola, a aluna naturalmente encarou o mandatário do país com uma expressão de surpresa e perguntou:

– Mas que escola, presidente?

Surpreso, ele retrucou:

– Ué, a escola onde as crianças usam essa camiseta com o logo que você criou.

Sorridente, ela deu de imediato a tréplica:

– Que escola que nada, presidente. Escola é aonde vou de manhã. Este aqui é o meu parque de diversões!

Nenhum outro elogio ou avaliação poderia ser mais relevante. Como costumeiramente digo para quem quiser ouvir, um dos maiores problemas do sistema educacional em todo o mundo, incluindo o Brasil, é a insistência em tentar "vender", goela abaixo, um produto – o sistema educacional – para um "cliente" – o estudante – que não está nem um pouco interessado em "comprar esse produto", mesmo porque ninguém jamais dedicou qualquer esforço para perguntar a ele, o cliente, o que ele realmente gostaria de comprar.

A segunda história se deu um dia em que um membro do Corpo de Bombeiros de Natal me parou na saída da nossa escola na Cidade Esperança, na periferia de Natal. Sorridente, ele nem se preocupou em se apresentar e já foi me dando a notícia:

– O senhor sabe o que essa escola fez pela vizinhança de Felipe Camarão? – Sem entender nada, eu me fiz de desentendido e esperei pelo pior. – O senhor sabia que desde que essa molecada começou a aprender essa danada lei de Ohm não tem mais incêndio elétrico na vizinhança? A sua molecada está ensinando os pais a fazerem o "gato" direitinho agora.

Inovação científica é assim mesmo: depois que você solta o bicho, ninguém pode prever onde é que ele vai aparecer para mudar a vida da gente.

Ao dar voz aos estudantes e demonstrar com atos concretos todo o respeito que ela e a sua equipe dão à opinião e aos desejos dos alunos, Dora e seus professores criaram um novo modelo de parceria com aqueles que certamente são o elemento mais precioso de qualquer sistema educacional: as suas crianças.

Nas minhas palestras mundo afora, quando sou convidado a falar sobre a nossa experiência educacional no Rio Grande do Norte, gosto de mostrar a imagem contida na montagem da próxima página para ilustrar o resultado central do projeto de educação científica do IINN-ELS, sem dúvida alguma a maior contribuição a emergir desse projeto científico-social em uma década de trabalho.

Reunião dos ex-alunos das Escolas Alfredo Monteverde do IINN-ELS.

Alguns alunos das Escolas Alfredo Monteverde do IINN-ELS.

Como o leitor pode ver, essa imagem contém uma amostra dos rostos dos nossos alunos. Nesses rostos, invariavelmente, encontra-se um sorriso espontâneo e sincero. É essa felicidade explícita que buscamos a cada dia numa das escolas Alfredo J. Monteverde do IINN-ELS. Para os que acham que tal meta é subjetiva ou pouco tangível, eu acrescentaria o resultado de que, como produto do amor incondicional dedicado por Dora e sua equipe às crianças de Natal, Macaíba e Serrinha, a taxa de evasão escolar dos nossos alunos, na transição do ensino fundamental para o médio, situa-se na faixa de 5%. Considerando que a média brasileira ronda a casa dos 50% e que no Nordeste esse patamar pode chegar a quase 80%, os

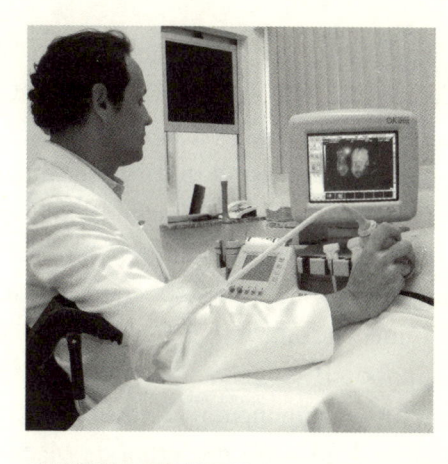

Dr. Reginaldo realiza um ultrassom nas dependências do Centro de Saúde Anita Garibaldi.

Centro de Saúde Anita Garibaldi, localizado nas cercanias do Campus do Cérebro de Macaíba, RN.

5% alcançados pela equipe de educadores do IINN-ELS demonstra, categoricamente, que por detrás do sorriso dos nossos alunos materializou-se um sentimento profundo e perene de apreço para com a grande aventura do aprender por toda a vida.

E foi precisamente nesse tema – aprender por toda a vida – que a experiência educacional do IINN-ELS contribuiu com uma inovação na qual nem os educadores finlandeses haviam pensado. Em 2008, graças à tenacidade de outro grande herói desse nosso projeto, o dr. Reginaldo Freitas, um médico obstetra pernambucano muito arretado, com doutorado pela Universidade de São Paulo, campus de Ribeirão

Preto, que decidiu voltar para o Nordeste e se estabelecer em Natal, foi possível inaugurar o Centro de Saúde Anita Garibaldi (CSAG) do IINN-ELS. Voltado inicialmente para atacar outra mazela inaceitável da saúde pública brasileira – a altíssima mortalidade materna durante a gravidez –, o CSAG passou a realizar aproximadamente 12 mil consultas de pré-natal por ano, principalmente para mulheres com gravidez de alto risco, neonatologia, puericultura, ultrassonografia, aconselhamento genético e um sem-número de outros serviços médicos voltados para as mães dos futuros alunos do IINN-ELS.

Como o CSAG foi o último componente do nosso "projeto piloto", construído num terreno doado pela prefeitura de Macaíba, a ideia original foi que esse centro de saúde atenderia todas as mães dos nossos futuros alunos, não só da Escola Alfredo J. Monteverde, responsável pelo curso de educação científica em Macaíba, mas também da escola regular do IINN-ELS, a ser inaugurada em 2016 com a abertura do Campus do Cérebro. Essa última terá capacidade para

Números de consultas e procedimentos, nas diferentes categorias de atendimento, realizados pela equipe multidisciplinar do Centro de Saúde Anita Garibaldi, nos primeiros nove meses do ano de 2011

	SUS	GRATUITO	TOTAL
Pré-natal	1.171	659	1.830
Medicina Fetal	613	416	1.029
Pediatria	1.153	260	1.413
Neurologia Infantil	733	311	1.044
Ultrassonografia	2.969	82	3.051
Infectologia Materno-Infantil	280	144	424
Psicologia	350	402	761
Total	7.578	2.274	9.852

Número de consultas e procedimentos, nas diferentes categorias de atendimento, realizados pela equipe multidisciplinar do Centro de Saúde Anita Garibaldi, nos primeiros 9 meses do ano de 2011.

atender 1.500 crianças desde o nascimento – através de seu berçário – até a graduação no ensino médio.

Como todo neurocientista sabe, o período pré-natal é essencial para a boa formação do cérebro humano. Dessa forma, qualquer problema que ocorra com a mãe durante esse período pode afetar de forma irreversível o desenvolvimento do cérebro do feto, reduzindo de forma dramática o potencial neurobiológico e comprometendo as chances de essa criança atingir a felicidade plena.

A criação do CSAG, portanto, nos deu o meio de estabelecer o primeiro programa educacional do mundo em que o acompanhamento de seus alunos começa ainda no período de vida intrauterino. Ao acoplar todo o programa de assistência pré-natal prestado pelo CSAG, que depois de sete anos já realizou quase 60 mil consultas gratuitas a mães e crianças de Macaíba, com o nosso projeto educacional, estabeleceu-se de vez o programa Educação para Toda a Vida, que permitirá que, a partir de 2016, uma criança possa ser acompanhada por profissionais do IINN-ELS desde a concepção e sua vida intrauterina, passando pela sua admissão, logo ao nascer, no berçário da Escola Lygia Maria – a neta de Paulina Giusti, vizinha de Puccini – do Campus do Cérebro do IINN-ELS e, se assim for o seu desejo, até a sua formatura no ensino médio, graduação universitária e pós-graduação, incluindo mestrado e doutorado.

Tudo isso *Made in Macaíba*, para dar inveja até em finlandês!

O CAMPUS DO CÉREBRO: A PRIMEIRA ILHA DO ARQUIPÉLAGO DO CONHECIMENTO

Sentado no extremo esquerdo do palco montado no salão oeste de cerimônias do Palácio do Planalto, em Brasília, eu mal podia acreditar que a cerimônia da qual agora fazia parte, naquele princípio de tarde do dia 12 de dezembro de 2007, estava mesmo acontecendo. Ladeado pelo então ministro da Educação, e depois prefeito de São Paulo, Fernando Haddad, e de frente para uma grande plateia que suportara de forma estoica um atraso de mais de duas horas, eu esperava ser chamado pelo presidente Luiz Inácio Lula da Silva para testemunhar a assinatura de uma série de decretos presidenciais voltados à área da educação.

A despeito da importância daquela cerimônia, outro evento transcorrendo pelos corredores e escritórios de outro prédio imponente da Praça dos Três Poderes, aquele que abriga o Congresso Nacional, fazia com que essa não fosse uma tarde qualquer de primavera no planalto central brasileiro. Além da brisa, a atmosfera brasiliense dava sinais de estar carregada com as faíscas de um embate político cujo resultado impactaria profundamente o funcionamento do sistema de saúde pública do país por muitos anos.

Apesar de já ter tido uma manhã extremamente atribulada e tensa, repleta de reuniões emergenciais em seu gabinete pessoal, o presidente Lula aparentava uma felicidade genuína em estar presidindo aquela cerimônia, na qual cada uma das suas assinaturas era saudada por uma salva de aplausos e celebrações entusiasmadas dos reitores de universidades federais, professores universitários, educadores e gestores públicos que, vindos de todas as partes do país, participavam ativamente da cerimônia.

O atraso para o início das festividades se devia à tentativa de última hora, promovida pelo presidente Lula junto aos líderes do Congresso Nacional, de resolver a disputa sobre o destino de uma taxa de nome complicado – a Contribuição Provisória sobre a Movimentação ou Transmissão de Valores e de Créditos e Direitos de Natureza Financeira (também conhecida como CPMF) –, mas de grande importância, uma vez que esse imposto sobre transações financeiras (por volta de 0,3% sobre o valor de cada transação), que arrecadava até então por volta de 40 bilhões de reais por ano, era destinado a financiar uma série de programas sociais do governo federal, inclusive o Sistema Único de Saúde.

Atrasada ou não, havia muitas razões para o clima festivo que desde o início tomava conta daquela verdadeira audiência pública presidencial. Inicialmente, foi assinado o projeto de lei que seria enviado ao Congresso com o intuito de criar a Universidade Federal da Integração Latino-Americana (Unila), onde anos depois eu teria o enorme prazer de ministrar uma série de palestras. Logo depois o presidente da República assinou uma série de programas complementares criados para dar sustentação à espinha dorsal do Plano de Desenvolvimento da Educação (PDE). Anunciado em abril daquele ano, o PDE definia uma estratégia de longo prazo elaborada pelo ministro Haddad e sua equipe do Ministério da Educação para reorganizar todo o sistema educacional do país.

Perdido em lembranças e pensamentos – a maioria dos quais girando em torno do quão improvável havia sido aquela aventura que, através de uma série de eventos quase inimagináveis, havia me trazido, em meros cinco anos, de uma cadeira em frente a uma TV na minha casa em Chapel Hill, nos Estados Unidos, assistindo emocionado à apuração dos resultados das eleições presidenciais de 2002, até a presença do homem que se tornara presidente do Brasil naquela noite –, eu quase não ouvi o chamado para me juntar na frente do palco, ao lado do presidente Lula, ao ministro Haddad e ao reitor da Universidade Federal do Rio Grande do Norte.

Havia chegado o momento de assinar o decreto presidencial que alocava 42 milhões de reais para a construção do Campus do Cérebro do Instituto Internacional de Neurociências de Natal Edmond e Lily Safra, no bucólico terreno de cem hectares em Macaíba que nos havia sido doado pela UFRN. Num instante, o devaneio de criar a primeira ilha de um verdadeiro arquipélago do conhecimento tropical cruzava um novo limiar histórico. Curiosamente, poucos no Brasil tinham a menor noção do alcance da estratégia que norteara o desenvolvimento do projeto do IINN-ELS no Rio Grande do Norte, o qual, depois de quatro anos de intensa atividade e realizações científico-sociais, começava a ganhar fama internacional.

No átimo gasto pelo presidente do Brasil para sancionar o estabelecimento do Campus do Cérebro, deu-se por encerrada a "tática de guerrilha científica" que permitira o estabelecimento do nosso "plano piloto" em Macaíba, distribuído nas cercanias do nosso futuro campus e na periferia de Natal. Como mencionado anteriormente, a opção tática de abandonar o projeto inicial em favor de um "plano piloto" de escala bem menor foi vital para demonstrar o mérito de todas as nossas propostas científicas e educacionais e desenvolver as condições para a criação do Campus do Cérebro, que agora era aprovado.

Na sua concepção original, o Campus do Cérebro do IINN--ELS seria formado por um instituto de neurociências, com área aproximada de 17 mil metros quadrados, contendo por volta de 30 a 45 laboratórios de pesquisa e suas instalações de suporte (escritórios para pesquisadores e estudantes, salas de registro neurofisiológico etc.), oficinas de mecânica fina, de microeletrônica e de manufatura digital, biotérios de roedores e primatas, centro de processamento de dados, laboratório de microscopia digital, laboratórios de imagem cerebral, auditório e espaço para exposições e para a realização de encontros científicos. A aproximadamente trezentos metros de distância do prédio do Instituto de Neurociências, seria erguida a Escola Lygia Maria, planejada para abrigar crianças desde o nascimento até o final do ensino médio e focada num currículo protagonista, testado exaustivamente nas três escolas mantidas pela AASDAP: a Alfredo J. Monteverde de Natal, a Macaíba e o Centro de Educação Científica de Serrinha, na Bahia. Nessa escola de tempo integral, capaz de abrigar até 1.500 alunos, os estudantes cumprirão num período do dia o currículo oficial definido pelo Ministério da Educação (MEC). No segundo período – e aí reside a grande novidade –, os mesmos alunos serão expostos, a partir do início do ensino fundamental, a um programa de educação científica. Para atingir seus objetivos, além de berçários, biblioteca, brinquedoteca, salas de computadores e salas de aula convencionais, a Escola Lygia Maria conterá uma série de laboratórios de física, biologia, química, robótica e informática e tantas outras oficinas de tecnologia especialmente construídos para introduzir a prática da ciência moderna às crianças de Macaíba.

Depois de construídos esses dois primeiros prédios, a segunda fase de implantação do Campus do Cérebro incluirá um grande

Vista áerea do Campus do Cérebro.

Vista da nova sede do IINN-ELS no Campus do Cérebro de Macaíba, RN.

Vista lateral do novo prédio do IINN-ELS no Campus do Cérebro de Macaíba, RN.

Foto panorâmica do canteiro de obras da Escola Lygia Maria do Campus do Cérebro de Macaíba em dezembro de 2014.

parque esportivo. Batizado com o nome de um importante herói olímpico brasileiro, o Centro Olímpico Adhemar Ferreira da Silva terá por finalidade oferecer esporte e lazer para toda a comunidade de Macaíba, com atividades que vão desde a educação esportiva de crianças e adultos, passando pela simples recreação esportiva, até o treinamento de alto rendimento para futuros atletas olímpicos e paralímpicos. Essa última característica, talvez a mais marcante de todo o complexo esportivo, reflete o fato de que desde o início o Centro

Olímpico Adhemar Ferreira da Silva foi planejado para acomodar todas as necessidades de crianças, adultos e atletas, mesmo aqueles com limitações físicas severas.

Finalmente, o projeto inicial do Campus do Cérebro contemplava também a construção de um hospital da mulher, para suprir todas as deficiências no sistema de atendimento público das mulheres da periferia de Natal. Em particular, esse hospital da mulher supriria toda a demanda de partos normais e cesarianas de Macaíba, uma antiga reivindicação das mulheres da cidade que nunca foi respondida pelo poder público municipal ou estadual. Esse hospital da mulher complementaria os serviços prestados pelo Centro de Saúde Anita Garibaldi.

Ao redor desse triângulo científico-social, propúnhamos criar também uma Cidade do Cérebro, um parque neurotecnológico industrial. Nesse parque, companhias de pequeno, médio e grande porte poderiam se instalar para traduzir todo o conhecimento científico gerado no Campus do Cérebro em produtos da incipiente indústria do cérebro. Além de ser o primeiro parque neurotecnológico do mundo, essa estrutura industrial também poderia suprir o Sistema Único de Saúde do país com todos os produtos que hoje o Brasil importa, ao custo de vários bilhões de reais por ano, para manter a sua malha de atendimento médico por todo o país. De cateteres a equipamentos hospitalares, a existência de um mercado interno fixo desse porte serviria para dar sustentação financeira para a Cidade do Cérebro e permitir que esta também se dedicasse a produzir produtos neurotecnológicos mais sofisticados, como neuropróteses inteligentes.

Esse último componente do nosso projeto foi idealizado levando-se em conta o fato de que, a alguns poucos quilômetros do Campus do Cérebro, o governo federal brasileiro construiu o Aeroporto de São Gonçalo do Amarante. Dada a posição geográfica privilegiada do Rio Grande do Norte, que lhe confere a maior proximidade simultânea do território brasileiro com os mercados da Europa, da África, da América Central e da América do Norte, os ganhos em localizar ali um grande escoadouro de carga aérea são enormes e evidentes.

Dessa forma, para incentivar o escoadouro de produtos de alto valor agregado por esse aeroporto, o governo federal também aprovou a criação em Macaíba de uma Zona de Processamento de Exportação (ZPE). Dentro dessa ZPE, empresas teriam vantagens fiscais para produzir mercadorias para fins de exportação. Entretanto, em todo esse plano faltou apenas definir um detalhe fundamental: quais serão os produtos de alto valor agregado a serem produzidos e exportados pela ZPE de Macaíba?

A resposta, mesmo para neurocientistas não afeitos ao mundo dos grandes negócios, ficou extremamente óbvia depois daquela cerimônia no Palácio do Planalto, em dezembro de 2007. Como tal iniciativa econômica envolve grandes investimentos em plantas de produção e logística, gerando um número significativo de empregos e novas fontes de receitas, a ZPE de Macaíba poderia facilmente aliar-se aos projetos do Campus e da Cidade do Cérebro e, dessa forma, estabelecer todo um círculo virtuoso voltado para o desenvolvimento da indústria do conhecimento na região. Dentro dessa proposta, o conhecimento científico e tecnológico de ponta gerado pelo IINN-ELS, bem como os recursos humanos formados pelo projeto educacional do Campus do Cérebro – que se estenderia até a criação do primeiro programa de pós-graduação em neuroengenharia e neurotecnologia do Brasil em 2013 –, poderiam ser absorvidos pelo parque industrial da Cidade do Cérebro e da ZPE para produzir os insumos e equipamentos biomédicos, com ênfase na área de neurotecnologia, que seriam exportados para todo o mundo.

Made in Macaíba!

Embutida nesse plano estaria uma contrapartida; uma pequena alíquota (1%) de cada transação comercial efetuada pela ZPE de Macaíba seria utilizada como investimento em P&D e formação de recursos humanos no complexo Campus/Cidade do Cérebro.

Em poucas palavras, sem muita complicação, esse era o plano para a criação da primeira "Ilha do Conhecimento Brasileira"; o primeiro nodo de uma rede de excelência científico-tecnológica-social que, ao clonar a experiência desenvolvida em Macaíba em outras regiões carentes de infraestrutura científica e desenvolvimento social, permitiria fazer surgir várias Baltimores, formando uma rede de Cidades da Ciência, como a *Scientific American* batizou a proposta, por todo o território nacional.

Ao conceber esse "Arquipélago do Conhecimento", eu propunha reverter a possibilidade, cada vez mais assustadora e real, de o Brasil perder, de uma vez por todas, o trem da história da inovação científica e tecnológica. Como foi descrito nos primeiros capítulos deste livro, esse trem expresso saíra da sua última estação anglo-saxônica, nos Estados Unidos, na segunda metade do século XIX, e agora, no início do século XXI, conduzido também por países asiáticos, ele ameaçava condenar nações que ignoraram a sua relevância geopolítica a viver como meros consumidores de toda e qualquer inovação produzida no além-mar. Mais do que nunca, o que está em jogo no grande teatro globalizado de ciência e tecnologia neste momento é a soberania brasileira enquanto nação independente e democrática.

Nada mais, nada menos.

Para os que duvidam desse cenário, basta conferir o próximo gráfico, que descreve tanto os investimentos corporativos em P&D em cada nação como também o fluxo de fundos para pesquisa e inovação distribuído ao redor do mundo pelas grandes empresas multinacionais. Uma simples inspeção desse gráfico revela que não só os investimentos empresariais em P&D no Brasil são muito pequenos, comparados com aqueles gerados nos Estados Unidos, na União Europeia e na Ásia, mas que o nosso país, no final da primeira década deste século, encontrava-se totalmente alienado das principais rotas de transferência de tecnologia do mundo.

Gráficos como esse me motivaram a divulgar a experiência e a proposta do projeto do IINN-ELS por todo o Brasil e pelo mundo afora. Curiosamente, umas das primeiras oportunidades de popularizar a nossa visão científico-social surgiu a alguns meses daquela cerimônia no Palácio do Planalto, graças a um convite da jornalista e editora Christine Soares, que decidira escrever um longo artigo sobre o projeto do IINN-ELS para a mais tradicional revista americana de divulgação científica, a *Scientific American*.

Fluxo mundial de inovação das empresas

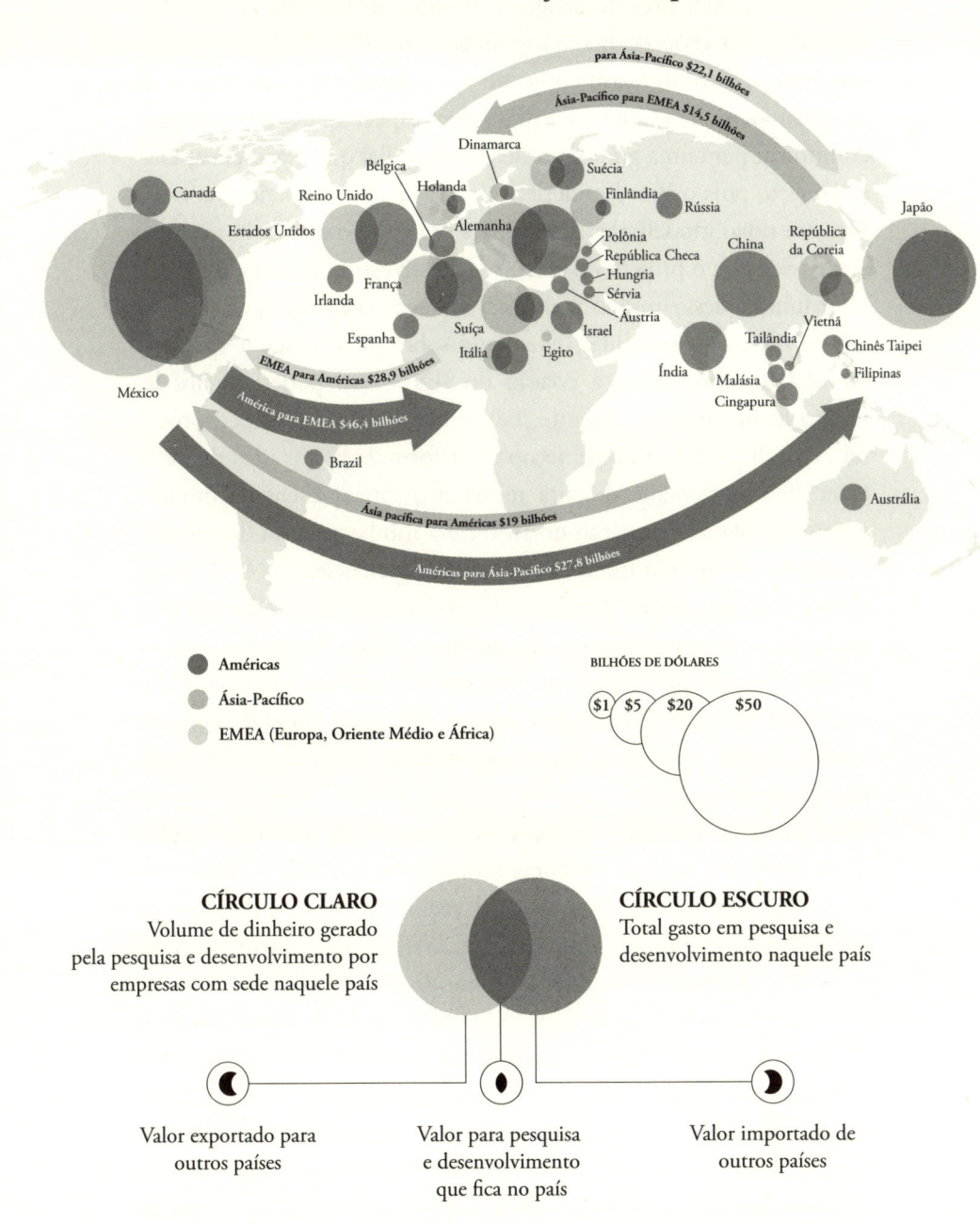

para Ásia-Pacífico $22,1 bilhões
Ásia-Pacífico para EMEA $14,5 bilhões

Canadá
Estados Unidos
Reino Unido
Bélgica
Holanda
Dinamarca
Alemanha
Suécia
Finlândia
Rússia
Irlanda
França
Polônia
República Checa
Hungria
Sérvia
Áustria
China
República da Coreia
Japão
Espanha
Suíça
Itália
Egito
Israel
Índia
Tailândia
Vietnã
Chinês Taipei
Malásia
Cingapura
Filipinas
México
Brazil
Austrália

EMEA para Américas $28,9 bilhões
América para EMEA $46,4 bilhões
Ásia pacífica para Américas $19 bilhões
Américas para Ásia-Pacífico $27,8 bilhões

- Américas
- Ásia-Pacífico
- EMEA (Europa, Oriente Médio e África)

BILHÕES DE DÓLARES
$1 $5 $20 $50

CÍRCULO CLARO
Volume de dinheiro gerado pela pesquisa e desenvolvimento por empresas com sede naquele país

CÍRCULO ESCURO
Total gasto em pesquisa e desenvolvimento naquele país

Valor exportado para outros países

Valor para pesquisa e desenvolvimento que fica no país

Valor importado de outros países

Fonte: Jaruzelski, B. and K. Dehoff. 'Beyond Borders: The Global Innovation 1000'. *strategy + business* 53 (Winter) 2008

Fluxo de inovação industrial ao redor do planeta.

Além do seu próprio artigo, Christine propôs que eu apresentasse a minha visão do que a experiência do IINN-ELS poderia desencadear, tanto no Brasil como no resto do mundo, em termos de novos modelos de prática científica. Era o espaço que nos faltava para comunicar para uma grande audiência mundial que Natal era apenas o começo, pois o Brasil poderia, valendo-se dessa experiência, espalhar um novo modelo de fazer ciência por todo o território nacional – uma vez que o projeto do IINN-ELS estivesse consolidado.

Munido dessa missão e da rara chance concedida por Christine, eu me pus a especular livremente sobre quão longe a visão e a filosofia que nortearam a criação do IINN-ELS poderiam nos levar no futuro não tão distante. Basicamente, nesse artigo eu procurei expandir a visão que começou a ser formulada nos idos de 2002 e que foi brevemente descrita numa imagem apresentada durante o anúncio oficial de criação do IINN, na minha palestra de encerramento do I Simpósio Internacional de Neurociências de Natal. Nesse *slide*, as regiões Norte, Nordeste e Centro-Oeste do Brasil apareciam recheadas com uma pequena esquadrilha de aviões 14-Bis, simbolizando a distribuição por todo o país de institutos de pesquisa, organizados nos moldes do IINN-ELS, mas focados em outras áreas de pesquisa essenciais para o desenvolvimento econômico-social do Brasil – que não a neurociência.

À primeira vista, no seu conjunto, essa rede de institutos de pesquisa lembrava outras estruturas semelhantes, criadas ao longo do século XX em outros países, como a rede de institutos de pesquisa Max Planck, que revolucionou a ciência alemã desde a sua criação, em 1911, originalmente com o nome de Kaiser Wilhelm Society, ou Kaiser-Wilhelm-Gesellschaft (KWG), e que hoje conta com mais de oitenta institutos que empregam cerca de 10 mil cientistas distribuídos por toda a Alemanha. Como explicitei na introdução do meu artigo, todavia, o plano de criar uma rede de Institutos Alberto Santos Dumont e distribuí-la pelo Brasil afora ia bem mais longe do que a extremamente bem-sucedida experiência alemã, ao adicionar um componente educacional e social à missão científica clássica de outras redes nacionais de pesquisa e tecnologia europeias.

Dessa forma, nesse primeiro artigo, que serviu como embrião do chamado "Manifesto da Ciência Tropical", que seria publicado no final de 2010, comecei a esboçar uma trajetória para exportar o experimento científico-social iniciado em Macaíba e transformá-lo nas bases de um verdadeiro Arquipélago do Conhecimento brasileiro. Como parte dessa estratégia de divulgação, em janeiro de 2008 o projeto foi apresentado no Fórum Econômico de Davos, na Suíça, para uma plateia de banqueiros e financistas de todo o mundo que, quase certamente, nunca tinham ouvido falar de Macaíba.

Na introdução do meu artigo da *Scientific American*, argumentei que a mais recente onda de globalização iniciada por eventos mutuamente potencializadores – representados pelo crescimento de economias emergentes como as do BRICS (Brasil, Rússia, Índia, China e África do Sul) e pela estratégia de grandes companhias multinacionais de terceirizar para esses e outros países em desenvolvimento, numa amplitude e velocidade nunca antes vistas, não só a sua produção, mas também unidades de serviços e até de P&D, primariamente como fins de reduzir custos – demonstrou de forma inquestionável o caráter revolucionário da indústria de informação. Como resultado da introdução de novas tecnologias que permitem a disseminação de informação e conhecimento de forma virtualmente instantânea por todo o planeta, algumas nações em desenvolvimento, principalmente no continente asiático, tomaram a decisão estratégica de diversificar suas economias ao incorporar um largo espectro de tecnologias inovadoras e boas práticas científicas, que permitiram o acúmulo de receitas substanciais, através de exportações de produtos de alto valor agregado. No topo dessa lista, os exemplos da China e da Coreia do Sul se destacam.

Prova cabal das mudanças sísmicas desencadeadas por esse ciclo de globalização é encontrada na sequência de relatórios sobre a distribuição mundial de fundos aplicados em P&D publicados anualmente, de 2011 a 2014, pela consultoria Battelle. Esses estudos revelam que, no final de 2011, pela primeira vez em muitas décadas, a contribuição total dos Estados Unidos aos investimentos mundiais em P&D, somando-se a iniciativa privada e o governo federal, caiu abaixo dos 30%. Nesse mesmo período, a Ásia como um todo, impulsionada pelo enorme crescimento dos investimentos em ciência e tecnologia do governo chinês, respondeu por 35% de todos os investimentos em P&D realizados no mundo. Em 2013, estima-se que essa contribuição asiática atingiu 37%.

Ainda de acordo com a análise da Battelle, a intensa competição por investimentos em P&D travada pelos Estados Unidos, pela Comunidade Europeia, pela China e pelo Japão, motivada principalmente pela relevância que tais investimentos têm para alavancar a economia de cada um desses países, fará com que a China ultrapasse os Estados Unidos, por volta do ano 2023, em termos de orçamento nacional para pesquisa e tecnologia, investindo quase 600 bilhões de dólares anuais. Com essa ultrapassagem, a China certamente tende a expandir ainda mais a sua posição como maior economia do primeiro quarto do século XXI, após atingir a liderança no final desta década.

Ainda assim, de acordo com o proeminente economista nobelizado Joseph Stiglitz, essa estratégia de globalização acelerada não conseguiu produzir benefícios econômicos e sociais para a vasta maioria da população de países em desenvolvimento, como China e Índia. Segundo Stiglitz, para a vasta maioria da população que vive em nações menos desenvolvidas o mundo certamente não é "horizontal" – ou seja, igualitário na distribuição de oportunidades, riquezas e benesses –, como o colunista neoliberal do *New York Times* Thomas L. Friedman propôs em seu livro *O mundo é plano*.

Todavia, se bem explorado, o momento atual poderá abrir um período virtuoso no que tange à disseminação de conhecimento e tecnologias de ponta, através da proliferação de novos programas de educação, com ênfase para a formação científica – desde o ensino fundamental até a pós-graduação – e a implementação de grandes projetos de infraestrutura científica e tecnológica que poderiam transformar radicalmente as economias e a realidade social de países em desenvolvimento.

Alguns exemplos de investimentos estratégicos no ensino científico de alto nível, particularmente na Ásia, ilustram bem como alguns governos de países membros do BRICS já se deram conta da janela de oportunidade oferecida pelo excedente de capital acumulado com o crescimento recente de suas economias. Por exemplo, segundo Richard DeMillo, o governo federal indiano planeja construir, somente na próxima década, o assombroso número de 27 mil universidades com a missão de competir, de igual para igual, no mercado global de ciência e tecnologia. Esse plano faz parte do objetivo do governo da Índia de elevar de 12% para 30% o percentual de alunos do ensino médio que frequentarão um curso universitário. Em termos absolutos, isso significará admitir 300 milhões de novos estudantes no sistema universitário indiano, quase a população atual dos Estados Unidos.

De acordo com o mesmo autor, a China, por sua vez, planeja investir na construção de 1.600 novas universidades especializadas exclusivamente em engenharia de software. Para se ter uma ideia do impacto dessa iniciativa, se cada uma dessas novas instituições chinesas matricular por volta de 20 mil estudantes (um número bem conservador em se tratando da China), o país contará, a cada quatro anos, com um contingente de 32 milhões de profissionais de alto nível, apenas numa das disciplinas da engenharia moderna. Embora tanto a China quanto a Índia ainda estejam longe de atingir o percentual dos países ocidentais – onde cerca de 70% de alunos do ensino médio têm acesso ao ensino universitário –, fica claro que ambas estarão formando verdadeiros exércitos de engenheiros e cientistas nas próximas décadas.

Os exemplos citados ilustram o tipo e a magnitude das medidas educacionais básicas necessárias para que outras nações emergentes, como o Brasil, possam se transformar em agentes privilegiados da implementação de uma nova economia, baseada na indústria do conhecimento, disseminada por uma malha de autoestradas digitais que hoje conectam praticamente todo o mundo. Assim, em vez de permanecer apenas como uma via de mão única para o aumento dos lucros de corporações multinacionais, por meio da redução dos custos de produção, essa nova economia global poderia se transformar numa ferramenta extremamente poderosa para a melhoria das condições de vida de centenas de milhões de pessoas, através da distribuição maciça dos meios de geração e consumo de conhecimento e tecnologia de ponta.

Para que a indústria do conhecimento alce voo em países em desenvolvimento, porém, é preciso que certas reformas fundamentais sejam promovidas, tanto no sistema educacional quanto nos meios de produção de conhecimento de ponta. Na realidade, a elevação desses países, do seu atual estágio de meros consumidores, para o patamar de criadores de inovação, só se dará por meio de políticas públicas de longo prazo que encadeiem as demandas específicas de P&D e inovação de um país, com a formação de infraestrutura científica, incluindo aí parques tecnológicos, institutos de pesquisa e universidades, e a formação em larga escala de recursos humanos em P&D. Vale ressaltar que, como demonstrado categoricamente pelos exemplos dados por países como a Finlândia e a Coreia do Sul, no caso do Brasil essa última tarefa envolveria a completa reorganização do atual sistema educacional, desde o ensino fundamental até a pós-graduação.

Na realidade, um plano nacional para estabelecimento da indústria do conhecimento brasileira exigiria o acoplamento sinérgico e estratégico da missão de múltiplos ministérios, como saúde, educação, ciência e tecnologia, indústria e comércio, agricultura e defesa. Tal encadeamento seria essencial porque a transformação de uma economia tradicionalmente voltada para a exportação de produtos primários, como é o caso da economia brasileira, num modelo voltado à produção de conhecimento e a tecnologias de ponta envolveria um redirecionamento da política industrial do país, além de uma mudança cultural profunda na sociedade brasileira, bem como na mentalidade do setor privado e de gestores públicos. Em particular, tal mudança de paradigma garantiria a priorização de investimentos do governo em saúde pública e educação de alto nível, acessíveis a toda a população, visando à formação de recursos humanos em P&D por todo o território nacional. Essa proposta incluiria a distribuição por todo o país de centros de excelência em pesquisa básica e aplicada, que garantam aos seus integrantes dedicação integral à pesquisa, acoplados de um lado a centros de formação de recursos humanos (universidades federais, institutos federais de ciência e tecnologia) e de outro a centros industriais gerados de produtos de alto valor agregado (parques tecnológicos, incubadoras etc.).

Uma vez que esse processo virtuoso comece a se desenrolar, comunidades que optem por se transformar em ilhas do conhecimento criadas por todo o país, como a "ilha de Macaíba", naturalmente buscarão estabelecer laços de colaboração dentro e fora do Brasil. Na verdade, o "nome do jogo" na área de P&D da primeira década do século XXI poderia ser resumido numa palavra: colaboração. Essa mudança radical nos hábitos de atuação pode ser facilmente comprovada se analisarmos os gráficos a seguir, que ilustram as mudanças ocorridas no mundo em termos da distribuição do número de trabalhos publicados na literatura científica e da distribuição geográfica das colaborações internacionais utilizadas para produzi-los. Se compararmos os dois pontos do período estudado (1998 e 2008), podemos notar que o aumento do número de publicações foi acompanhado por um aumento ainda mais significativo das colaborações científicas internacionais entre países emergentes do mercado científico global, como China, Coreia do Sul e mesmo Austrália, e centros tradicionais de P&D, como Estados Unidos, Reino Unido, Japão e Alemanha. Mesmo entre os países com infraestrutura científica já bem estabelecida, nota-se um significativo aumento de colaborações durante o mesmo período. Por exemplo, o incremento em colaborações realizadas entre centros de pesquisa na Alemanha, no Canadá, no Reino Unido e no Japão com laboratórios norte-americanos ao longo dessa década.

Durante o mesmo período, apesar do aumento significativo na quantidade de trabalhos científicos produzidos por cientistas brasileiros, o número de colaborações internacionais estabelecidas por laboratórios nacionais aumentou menos que a média mundial. Da mesma forma, o Brasil foi um dos poucos países em que o número de colaborações com instituições localizadas em outros membros do BRICS caiu durante esse período de dez anos.

Revolução educacional, distribuição e democratização do acesso à infraestrutura e aos meios de produção científica e tecnológica por todo o território nacional, acoplamento de demandas econômicas e sociais do país com a missão de seus centros de excelência em pesquisa e tecnologia de formação de recursos humanos, todos esses são

Mapa de colaborações científicas de acordo com trabalhos publicados

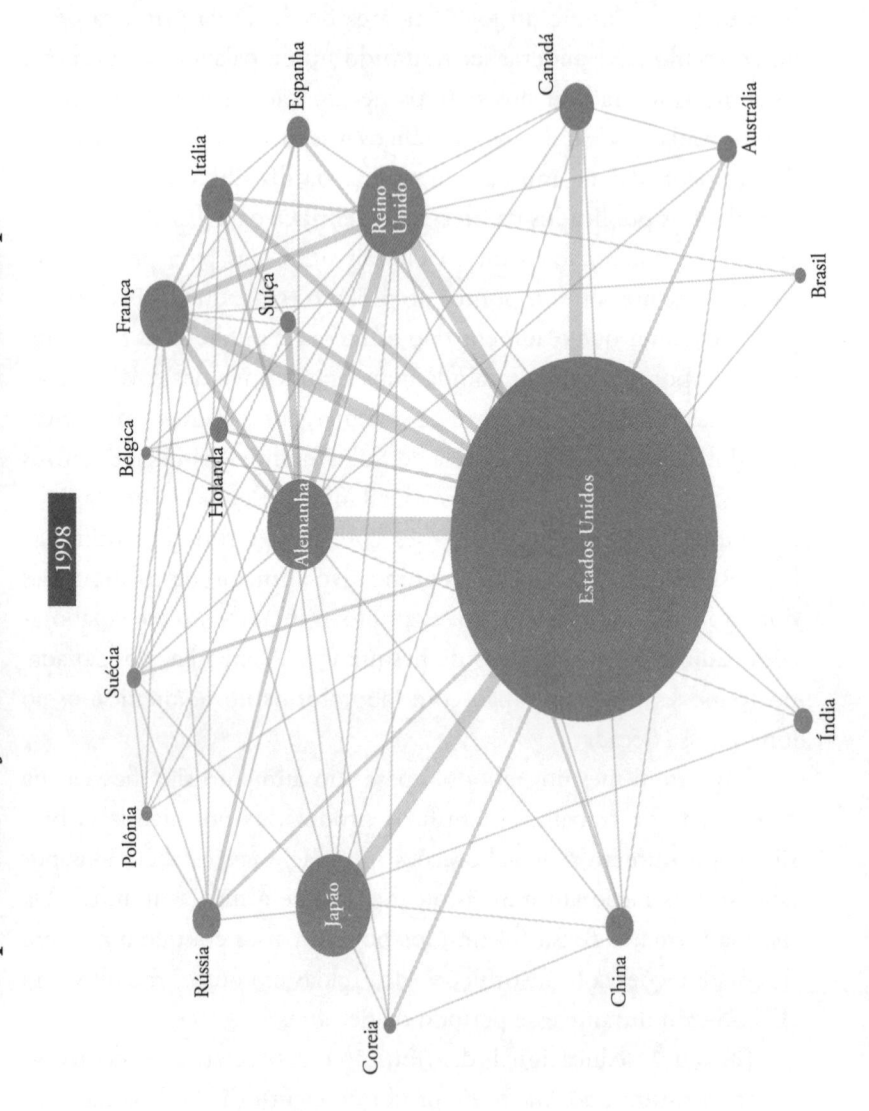

1998

Fonte: OECD calculations, based on Scopus Custom Data, Elsevier, December 2009

Mapa de colaborações científicas de acordo com trabalhos publicados

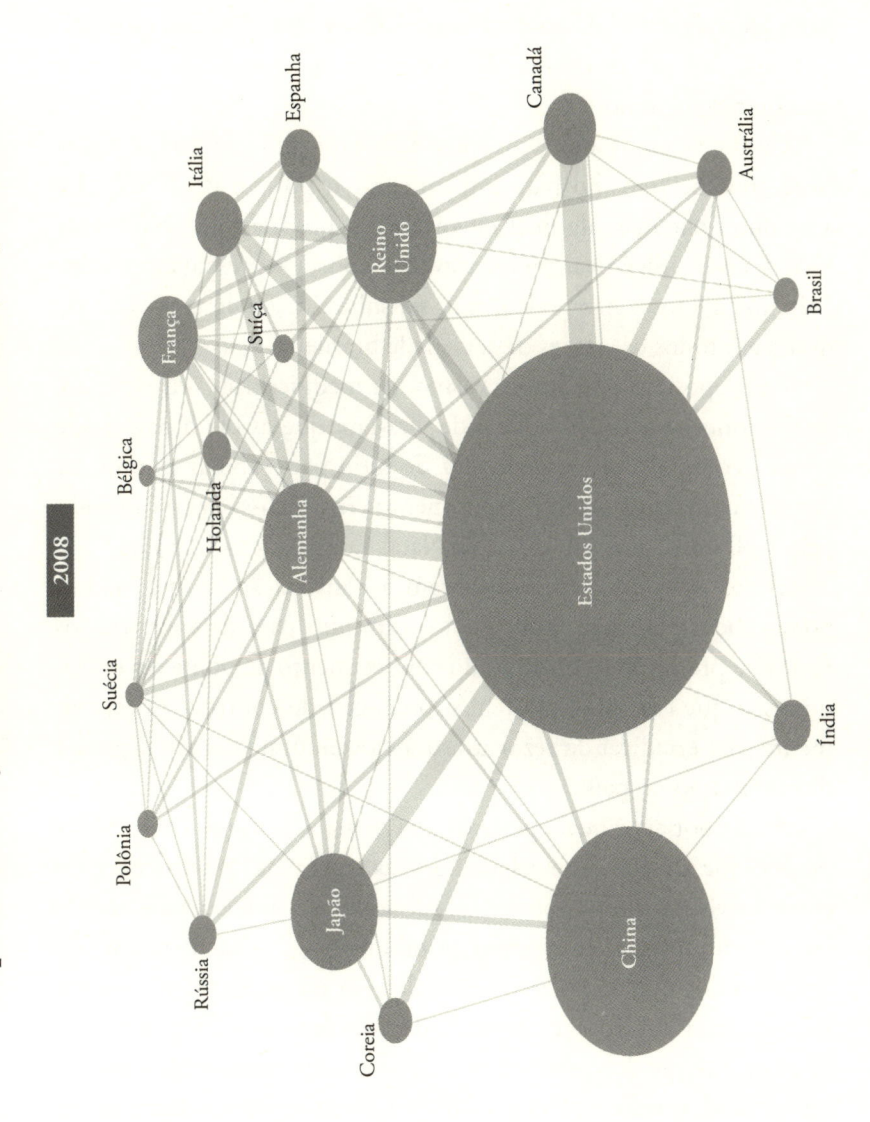

2008

Fonte: OECD calculations, based on Scopus Custom Data, Elsevier, December 2009

Colaborações científicas, medidas pela coautoria de artigos científicos publicados, entre países, nos anos de 1998 e 2008.

parâmetros essenciais para a implantação da indústria do conhecimento brasileira. No entanto, mesmo que todos esses passos sejam dados, para que a mudança de paradigma ocorra no Brasil também será essencial combater a visão provinciana e corporativista de uma parcela considerável da nossa comunidade científica, aquela que define o que eu gosto de chamar de "o exército dos que não fazem e não deixam ninguém fazer".

Como veremos nos próximos dois capítulos, ao longo desses treze anos de trabalho para implementar o projeto do IINN-ELS as maiores batalhas, algumas envolvendo a própria sobrevivência de toda a nossa iniciativa, foram travadas contra representantes desse exército cuja força não pode jamais ser subestimada, uma vez que ele milita em todos os setores da sociedade brasileira.

Fiel depositário do autoritarismo, da mediocridade, da exclusão, do preconceito e do complexo de vira-lata que assola o país desde tempos coloniais, esse exército fez de tudo para sabotar e aniquilar de vez e a qualquer custo o experimento científico-social promovido pelo IINN-ELS nos subúrbios de Natal e da pequena Macaíba.

Todos esses esforços corroboram a constatação de que não se pode subestimar quão árduo será o caminho para democratizar os meios de produção e consumo do conhecimento de ponta no Brasil, uma vez que esse processo tem o potencial de contribuir decisivamente para erradicar de vez o atraso socioeconômico, o privilégio e a discriminação no país.

A boa notícia é que, apesar da alta demanda imposta a qualquer projeto que afronte os seus batalhões, as bandeiras do retrocesso, do corporativismo, do elitismo e da subserviência intelectual e tecnológica, empunhadas com grande júbilo pelos generais de pijama do "exército dos que não fazem e não deixam ninguém fazer", podem ser derrotadas no Brasil da segunda década do século XXI. Prova disso é que, mesmo depois de ser alvo de inúmeros ataques difamatórios e atos de sabotagem explícita, o IINN-ELS sobreviveu à sua primeira década, atingindo todos os seus objetivos e transformando-se num dos projetos mais conhecidos da ciência brasileira em todo o mundo.

A receita encontrada para essa sobrevivência foi até simples. Ela se baseou em oferecer, a cada uma das investidas desse exército, o mesmo lema eternizado por Dolores Ibárruri Gómez, La Pasionaria, durante o cerco de Madri em plena Guerra Civil Espanhola.
¡NO PASARÁN!
Até a presente data, as muralhas do IINN-ELS resistem.

NINGUÉM ESPERA PELA INQUISIÇÃO DA CAROLINA DO NORTE

— Miguel, acabo de receber um telefonema surreal.

— Como assim?

— O bispo de Raleigh, a maior autoridade da Igreja Católica da Carolina do Norte, gostaria de marcar um encontro de duas horas com você aqui na Duke.

Depois de mais de dez anos de convívio diário, eu já me acostumara a perceber, só pelo tom de voz da minha fiel assistente, Susan Halkiotis, quando alguma coisa não estava dentro dos conformes.

— Mas que diabos, com o perdão da palavra, o bispo de Raleigh pode querer comigo, ainda mais por duas horas?

— Parece que ele precisa lhe entregar uma correspondência privada.

— Correspondência privada? Mas de quem? Eu certamente não conheço ninguém que também conheça o bispo de Raleigh. Ele falou quem é o remetente?

— Falou.

— E quem é?

— O papa Bento XVI!

— Susan, você está se sentindo bem?

— Eu estou ótima, por quê?

— Você acaba de me dizer que o bispo de Raleigh, cuja existência eu ignorava até segundos atrás, telefonou dizendo que precisa se encontrar comigo para entregar uma carta privada do papa Bento XVI. Surreal é bondade sua.

— E tem mais.

— Mais? Como pode ter mais? Mais o quê?

— Ele vem em missão oficial da Congregação para a Doutrina da Fé!

— Não é possível. Ele é um enviado da...

— Isso mesmo...

— Da Inquisição?

— Aparentemente, sim.

— E o que a Congregação para a Doutrina da Fé pode querer com um ateu convicto? É meio tarde para tentar me convencer a voltar para a Igreja. Nessa altura do campeonato, eu imaginaria que eles já teriam desistido de mim.

— Ele não entrou em detalhes. Mas estava realmente muito nervoso no telefone. É a primeira vez que ele recebe uma missão dessa magnitude do Vaticano. Ele me disse que é uma grande honra ser um emissário do papa e da Congregação, mas que ao mesmo tempo a responsabilidade é muito grande e ele estava temeroso de que você não quisesse recebê-lo.

— Não receber a Inquisição? Como eu recusaria esta oportunidade? Qualquer que seja o assunto, eu tenho a sensação de que esse encontro vai render uma história para contar para os netos e bisnetos. Quando ele gostaria de vir?

— Hoje à tarde!

— Hoje? Uau, ele realmente está aflito. O.k., Susan, vamos descobrir o que a Inquisição e o papa querem comigo.

Depois de desligar o telefone, logo comecei a desconfiar que esse pedido de encontro do bispo da Carolina do Norte estava diretamente relacionado com eventos pouco comuns que começaram a ocorrer apenas alguns meses antes.

Apesar de ser um ateu militante desde os 10 anos de idade, foi com grande estupefação que eu recebi, no dia 18 de outubro de 2010, uma carta muito gentil, enviada por e-mail, assinada pelo bispo chanceler Marcelo Sánchez Sorondo. Nessa missiva, o bispo me notificava que o papa Bento XVI acabara de assinar um decreto me nomeando como o mais novo membro da Pontifícia Academia de Ciências do Vaticano. Além dos cumprimentos, o bispo chanceler da Academia me informava que eu receberia a minha insígnia de membro da academia durante uma audiência solene com o papa numa data a ser definida. A carta terminava com um pedido de informações básicas, meu currículo, meus últimos trabalhos e minhas linhas de pesquisa para que o Vaticano pudesse compor uma pequena nota anunciando a minha nomeação, a ser publicada no seu jornal, *L'Osservatore Romano*, no começo de 2011.

Uma cópia dos estatutos da Academia, incluída na correspondência, indicava que novos acadêmicos eram eleitos pelos membros vitalícios da Academia, com base apenas no mérito científico das suas contribuições e na retidão do seu caráter, sem nenhum tipo de discriminação étnica ou religiosa, e nomeados para um cargo vitalício por um ato soberano do Santo Padre.

Curiosamente, era a segunda vez no ano em que eu era convidado para uma cerimônia como essa. Em junho, eu já havia tomado posse como membro da Academia de Ciências francesa, numa cerimônia realizada em Paris, bem no dia da estreia do Brasil na Copa de 2010, contra a Coreia do Norte. Felizmente a cerimônia da Academia francesa fora marcada para bem antes do pontapé inicial do jogo na África do Sul, o que me permitiu assistir a ambos os eventos.

Depois de pensar por alguns dias sobre esse novo convite, decidi, com certa relutância, aceitá-lo oficialmente e remeter as informações necessárias para a publicação da minha nomeação pelo jornal do Vaticano. Afinal, eu seria o único representante brasileiro da Academia que um dia teve o filho de Carlos Chagas como seu presidente. No mínimo seria uma experiência curiosa.

De acordo com as instruções, uma vez completada essa formalidade, bastaria aguardar a data da audiência com o papa. De volta à minha rotina, logo me esqueci do jantar na Capela Sistina para me concentrar em assuntos mais concretos e urgentes, como terminar a tradução do meu livro *Muito além do nosso eu* para o português.

Como prometido, no dia 5 de janeiro de 2011, recebi outra mensagem do Vaticano, indicando que a pequena nota dando conta da minha nomeação para a Pontifícia Academia de Ciências havia sido publicada naquela manhã no *L'Osservatore Romano*.

Lembro perfeitamente que naquela noite, jantando num dos meus restaurantes favoritos em Natal, refleti sobre a ironia desses eventos recentes. Afinal, aqui estava eu, no Rio Grande do Norte, comendo o meu prato favorito – camarão à grega – de frente para o mar, tão ateu quanto antes, e ainda assim oficialmente nomeado como membro vitalício da academia de ciências mais antiga do mundo. Talvez houvesse alguma esperança para a humanidade. Por menor que fosse, essa mínima demonstração de tolerância da Igreja Católica, que apenas alguns anos atrás perseguira teólogos, como o brasileiro Leonardo Boff, que defendiam uma opção pelos mais humildes e excluídos, era encorajadora. De certa forma, o caráter humanístico do projeto científico-social do IINN-ELS também havia sido reconhecido, mesmo que indiretamente, pelo Vaticano, com essa nomeação, uma vez que no começo de 2011 toda a comunidade científica internacional conhecia a minha ligação íntima com o instituto.

A ilusão de verão durou exatamente 24 horas.

Ainda no meio do meu último ciclo de sono REM, fui bruscamente acordado pelo toque do meu celular norte-americano no meio da madrugada do dia seguinte, 6 de janeiro. Já dominado pelo pressentimento de más notícias a caminho, afinal ninguém que me conhece ligaria naquele horário, eu me preparei para o pior.

– Miguel, desculpe-me por ligar tão cedo, mas desde ontem à tarde nós começamos a receber uma série de mensagens e telefonemas pouco amistosos dirigidos a você – a voz de Susan, apesar de tranquila, revelava toda a apreensão de alguém que enfrenta uma situação inusitada e totalmente inesperada logo na primeira semana do ano-novo.

– Como assim, Susan? Mensagens pouco amistosas? Por quê, vindas de onde?

– Estou mandando um link para o seu e-mail. Clique nele e leia uma postagem sobre a sua nomeação para a Academia de Ciências do Vaticano que saiu ontem na Itália. A tempestade começou com essa postagem, mas hoje pela manhã vários outros sites da mesma linha editorial reproduziram esse e outros artigos. Alguns dos comentários dos leitores são tão violentos que a Duke está pensando em colocar seguranças na porta do nosso prédio, pois todos estão com receio que alguém possa tentar algo contra você ou o laboratório...

– Devagar, devagar, Susan. Tudo está muito confuso. Eu preciso entender o que está acontecendo. Que site é esse?

– Rorate Caeli, esse foi o primeiro. Mas agora de manhã um artigo também apareceu num site chamado LifeSiteNews. Ambos estão sendo reproduzidos por websites bem conhecidos aqui nos Estados Unidos por suas posições sobre o aborto e a homossexualidade.

– Susan, como eu fui parar no meio desses doidos?

– Aparentemente, logo após a publicação da sua nomeação, um brasileiro traduziu um artigo que você publicou durante a campanha presidencial no Brasil e remeteu para dezenas desses sites de extrema direita. O estopim veio do Brasil e agora, segundo o que estamos notando, o artigo original vai se espalhar por toda a rede de fanáticos religiosos daqui. Até sites da Carolina do Norte já postaram o artigo e, num deles, o endereço da sua casa e do laboratório foram informados. Ontem mesmo já recebemos várias ligações tentando saber se você estava aqui ou no Brasil.

Naquele primeiro momento de confusão e incredulidade, o que mais me chamou a atenção não foi o eventual risco de sofrer qualquer tipo de agressão ou mesmo um atentado ao meu laboratório. Isso não passou na minha mente. O que mais me chocou foi o fato de que algum brasileiro tivesse se imbuído de um ato de rancor e vingança tão grande a ponto de colocar em risco a integridade física ou mesmo a vida, não só a minha, mas a de meus familiares, filhos e colegas de laboratório. Digo isso por que, nos Estados Unidos, são muitos os incidentes nos quais pessoas "denunciadas" por serem defensores do aborto ou de homossexuais foram atacadas ou mesmo assassinadas por indivíduos que acreditavam estar numa missão divina para eliminar algum anticristo. Para quem duvida dessa realidade, basta uma pequena lista de comentários extraídos de alguns dos sites norte-americanos que noticiavam, com estardalhaço, "o erro papal".

"Que pena que não existem mais fogueiras para queimar os hereges."

"Esse homem [Nicolelis] tem a moral do anticristo."

"O Santo Padre não pode ter tido acesso ao CV completo [de Nicolelis]. Ele deve ser convidado a renunciar."

"Eu não tenho dúvida de que existe um esforço organizado para destruir a Igreja por dentro com a ajuda de fora e que o papa Bento está em perigo."

No dia seguinte, 7 de janeiro, o site Last Days Watchman, que pertencia ao radical religioso Julio Severo, então foragido da justiça brasileira por incitar a homofobia, reproduziu o artigo da LifeSiteNews em português, espanhol, inglês e alemão. Outros sites com nomes bastante sugestivos, como Inquisition News e Angelqueen.org, também publicaram notas semelhantes. Ao todo, naquela semana, milhares de sites ao redor do mundo, todos representando alas radicais da Igreja Católica, publicaram notas ofensivas, recheadas de ódio e indignação contra a minha nomeação.

Para quem nunca esteve no meio de um furacão como esse é quase impossível descrever a sensação de impotência e frustração que toma conta da gente. Como tentar debater racionalmente com um bando de fanáticos que não têm a menor abertura a argumentos lógicos? Vale ressaltar que o meu artigo, citado pela postagem original, não fazia nenhuma apologia a nada. Simplesmente expunha a minha opinião contrária à exploração de temas religiosos numa campanha presidencial. No artigo eu também manifestava a minha estupefação com políticos que tentavam negar o direito às uniões civis entre pessoas do mesmo sexo – o chamado casamento gay – no Brasil.

Curiosamente, nenhum desses sites norte-americanos se deu ao trabalho de incluir um link para o meu artigo original, um texto totalmente inócuo, diga-se de passagem, ou pelo menos reproduzir o artigo do estatuto da Academia, que afirmava categoricamente que o mérito científico – e não as crenças religiosas do candidato – era o critério central para a eleição de um novo membro. Além disso, nenhum dos sites mencionou que vários outros membros da Academia certamente comungavam de opiniões semelhantes à minha. Vale ressaltar que, em nenhum momento do artigo que causou toda a fúria dos extremistas católicos no Brasil e no mundo, eu defendi a legalização ampla do aborto. No único trecho reproduzido pelos sites do ódio cristão – a única maneira como eu consigo defini-los –, eu apenas mencionei o fato de que certamente o ex-governador de São Paulo, um dos candidatos a presidente, nunca tivera a oportunidade de testemunhar com os próprios olhos, como eu tivera, a morte de uma adolescente no pronto-socorro do Hospital das Clínicas de São Paulo vítima de infecção generalizada causada por uma tentativa de aborto clandestino.

Mesmo estando em Natal, os dias seguintes foram passados num estado de alerta e atenção que eu nunca enfrentara na minha vida, uma vez que, tanto nos Estados Unidos quanto no Brasil, familiares e amigos alertados para o que acontecia preocupavam-se constantemente com a minha segurança pessoal. Depois de duas semanas vivendo nesse clima de insegurança – dado que os ataques pela internet, por e-mail e pelo telefone continuavam a ocorrer –, interrompi prematuramente as minhas férias literárias no Brasil e retornei aos Estados Unidos para estar presente no laboratório caso algo acontecesse. Antes, porém, dei uma entrevista ao mesmo site que publicara o artigo que serviu de desculpa para incitar todo aquele ódio e que, partindo do Brasil, varreu o mundo em poucos dias. Nessa entrevista, eu alertava a jornalista Conceição Lemes sobre a hipótese de que esse ataque havia sido tramado no Brasil, como vingança ao meu posicionamento nas últimas eleições presidenciais, e que, na minha opinião, esse seria apenas o começo de uma campanha de difamação e assédio moral que ainda teria episódios futuros.

Mal sabia eu que essa profecia se confirmaria pelos cinco anos seguintes de forma quase ininterrupta.

A essa altura, nem eu nem ninguém poderia imaginar os desdobramentos futuros desse rastilho de pólvora que fora aceso por algum compatriota meu. Todavia, era claro que a vingança que se planejava tinha como objetivo, de qualquer forma possível, arruinar não só a minha carreira científica nos Estados Unidos e no exterior, como, no limite, atentar contra a minha própria integridade física.

Evidentemente, os arautos do ódio tupiniquim não tinham a menor ideia de que nem mesmo uma campanha mundial dessa magnitude possuía a mínima chance de comprometer a minha carreira científica, construída ao longo de quase trinta anos de trabalho reconhecido pela comunidade científica internacional. Nesse sentido, nunca temi pelos possíveis impactos que tal campanha poderia ter sobre a minha carreira, mesmo porque cientistas de todo o mundo – com bem menos intensidade no Brasil, vale a pena ressaltar – prontificaram-se a manifestar a sua solidariedade frente ao absurdo desses ataques.

De volta aos Estados Unidos, depois de alguns meses tudo parecia estar voltando ao normal. Mas aí, quando eu já começava a remover da mente todo esse imbróglio, eis que sou surpreendido pela notícia de que o bispo da Carolina do Norte estava ansioso por me encontrar.

Para qual fim, eu ainda não sabia.

Na manhã do dia do meu encontro com o bispo da Carolina do Norte eu só conseguia pensar no famoso quadro "Nobody Expects the Spanish Inquisition" [Ninguém espera pela Inquisição Espanhola], eternizado pela trupe de comediantes ingleses conhecida mundialmente como Monty Python. Daqui para a frente, eu poderia parodiar esses ingleses, uma vez que eu estava prestes a participar da versão americana do show que poderia se chamar "Nobody Expects the North Carolina Inquisition". Agora, chegara a hora de enfrentar "a música", como se diz nos Estados Unidos.

Com toda a pompa e a circunstância supostamente devidas à maior autoridade eclesiástica da Carolina do Norte, o bispo saiu do elevador e adentrou o átrio principal do terceiro andar do Bryan Building, sede do Departamento de Neurobiologia da Faculdade de Medicina da Universidade Duke. Trajando uma batina toda negra, sobre a qual repousava um crucifixo dourado de tamanho desproporcional para a sua estatura, ele, todo sorridente, se apresentou, demonstrando estar muito satisfeito com a sua missão, que permanecia desconhecida até aquele momento.

— Muito prazer em conhecê-lo, professor Nicolelis. É uma grande honra.

— O prazer é meu, bispo. Bem-vindo ao nosso laboratório. Vamos entrar?

Indicando o caminho, convidei o enviado do papa e da Inquisição para entrar no meu escritório. Como havia sido combinado de antemão, também iriam participar da reunião duas testemunhas, minha assistente, Susan Halkiotis, e Laura Oliveira, gerente-geral do meu laboratório.

— Professor Nicolelis, muito obrigado por me receber tão prontamente, apesar do meu pedido em cima da hora.

— Sem problemas, senhor bispo. Eu só estou um pouco surpreso com o seu pedido para um encontro. O senhor poderia me dizer qual a razão da sua visita?

— Como informei à sua assistente, eu estou aqui como enviado oficial do Santo Padre e da Congregação para a Doutrina da Fé.

— Sim, essa parte eu já sei. — Sem conter a minha impaciência, eu tentava manter a calma.

— Pois bem. A minha primeira missão, professor Nicolelis, é investigar uma denúncia oferecida à Congregação para a Doutrina da Fé.

— A Inquisição ainda existe?

— Professor Nicolelis! Esse nome não existe mais. Todavia, a missão de zelar pelos valores da fé cristã continua a ser muito importante para a Igreja. Nos dias de hoje, a Congregação para a Doutrina da Fé é a principal responsável por executar essa missão. Como não seria viável mandar um emissário de Roma para essa consulta, fui encarregado dela, na condição de enviado especial. Uma grande honra.

— Imagino que para o senhor deva ser mesmo. Se é para mim, não estou muito certo ainda.

— Fique tranquilo, professor Nicolelis. Trata-se apenas de uma missão de averiguação. Tenho certeza de que depois dessa investigação sumária tudo acabará bem.

— Então não vai haver necessidade de apelar para tortura? — brinquei.

Ignorando a minha gracinha, o bispo prosseguiu:

— Como eu dizia, professor Nicolelis, a primeira fase da minha missão restringe-se a uma investigação sumária. Se as suas respostas a algumas perguntas forem satisfatórias, tudo pode terminar aqui mesmo no seu escritório, e nós dois poderemos voltar às nossas vidas normais.

— E se as respostas não forem satisfatórias, senhor bispo? — Uma vez que se nasce prematuro, como eu, que nasci de sete meses, a vida sempre parece uma corrida contra o tempo e contra os protocolos burocráticos. Prematuro quer sempre acabar logo com os "entretantos" e seguir direto para os "finalmentes", como diria o imortal Odorico Paraguaçu.

— Vamos cruzar o Rubicão só se for necessário, professor Nicolelis.

— O.k., vamos em frente.

— Pois bem. A razão dessa investigação é uma denúncia feita à Congregação para a Doutrina da Fé. Apesar de o senhor ter sido eleito e nomeado pelo papa para servir como membro vitalício da Pontifícia Academia de Ciências, o senhor... Esta não é a minha opinião pessoal, mas a do denunciante... não comunga dos valores morais cristãos necessários para exercer tal cargo.

— Senhor bispo, quem foi o responsável pela denúncia?

— Professor Nicolelis, infelizmente essa informação é sigilosa e, como acusado, o senhor não tem direito de saber quem fez a denúncia. Nesse caso, a única informação que posso lhe dar é que a denúncia foi feita por alguém da mais alta confiança da Igreja Católica.

— E quais são as evidências usadas por essa fonte ilibada para oferecer uma denúncia tão grave?

— Basicamente a denúncia é baseada num artigo seu publicado, deixe-me ver, em 26 de outubro do ano passado, num site brasileiro chamado Viomundo.

— O.k., eu já desconfiava disso. Mas quais são as suas perguntas, então? Se a fonte é considerada suficientemente importante para motivar a Inquisição a mandar um enviado especial ao meu escritório, evidentemente não me resta alternativa a não ser me declarar culpado e me preparar para a excomunhão, ou pior, a fogueira, não é mesmo, senhor bispo? – A minha paciência se aproximava perigosamente do seu limite.

– Congregação para a Doutrina da Fé, professor Nicolelis. O nome Inquisição não é mais usado oficialmente pelo Vaticano.

– Mas os "negócios" são os mesmos, não são, senhor bispo?

– Professor Nicolelis, estou aqui para garantir que o senhor tenha acesso à denúncia e tenha o direito a se defender dela.

– Muito obrigado, senhor bispo. Eu agradeço a sua generosidade. Mas como posso me defender sem saber a identidade do meu acusador?

– Muito simples. Basta o senhor dizer que não foi o autor desse artigo e tudo estará resolvido.

– Mas como, senhor bispo? Eu sou o autor do artigo e todas as opiniões e ideias expressas nele são minhas, sem tirar nem pôr.

– O senhor tem certeza absoluta disso?

– Claro, senhor bispo! – Nessa altura eu não pude conter uma gargalhada. Para minha surpresa, Susan e Laura não pareciam compartilhar do meu bom humor naquele momento tenso.

– O senhor admite, então, ser defensor do aborto e da união de *homossexuais*? – Ao pronunciar essa última palavra, o bispo não conseguiu conter o seu desconforto.

– Senhor bispo, como médico que passou dois anos dando plantão num dos maiores hospitais públicos do Brasil, testemunhando a morte de um grande número de jovens mulheres brasileiras, vítimas de infecções e outras sequelas de abortos clandestinos, eu vi com meus próprios olhos os efeitos de leis que não dão à mulher a oportunidade de interromper legalmente, nos primeiros meses, uma gravidez que não é desejada. Eu sou, sim, favorável a uma política racional de saúde pública que dê à mulher o direito de reger o seu próprio corpo, sem a interferência de dogmas religiosos.

– Mas isso é muito grave, professor Nicolelis. Essa sua posição atenta contra um dos pilares mais sagrados da Igreja Católica, a defesa da vida.

– Lamento muito, senhor bispo, mas a minha posição defende a vida também, a vida de uma mulher que tem pais, irmãos, marido, talvez outros filhos, uma mulher cuja morte será uma tragédia a impactar dezenas de outras vidas. Eu defendo a vida da pessoa que tem o direito de optar por não pôr no mundo outro ser humano.

– Eu entendo a sua posição, mas ela vai de encontro a um dogma sagrado. Ela é totalmente anátema a um preceito defendido pela Igreja e pelo Santo Padre.

– Infelizmente, eu só posso me declarar culpado dessa acusação.

– E em relação à segunda questão? O senhor é a favor da legalização do casamento entre homossexuais? – A mesma expressão de aversão tomou conta da face da maior autoridade eclesiástica da Carolina do Norte.

– Senhor bispo, eu realmente nunca entendi por que a Igreja se sente no direito de privar dois seres humanos, sejam quais forem as suas orientações sexuais, do direito à felicidade plena. Novamente, como cientista, eu não posso encontrar qualquer explicação lógica para ser contra o fato de que duas pessoas possam desfrutar do amor que as une. Como o senhor deve saber, o comportamento homossexual não é prerrogativa da nossa espécie, sendo encontrado na natureza. Não me consta que os chimpanzés ou os gorilas da África Central tenham criado qualquer lei contra esse comportamento. Por que então essa obsessão da Igreja em querer regular um comportamento humano? Milhões de católicos fervorosos são homossexuais. Incluindo padres, bispos e, ouso dizer, cardeais também. Eu realmente não vejo qual o grande problema.

– Bem, falta apenas uma última pergunta para concluirmos a fase investigativa da minha visita.

– Pois não, vamos a ela.

– O senhor é mesmo ateu?

– Ateu graças a Deus, senhor bispo!

– Nesse caso, podemos concluir a fase de investigação e passar ao encaminhamento final da minha missão.

– E qual seria esse encaminhamento, senhor bispo?

Sem me olhar diretamente, o bispo abriu sua pasta e dela retirou um envelope muito bonito, ornado nos cantos com uma cobertura que de relance me pareceu ser de folha de ouro, provavelmente de Minas Gerais. Num gesto solene, ele o posicionou sobre o colo e fez um rápido sinal da cruz.

— Professor Nicolelis, infelizmente, na condição de enviado especial da Congregação para a Doutrina da Fé, pude constatar pessoalmente que a denúncia oferecida contra o senhor é completamente verdadeira. Dessa forma, conforme as instruções que recebi, não me resta outra alternativa a não ser lhe entregar esse pedido oficial do Santo Padre e da Congregação para a Doutrina da Fé, para que o senhor renuncie imediatamente ao seu posto na Pontifícia Academia de Ciências por discordâncias irreconciliáveis com a doutrina da Igreja Católica.

Nesse momento, o bispo abriu o envelope e me entregou uma carta oficial do Vaticano, escrita em caligrafia muito elegante. Minha carta de renúncia tinha sido preparada previamente por mãos que conheciam seu ofício. Bastava agora a minha assinatura para o Vaticano se livrar de mim e dar fim à crise iniciada pela denúncia feita à Congregação para a Doutrina da Fé.

Naquele exato momento entendi bem por que meu tio Dema dizia que eu era o perfeito torcedor palmeirense: o arquétipo do "espírito de porco", como repetia ele, sorrindo, logo após mais uma demonstração da minha teimosia, legendária na família Nicolelis.

O bispo, que agora segurava a carta com ambas as mãos, estampando um sorriso nos lábios e uma expressão angelical na face, como se aquele documento fosse uma dádiva dos céus, e não um instrumento de humilhação degradante, fruto de uma denúncia anônima de um grupo de fanáticos.

Chegara a hora da minha réplica. E, como bom "espírito de porco", eu não me fiz de rogado.

— Senhor bispo, muito obrigado por sua visita e por sua comunicação oficial. Eu agradeceria profundamente se o senhor pudesse transmitir uma mensagem minha à Congregação para a Doutrina da Fé.

— Será um enorme prazer, professor Nicolelis.

— Pois bem, senhor bispo, mesmo sendo ateu convicto, defensor da união homossexual e do aborto nos primeiros dois meses da gravidez, fui criado numa família católica. Minha mãe, por exemplo, exigiu que eu fizesse a primeira comunhão.

— Folgo em saber, professor Nicolelis. Graças à sua mãe, a salvação divina ainda está a seu alcance. Eu gostaria de agradecer a ela pessoalmente por esse ato. Basta agora que o senhor renuncie às suas posições heréticas e peça perdão a Deus. Eu mesmo posso ouvir a sua confissão.

— Senhor bispo, voltemos ao ponto. Como o senhor sabe bem, para fazer a primeira comunhão eu tive que participar de aulas de catecismo. Além disso, cresci cercado de advogados, pois meu pai fez carreira de juiz no Brasil.

— Que bela história de vida, professor Nicolelis. Mas ainda não entendi qual é a mensagem que o senhor quer que eu transmita à Congregação para a Doutrina da Fé e ao Santo Padre.

— Muito simples. Como filho de juiz, eu gostaria de chamar a atenção da Congregação para a Doutrina da Fé para um artigo do estatuto da Pontifícia Academia de Ciências que, coincidentemente, eu tenho comigo aqui impresso para o senhor.

— Muitíssimo obrigado pela cópia, professor.

— Pois bem, como o senhor pode ver, o artigo faz menção clara ao fato de que membros da Academia serão escolhidos com base apenas no mérito científico de suas contribuições e jamais serão discriminados por suas posições religiosas ou por sua origem étnica.

— Sim, agora entendo o seu ponto de vista.

— Mas eu não terminei ainda, senhor bispo. Por acaso o Santo Padre ou a Congregação para a Doutrina da Fé questionaram a todos os outros oitenta membros da Academia qual é a posição deles sobre os mesmos assuntos que motivaram a sua visita?

— Claro que não, professor Nicolelis.

— E por que não?

— Porque isso seria uma grosseria e uma violação do artigo a que o senhor mesmo se referiu.

— Mas então por que só eu preciso ser inquirido? Por que não o meu agora colega de Academia Stephen Hawking, por exemplo? Creio que ele teria opiniões muito próximas às minhas.

— Não sei responder, professor. Eu sou apenas um emissário.

— De qualquer forma, esse é só um dos argumentos que eu tenho a oferecer à Congregação para a Doutrina da Fé. Ele nem é o principal.

— E qual é o principal, professor?

— O principal é que nas minhas aulas de catecismo eu aprendi que o papa fala em nome de Deus. Não é verdade, senhor bispo?

— Sem dúvida alguma. O senhor tem toda a razão. Mas o que tem isso a ver com o seu caso?

— Bom, senhor bispo, como o papa fala em nome de Deus, ele é incapaz de mentir ou mesmo falhar numa das suas decisões.

— Correto novamente. O papa é infalível e suas decisões, inquestionáveis.

— Pois bem, senhor bispo. Aí reside o seu problema e o da Congregação para a Doutrina da Fé. O papa, de livre e espontânea vontade, sem que eu nem ao menos soubesse, oficialmente me designou para a Academia de Ciências do Vaticano. Ele me mandou uma carta de nomeação, assinada pelo bispo conselheiro da Academia, anunciou isso publicamente pela Rádio Vaticano e, não contente, ainda aprovou a publicação de uma nota no jornal oficial do Vaticano ratificando a minha nomeação no dia 5 de janeiro passado. O senhor percebe agora o drama em que o Vaticano se encontra?

Pela primeira vez naquela manhã, eu senti o caro senhor bispo perder a tranquilidade com a qual ele conduzira todo o interrogatório.

— Como o papa é, por definição, o porta-voz de Deus, e como tal infalível em suas decisões, como o senhor mesmo disse, inquestionáveis, o Santo Padre não pode sair por aí nomeando um dia e no outro se arrepender e tentar voltar atrás. Se havia qualquer dúvida sobre a propriedade da minha presença na Academia, ele deveria ter se preocupado com isso antes de anunciar publicamente a minha nomeação. O senhor certamente não sabe, mas o meu pai, católico fiel, ouviu a transmissão da Rádio Vaticano anunciando minha nomeação. Para o dr. Angelo Nicolelis, e centenas de milhões de católicos que também ouviram aquela transmissão e leram a nota no jornal do Vaticano, foi Deus, pela voz do papa, que me nomeou. Agora, se o

Santo Padre voltar atrás, ele vai reconhecer o seu erro, o que, novamente, por definição, é algo impossível de ocorrer! Lamento dizer, mas o problema não é meu agora. Quem está numa sinuca de bico, perdoe-me dizer, são o Santo Papa e a Congregação para a Doutrina da Fé, não eu. Não é verdade, senhor bispo?

O bispo parecia não querer acreditar no que ouvia. O desconforto logo foi gradualmente substituído por uma expressão de pura aflição e nervosismo enquanto eu expunha o meu raciocínio de "espírito de porco" da Bela Vista. O suor começava a brotar da testa de sua eminência. Sem saber o que fazer, ele deixou a carta repousar em sua batina e começou a esfregar as mãos nervosamente.

– Senhor bispo, eu não pedi para ser eleito membro da Academia. Nem sabia que estava sendo considerado. Mas, uma vez que fui eleito, não tenho nenhuma intenção de renunciar. Eu nasci na Bela Vista, um dos bairros humildes que abrigou os imigrantes italianos que chegaram a São Paulo no final do século XIX. Lá na Bela Vista a gente aprende a não se convidar, mas também, quando convidado, a não recusar o convite. Eu não vejo por que, agora, depois de toda a dor de cabeça que passei com esse lamentável episódio, que pôs em risco a mim e aos meus, eu assinaria uma carta de renúncia só para livrar o Vaticano do embaraço de ter me eleito para uma das suas mais prestigiosas instituições. Renunciar agora seria aceitar que o bando de fanáticos que começaram a me perseguir depois da minha eleição podem ditar como eu decido a minha vida.

– Mas, professor, o senhor não acredita em Deus, não acredita nos dogmas da Igreja, por que então permanecer na Academia quando o senhor não tem nada em comum com ela?

– Senhor bispo, agora se trata de uma questão de princípio. Eu fui eleito legalmente, por um grupo de cientistas que julgaram serem as minhas descobertas científicas meritórias o suficiente para participar dessa Academia. Para dar satisfação ao protesto de um sem-número de fanáticos, o Vaticano vem agora requerer que eu renuncie? De forma alguma.

– Mas como vamos resolver essa questão, então?

– Senhor bispo, da minha parte eu só vejo duas saídas possíveis.

– Quais?

— Ou o Santo Padre assume o seu erro e me exonera da Academia, o que resultará numa grave crise de sua autoridade como porta-voz de Deus, tendo em vista que ficará provada a sua falibilidade.

— Não, essa hipótese está fora de cogitação.

— O.k., então só nos resta o plano B.

— E qual é o plano B?

— O papa me receber numa audiência pública, entregar minha insígnia, eu ter meu jantar na Capela Sistina, e ficar tudo por isso mesmo. Prometo solenemente me comportar. Agora, renunciar eu não renuncio. E essa é a minha última palavra.

— Professor Nicolelis, vejo que o senhor é uma pessoa íntegra, direita. Por favor, entenda a minha posição. Essa é a primeira vez que sou chamado a cumprir uma missão tão importante em nome do Vaticano. Fracassar na primeira missão vai ser terrível para a minha carreira. Como realmente o senhor não tem nenhuma ligação com a Igreja, será que não poderia assinar a carta como um favor pessoal a um vizinho da Carolina do Norte?

— Senhor bispo, nem que minha santa mãe implorasse de joelhos eu assinaria esse documento. Eu jamais poderia me olhar no espelho novamente. Além disso, o senhor, o papa e a Congregação para a Doutrina da Fé estão me fazendo um enorme favor ao criar toda essa confusão.

— Como assim, professor?

— Ora, senhor bispo. Pensei que o senhor fosse mais perspicaz. Neste momento o senhor está me pondo na companhia de Galileu Galilei. Cientificamente, eu nunca chegaria aos pés dele. Nem nos meus sonhos mais delirantes imaginei poder compartilhar da mesma sentença com um dos maiores cientistas de todos os tempos. Mas agora, ao estar sendo perseguido pela Inquisição, a chance se descortinou. E eu só tenho a agradecer, porque o senhor pode estar certo de que, no momento em que o papa me exonerar, vou contar o meu lado dessa história toda para quem quiser ouvir.

— Professor, como o senhor pode fazer piada desta situação?

— Senhor bispo, que outra alternativa me resta? Depois dessa demonstração de que nem mesmo o Vaticano está imune às pressões exercidas por grupos de pessoas irracionais que se valem de seus preconceitos para tentar censurar a voz de um cientista ou ditar regras absurdas para o resto do mundo?

– Entendo o seu ponto de vista.

– Além do que, senhor bispo, não creio que o senhor esteja a par do trabalho social que eu promovo no Brasil há oito anos.

– Vagamente. Enquanto eu pesquisava sobre o senhor, encontrei algumas referências ao seu trabalho em Natal.

– Pois deixe-me mostrar-lhe um pouco do que eu e meus colegas fazemos no Brasil, senhor bispo.

Aproveitando a brecha, na meia hora seguinte eu mostrei ao bispo da Carolina do Norte alguns artigos, fotos e apresentações sobre os resultados alcançados pelo projeto social do IINN-ELS. Logo, ele quis saber mais sobre minhas pesquisas com interfaces cérebro-máquina e como elas poderiam, no futuro, beneficiar milhões de pacientes paralisados em todo o mundo. Ao longo desses minutos, eu notei que o bispo foi gradualmente relaxando e até se emocionando com as imagens de crianças da periferia de Natal e Macaíba se divertindo nos laboratórios das escolas de ciência do nosso instituto. O bispo também se emocionou ao ver as imagens do Centro de Saúde Anita Garibaldi, onde mães sorridentes exibiam seus bebês, nascidos depois de serem beneficiados pelo melhor pré-natal disponível em todo o Rio Grande do Norte.

Depois da apresentação, visivelmente incomodado com a posição que lhe fora imposta pela Congregação para a Doutrina da Fé, o senhor bispo da Carolina do Norte agradeceu pelo encontro, convidou-me para visitar a sua paróquia e seguiu, acompanhado por Susan, rumo ao elevador.

Sozinho no meu escritório, tentando extrair algum senso do que acabara de ocorrer, a realidade dos eventos dos últimos meses começou a se materializar. Estava claro agora que esse fora apenas o primeiro ataque de muitos que se seguiriam. O primeiro ato de uma vingança que não acabaria enquanto o objetivo final não fosse alcançado. Evidentemente, os representantes dos interesses que eram confrontados pelo meu trabalho à frente do IINN-ELS e pelas minhas convicções políticas tinham mostrado as caras de vez. O objetivo era simples: destruir a minha carreira científica a qualquer custo.

De tudo o que me ocorreu pensar naquele momento, a única hipótese que me escapou foi que os opositores do IINN-ELS tivessem tido a ousadia de cooptar um membro central do nosso projeto, sem que ninguém desse conta. Mas como sempre diz a professora Dora Montenegro, a diretora das nossas escolas no Rio Grande do Norte, a vaidade é a maior corruptora dos homens.

E seria a vaidade humana, nada mais do que isso, que figuraria no centro da crise mais séria da curta história do IINN-ELS. Esse verdadeiro complô, depois de ser gestado dentro das dependências do instituto, eclodiu publicamente apenas alguns meses depois do meu encontro com o emissário da Inquisição. A missão dessa tentativa de golpe era clara. Fazer um grupo de pesquisadores da UFRN romper publicamente com o IINN-ELS, por meio de um escândalo de repercussão nacional, anunciado pelos golpistas, sem qualquer outro aviso prévio, através de uma entrevista-bomba num jornal de grande circulação, conhecido por sua perícia em manipular fatos e torcer a verdade a seu bel-prazer. A seguir, usar o escândalo para desencadear uma campanha nacional perante a comunidade científica brasileira e as agências federais de fomento à pesquisa.

Essa campanha visava apoderar-se de todos os equipamentos conseguidos pelo IINN-ELS – através do rompimento dos contratos e projetos de pesquisa firmados junto à sua sociedade mantenedora, a AASDAP, durante os oito anos anteriores –, alegando que o instituto não tinha mais cientistas disponíveis para executar tais projetos. Tudo isso para poder equipar o recém-criado Instituto do Cérebro, estabelecido na surdina pelo então todo-poderoso reitor da UFRN em conluio com esse grupo de pesquisadores, liderados pelo mesmo ex-aluno meu que eu convidara para chefiar a diretoria científica do IINN-ELS em 2005.

Ironicamente, todos esses professores da UFRN foram trazidos a Natal somente graças ao pedido da intervenção direta da direção do IINN-ELS junto ao MEC, para que fossem criadas vagas suficientes de professores na UFRN que abrigariam jovens neurocientistas brasileiros, recrutados em todo o mundo, num novo departamento daquela universidade que passaria a colaborar com o instituto. Agora, obcecados com o desejo de remover a incômoda presença do IINN-ELS do horizonte científico do Rio Grande do Norte e se apoderar de suas bandeiras e ganhos materiais, os golpistas deram o bote em agosto de 2011. De todos os problemas enfrentados em uma década de trabalho, esse foi, sem dúvida alguma, o maior desafio à sobrevivência do IINN-ELS.

Mas, ainda assim, nós sobrevivemos, sem que nenhuma concessão fosse feita àquela tentativa oportunista de usurpar o nosso projeto. Aos golpistas derrotados em toda e qualquer das suas reivindicações absurdas, restou apenas o exílio, numa casa alugada com recursos públicos destinados a UFRN. Desde então, nos últimos quatro anos, de tempos em tempos, ainda emerge algum arauto de aluguel para liderar mais um ataque desnorteado contra alguma ação de sucesso, publicação científica de destaque internacional ou descoberta inédita do IINN-ELS.

Apesar de até hoje eu ainda não ter sido convidado para receber a minha insígnia, nem o papa nem a Congregação para a Doutrina da Fé se deram ao trabalho de me exonerar oficialmente da Academia de Ciências do Vaticano. A minha melhor hipótese para explicar o "limbo" em que me colocaram é que, com os seguidos problemas financeiros que assolaram o seu banco, provavelmente o Vaticano ficou sem recursos para custear o meu jantar de posse na Capela Sistina.

Mas quem sabe agora, com um papa argentino, a situação mude!

PARTE III
LEVANDO PROJETOS DO IINN-ELS PARA TODO O BRASIL

CRIANDO A CIÊNCIA TROPICAL À SOMBRA DAS MACAÍBAS

Carlos Eduardo de Araújo Idalino, 17 anos, natalense de nascimento e morador de longa data da zona norte da cidade, e já na condição de calouro do curso de física do Instituto Federal de Tecnologia do Rio Grande do Norte (IFRN), chegou pontualmente para a conversa agendada para acontecer na sede do IINN-ELS no bairro de Candelária, lá no final da Rua da Vergonha, S/N, a mesma via que até o verão de 2014 permanecia no estado em que veio ao mundo: envolta em lama e sem nenhum sinal de calçamento no horizonte.

Sem nenhuma formalidade, como se estivesse em casa, Carlos Eduardo, logo que entrou na sala do diretor científico do instituto, dr. Rômulo Fuentes, já foi se sentando na cadeira vaga e cumprimentando todos os presentes. Tanta familiaridade se justificava plenamente: afinal de contas, Carlos Eduardo faz parte do seleto grupo de estudantes que começou a frequentar os programas científico-sociais do IINN-ELS desde a criação do seu primeiro centro de educação científica, a Escola Alfredo J. Monteverde, que, como vimos anteriormente, foi aberta em fevereiro de 2007.

Ao longo dos últimos oito anos, Carlos Eduardo se transformou numa das maiores provas de sucesso da filosofia do IINN-ELS. A razão para tal status é tão simples quanto milagrosa. Nesses oito anos, Carlos Eduardo, pela combinação do seu extraordinário esforço pessoal e do total apoio dos seus professores, derrotou todos os prognósticos feitos sobre qual seria o destino de uma criança nascida numa das vizinhanças que mais espelha o total abandono social experimentado na capital do estado, que continua a ser governado pela sucessão, quase hereditária, de membros de três famílias que dominam a política do Rio Grande do Norte desde meados dos anos 1950.

Junto com outros seiscentos colegas, Carlos Eduardo fez parte da primeira turma de estudantes a ingressar no curso de educação científica organizado pela professora Dora Montenegro e seus professores na sede da Escola Alfredo J. Monteverde do IINN-ELS, localizada no bairro de Cidade Esperança, na periferia de Natal.

Durante a nossa conversa de mais de uma hora, Carlos Eduardo nos contou que, logo que chegou à nossa escola, ele se admirou com a forma totalmente diferente com que as aulas eram ministradas – em laboratórios novos e extremamente bem equipados, por professores sempre entusiasmados e prontos para responder a qualquer pergunta. Ao longo dos três anos em que frequentou o curso de educação científica, Carlos Eduardo se apaixonou pela ciência e, particularmente, pela física durante as aulas de robótica e computação, e pela exposição a um universo completamente novo para ele – o aprender como forma lúdica de crescimento pessoal.

Tendo demonstrado um interesse incomum pela ciência durante esses primeiros três anos, Carlos Eduardo não teve dúvida alguma em se candidatar a uma das vagas abertas para o programa Cientistas do Futuro, criado conjuntamente pelas equipes de educadores e cientistas do IINN-ELS, no início de 2010, como forma de suprir a demanda de um grupo de alunos que, durante o programa de três anos de educação científica, havia demonstrado um talento muito acima da média para a prática da ciência.

A ideia central do Cientistas do Futuro era trazer para dentro dos laboratórios do IINN-ELS os alunos que gostariam de continuar a aprender ciência, de tal maneira que eles pudessem experimentar o dia a dia da rotina dos nossos cientistas e se engajar em projetos reais de pesquisa em neurociência. Como o programa foi organizado conjuntamente pelas equipes do IINN-ELS e da Escola Alfredo J. Monteverde, esses alunos podiam agora desenvolver um programa de iniciação científica que envolvesse não só o aprendizado prático em bancadas de laboratórios profissionais, mas também a continuação do aprimoramento da sua capacidade de comunicação, por meio da melhoria das suas habilidades de leitura, interpretação de textos e escrita.

Coincidentemente, no momento em que esse novo programa educacional começou a ser implementado, um edital foi publicado pelo Ministério da Ciência, Tecnologia e Inovação, em parceria com o CNPq, requisitando propostas para a criação de institutos de pesquisa que tivessem na sua missão, além da pesquisa científica de ponta para o desenvolvimento do país, um componente educacional de grande relevância. Esse edital tinha como finalidade criar uma rede de institutos nacionais de pesquisa que permitissem ao Brasil dar um salto de qualidade em ciência e inovação tecnológica.

Imediatamente depois da publicação do edital – que delimitava um prazo de apenas trinta dias para a submissão de um projeto extremamente complexo –, decidiu-se que o IINN-ELS responderia a essa chamada nacional propondo a criação do primeiro Instituto de Interfaces Cérebro-Máquina do Brasil, uma das linhas mestras de pesquisa do IINN-ELS. O INCeMaq, como passaria a ser chamado esse instituto, proporia não só projetos científicos e de desenvolvimento tecnológico inovadores, que serviriam mais tarde como base para o projeto Andar de Novo (ver o próximo capítulo), mas também incluiria uma proposta para a criação do programa Cientistas do Futuro, voltado a oferecer um curso de iniciação científica para alunos do ensino médio que houvessem concluído o ciclo de educação científica da Escola Alfredo J. Monteverde.

Antes mesmo que houvesse uma resposta do CNPq sobre a proposta do INCeMaq, o programa Cientistas do Futuro foi iniciado com um grupo de dezoito alunos. Lembro-me muito bem desse momento histórico para o nosso projeto porque, para minha grande satisfação, foi minha a palestra inaugural para esse grupo de jovens pioneiros que agora começaria a frequentar os laboratórios de pesquisa do IINN-ELS. Durante a palestra, fiz questão de dizer a esses adolescentes, todos pioneiros dos primeiros dias da Escola Alfredo J. Monteverde, que eles eram o produto mais importante de tudo aquilo que existia no IINN-ELS e que todos nós tínhamos um orgulho muito grande em vê-los progredir na sua formação educacional e científica dentro do nosso centro de pesquisa.

Poucas vezes na minha carreira de mais de trinta anos eu senti tanto entusiasmo e tanta emoção num grupo de estudantes como quando, no dia em que essa primogênita turma de Jovens Cientistas entrou pela primeira vez na sede do IINN-ELS, no bairro de Candelária, e se viu, de repente, no meio de um instituto de ciência como eles jamais haviam sonhado em conhecer, muito menos estudar e aprender nele, lado a lado com neurocientistas profissionais.

Parecia um conto de fadas que se transformara em realidade!

E para muitas daquelas crianças, sem dúvida, a sensação era que aquilo só poderia ser o resultado de um passe de mágica; afinal de contas, num dia essas mesmas crianças estavam frequentando escolas públicas onde não existem banheiros funcionando, onde salas de aula quase desmoronando não dispõem de quadros-negros nem carteiras. Onde professores, mal remunerados, mal treinados e maltratados, recorrem a greves constantes para tentar receber seus parcos vencimentos, que geralmente atrasam vários meses.

Quase dezoito meses depois da submissão da proposta original do INCeMaq, e depois de um processo de revisão absolutamente kafkiano, realizado pelo CNPq e seus assessores, o projeto do Instituto Nacional de Interfaces Cérebro-Máquina foi finalmente aprovado e, por conseguinte, o programa Cientistas do Futuro pôde receber o apoio requisitado. De agora em diante, os nossos alunos também receberiam uma pequena bolsa do CNPq (161 reais) para continuar o seu programa de iniciação científica dentro dos laboratórios do IINN-ELS. É importante ressaltar a essa altura que a proposta do programa Cientistas do Futuro do IINN-ELS inovou em vários aspectos na forma de introduzir alunos à rotina de laboratórios de pesquisa. Para começar, mesmo nos Estados Unidos geralmente apenas estudantes da graduação, ou seja, aqueles que já cursam uma universidade, são aceitos para tais programas, e uma minoria desses recebe apoio financeiro. No IINN-ELS, alunos que acabaram de entrar no ensino médio já se qualificam para participar do programa de iniciação científica, recebendo uma pequena bolsa que, em muitos casos, serve como uma importante fonte complementar da renda familiar. Esse último fator contribui para que os pais vejam a relevância do processo educacional para a vida futura de seus filhos.

O resultado de todo o esforço foi mais do que recompensador. Na realidade, mesmo muitos daqueles cientistas de outras regiões do país, que inicialmente se mostraram incrédulos em que alunos do ensino médio brasileiro – todos eles egressos de escolas públicas do pior distrito escolar do país, o Rio Grande do Norte – pudessem dar conta do tranco de se inserir na rotina de um laboratório de neurociência, hoje não conseguem resistir à emoção de presenciar, ao vivo, ou em imagens mostradas em palestras, esses mesmo estudantes registrando os potenciais elétricos produzidos por neurônios, mapeando conexões cerebrais com microscópios de última geração, fabricando microssensores para registros neuronais ou apresentando seus resultados para a equipe de professores e cientistas que os acompanha a cada passo por todos os corredores do parque de diversões no qual o IINN-ELS se transformou para essas crianças.

Como eu disse acima, o resultado desse ciclo virtuoso não poderia ser mais auspicioso, tanto para os alunos como para todos nós do IINN-ELS. Para mencionar apenas alguns nomes, além de Carlos Eduardo, que agora estagia no IINN-ELS como pesquisador iniciante, muitos outros dos nossos estudantes tiraram máximo proveito dessa oportunidade para ascender ao ensino superior nas melhores instituições públicas do Rio Grande do Norte. Alguns exemplos: Francisco de Assis Oliveira Junior hoje é aluno de tecnologia em construção de edifícios do mesmo IFRN; Jéssica Maria Amorim de Carvalho frequenta o curso de gestão hospitalar da UFRN; Jhons Phyllype Paz Rodrigues, cuja história de vida foi matéria da revista

Brasileiros, hoje cursa ciência e tecnologia na UFRN; Levi José dos Santos Júnior é aluno do curso de ciências sociais da UFRN; Telma Jordânia Rodrigues Bezerra é aluna de história da UFRN; Rafael Gomes Leonardo é aluno de educação física da UFRN; e Maria Katarina da Silva cursa turismo na UFRN.

Com a aprovação pelo MEC do nosso curso de mestrado em neuroengenharia, em 2013, o projeto educacional do IINN-ELS deu mais um passo para concretizar a ideia original de oferecer educação de alto nível para as crianças do Rio Grande do Norte, do nascimento à pós-graduação. Falta agora apenas obter a aprovação do nosso programa de doutorado pelo MEC.

Tão logo a batalha pela criação do curso de doutorado em neuroengenharia termine, será a hora de começar a planejar a nova universidade, que será erguida em pleno Campus do Cérebro de Macaíba, com a missão de criar um novo modelo acadêmico que vise levar o lema da ciência como agente de transformação social às últimas alturas que a imaginação permitir. Dentro dessa universidade, a meta é ver um dia funcionando um instituto de tecnologia que combine a fronteira da biotecnologia com as diferentes engenharias para prover o Sistema Único de Saúde (SUS) do Brasil com soluções e tecnologias inovadoras para o tratamento de moléstias de toda sorte. Com esse último passo, o IINN-ELS completará, enfim, o plano original de oferecer educação do pré-natal das mães dos seus futuros alunos até o pós-doutoramento, num ambiente onde a domesticação do impossível vai ser considerada como rotina e obrigação.

Para dar conta dessa enorme tarefa e gerenciar o novo Campus do Cérebro do IINN-ELS, em 2014 uma nova instituição foi criada: o Instituto de Ensino e Pesquisa Alberto Santos Dumont (ISD), uma organização social vinculada ao MEC. Com um conselho administrativo formado por representantes dos Ministérios da Educação, da Saúde e da Ciência, Tecnologia e Inovação, e representantes da sociedade civil, o ISD substituiu a AASDAP na gestão de todos os programas científico-sociais do IINN-ELS. Para tanto, o ISD firmou um contrato de gestão com o MEC para o período de 2014 a 2017 no valor de 250 milhões de reais (100 milhões de dólares ao câmbio da época) para esse quadriênio. Esses recursos servirão, entre outras atividades, para:

1. ampliar os programas educacionais, de pesquisa e atendimento do Centro de Saúde Anita Garibaldi – o fulcro central do programa Educação para Toda a Vida. Assim, além de contribuir para a formação de equipes de saúde, alunos de graduação de medicina e residentes da UFRN, o número de consultas de pré-natal por ano para as mulheres de Macaíba e cidades vizinhas passará de 12 mil para 26 mil;
2. manter o programa de educação científica infantojuvenil nas escolas criadas no Rio Grande do Norte e na Bahia oferecido para um total de 1.400 crianças por ano;
3. equipar e manter a nova Escola Lygia Maria, do Campus do Cérebro, que oferecerá educação de alto nível em tempo integral para um total de 1.500 crianças por ano, do maternal até o fim do ensino médio;
4. equipar e manter os mais de trinta laboratórios do novo centro de pesquisa em neurociência e neuroengenharia do Campus do Cérebro;
5. ampliar as linhas de pesquisa em neurociência e neuroengenharia do IINN-ELS, visando aumentar o escopo científico e a capacidade de desenvolvimento de novas terapias para o tratamento de moléstias neurológicas, como a doença de Parkinson, a epilepsia e a paralisia oriunda de lesões da medula espinhal;
6. apoiar e ampliar os programas de mestrado e doutorado em neuroengenharia e neurociências do IINN-ELS;
7. estruturar os primeiros cursos de bacharelado – nas áreas de neurociência e neuroengenharia – do Campus do Cérebro;
8. ampliar os programas de extensão científica e de atuação social do IINN-ELS;
9. manter o novo Campus do Cérebro, localizado numa área de cem hectares.

Dentro desse planejamento, ao término de 2017, o Campus do Cérebro reuniria mais de quinhentos profissionais; um verdadeiro exército tapuia formado por educadores, médicos e outros profissionais da saúde, neurocientistas e pesquisadores de outras áreas, engenheiros, cientistas da computação, uma equipe multidisciplinar de reabilitação, técnicos os mais variados e toda a infraestrutura administrativa necessária para gerir um verdadeiro campus universitário.

Vale ressaltar que nenhum centavo de recursos públicos federais destinados ao Campus do Cérebro se originou do orçamento federal destinado à pesquisa científica; nenhum mero real veio dos fundos alocados ao CNPq ou da Finep, nem sequer dos Fundos Setoriais. Na verdade, todos os recursos do Campus do Cérebro são provenientes de fundos próprios do MEC destinados à ampliação de projetos educacionais estratégicos para o país. Ou seja, para o MEC, o Campus do Cérebro passaria a ser tratado como apenas uma das mais de sessenta universidades federais espalhadas pelo território nacional; um primeiro experimento de incorporação da filosofia da ciência como agente de transformação social, introduzida pelo projeto do IINN-ELS, na forma de uma nova política pública de desenvolvimento científico. Uma política que amalgamasse saúde materno-infantil, educação para toda a vida, ciência de ponta, desenvolvimento tecnológico, formação de recursos humanos e a implementação da indústria do conhecimento.

Visto por esse prisma, o Campus do Cérebro receberia uma dotação orçamentária anual igual a 6% do orçamento destinado em 2014 a uma universidade federal de médio porte, como a UFRN (aproximadamente 1,1 bilhão de reais). Ainda para efeitos de comparação, em 2014, o orçamento anual do Campus do Cérebro seria equivalente ao menor orçamento concedido pelo MEC para uma universidade da rede federal (de um total de 63 universidades): a Universidade da Integração Internacional da Lusofonia Afro-Brasileira (Unilab), localizada na cidade de Redenção, no Ceará, que em 2013 recebeu um montante de aproximadamente 66 milhões de reais.[2]

---

[2] Portal da Transparência. Gastos Diretos por Órgão Executor do Governo Federal.

Objetivamente, o investimento destinado pelo MEC ao Campus do Cérebro pode ser facilmente justificado ao se fazer um breve balanço das múltiplas conquistas obtidas pelo projeto do IINN-ELS em uma década (2005 a 2015) de atuação no Rio Grande do Norte. Estas incluem:

1. mais de 11 mil crianças, provenientes das piores redes públicas de ensino do país, foram formadas pelo curso de educação científica, ministrado nas três escolas criadas pela AASDAP em Natal, Macaíba e Serrinha;
2. mais de 60 mil consultas de pré-natal e puericultura realizadas pelo Centro de Saúde Anita Garibaldi, com atendimento a mulheres e crianças de Macaíba e cidades vizinhas (detalhe, a população total de Macaíba é de 60 mil habitantes). Para ressaltar o impacto local e o reconhecimento mundial da iniciativa, em 2015 esse programa de pré-natal foi um dos vencedores do prêmio internacional Projects that Work [Projetos que Funcionam], promovido pela Foundation for Advancement of International Medical Education and Research (Faimer);
3. mais de 150 milhões de reais, provenientes de recursos públicos e privados, investidos em uma década nas cidades de Natal, Macaíba e Serrinha, na construção e equipagem de escolas, centros médicos, centros de pesquisa e um novo campus. Esses recursos também permitiram atrair profissionais altamente qualificados para atuar nos programas educacionais, médicos e de pesquisa do IINN-ELS;
4. centenas de empregos diretos e indiretos criados em Natal e Macaíba, bem como incentivo para a criação de uma cadeia especializada de fornecedores locais que se beneficiam dos projetos científico-sociais do IINN-ELS e do futuro Campus do Cérebro;
5. estabelecimento no Nordeste brasileiro de um polo científico-tecnológico reconhecido internacionalmente.

Mas os frutos que ainda poderão ser colhidos pelo Brasil como resultado da construção dessa utopia nordestina não param por aí.

Nossa ambição, desde a criação da AASDAP, há dez anos, é cada vez mais contribuir para a gestação, o teste e a implementação de novas propostas e ideias que rompam com o paradigma tradicional da ciência em prol da construção de conexões duradouras com a sociedade. Numa das primeiras tentativas de mostrar a toda a sociedade brasileira que, mais do que apenas um projeto científico, a quase epopeia que norteou a construção do IINN-ELS visava, na realidade, propor um novo modelo de ciência de ponta e de educação para o futuro do país, em 23 novembro de 2010 eu publiquei um artigo no site Viomundo, editado pelos jornalistas Luiz Carlos Azenha e Conceição Lemes, propondo um plano ousado de metas para a ciência brasileira. Esse plano, batizado como "Manifesto da Ciência Tropical", propunha o seguinte:

É hora de a ciência brasileira assumir definitivamente um compromisso mais central perante toda a sociedade e oferecer o seu poder criativo e a sua capacidade de inovação para erradicar a miséria, revolucionar a educação e construir uma sociedade justa e verdadeiramente inclusiva.

É hora de agarrar com todas as forças a oportunidade de contribuir para a construção da nação que sonhamos um dia ter, mas que por muitas décadas pareceu escapar pelos vãos dos nossos dedos.

É hora de aproveitar este momento histórico e transformar o Brasil, por meio da prática cotidiana do sonho, da democracia e da criação científica, num exemplo de nação e sociedade capaz de prover a felicidade de todos os seus cidadãos e contribuir para o futuro da humanidade.

No intuito de contribuir para o início desse processo de libertação da energia potencial de criação e inovação acumulada há séculos no capital humano do genoma brasileiro, eu gostaria de propor quinze metas centrais para a capacitação do Programa Brasileiro de Ciência Tropical. A implementação delas nos permitirá acelerar exponencialmente o processo de inclusão social e crescimento econômico que culminará, nas próximas décadas, com o banimento da miséria, a maior revolução educacional e ambiental da nossa história e a decolagem irrevogável e irrestrita da indústria brasileira do conhecimento.

Essas quinze metas visam desencadear a massificação e a democratização dos meios e mecanismos de geração, disseminação, consumo e comercialização de conhecimento de ponta por todo o Brasil.

Essas metas, inspiradas na experiência exitosa do projeto do IINN-ELS, incluíam:

1. **Massificação da educação científica infantojuvenil por todo o território nacional.**

    O objetivo dessa meta é proporcionar que, nos próximos quatro anos, 1 milhão de crianças tenham acesso a um programa de educação científica pública, protagonista e cidadã de alto nível. Esse programa utilizará o método científico como ferramenta pedagógica essencial, combinando a filosofia de vida de dois grandes brasileiros: Paulo Freire e Alberto Santos Dumont. Ao unir a educação como forma de alcançar a cidadania plena com a visão de que ciência se aprende e se faz "pondo a mão na massa", sugiro a criação do programa Educação para Toda a Vida, do qual faria parte o Programa Nacional de Educação Científica Alberto Santos Dumont (ver abaixo). A porta de entrada se daria nos serviços de pré-natal para as mães dos futuros alunos do programa. Após o nascimento, essas crianças seriam atendidas no berçário e na creche, depois na escola de educação científica, que os serviria dos 4 aos 17 anos, para que esses brasileiros e brasileiras possam desenvolver toda a sua potencialidade intelectual e criativa nas suas duas próximas décadas de vida.

    O programa de educação científica seria implementado no turno oposto ao da escola pública regular, criando um regime de educação em tempo integral para crianças de 4 a 17 anos, por meio de parceria do governo federal com governos estaduais e municipais. Cada unidade da rede de universidades federais poderia ser responsável pela gestão de um núcleo do programa Educação para Toda a Vida, voltado para a população do entorno de cada campus.

    O governo federal poderia ainda incentivar a participação da iniciativa privada, oferecendo estímulos fiscais e tributários para as empresas que estabelecessem unidades de educação científica infantojuvenil ao longo do território nacional. Por exemplo, o novo centro de pesquisas da Petrobras poderia criar uma das maiores unidades do Educação para Toda a Vida.

2. **Criação de centros nacionais de formação de professores de ciências.**
A implementação do programa Educação para Toda a Vida geraria uma demanda inédita de professores especializados no ensino de ciência e tecnologia. Para supri-la, o governo federal poderia estabelecer o Programa Nacional de Educação Científica Alberto Santos Dumont, que seria responsável pela gestão dos centros nacionais de formação de professores de ciências, espalhados por todo o território nacional. As universidades federais, os Institutos Federais de Tecnologia (antigos CEFETs) e uma futura cadeia de Institutos Brasileiros de Tecnologia (ver abaixo) poderiam estabelecer programas de formação de professores de ciências e tecnologia em todo o país.

Esses novos programas capacitariam uma nova geração de professores a ensinar conceitos fundamentais da ciência, através de aulas práticas em laboratórios especializados, tecnologia da informação e utilização de métodos, processos e novas ferramentas para investigação científica. Os alunos que se graduassem no programa Educação para Toda a Vida teriam capacitação, antes mesmo do ingresso na universidade, para integrar-se ao trabalho de laboratórios de pesquisa profissionais, tanto públicos como privados, através do Programa Nacional de Iniciação Científica e do Bolsa Ciência (ver abaixo).

3. **Criação da carreira de pesquisador científico em tempo integral nas universidades federais.**
Paralela à tradicional carreira de docente, essa nova carreira de pesquisador nos permitiria recrutar uma nova geração de cientistas que se dedicaria exclusivamente à pesquisa científica, com carga horária de aulas correspondente a 10% do seu

esforço total. Sem essa mudança não há como esperar que pesquisadores das universidades federais possam dar o salto científico qualitativo necessário para o desenvolvimento da ciência de ponta do país.

4. **Criação de dezesseis Institutos Brasileiros de Tecnologia espalhados pelo país.**
Eles serviriam para suprir a demanda de engenheiros, tecnólogos e cientistas de alto nível e promover a inclusão social por meio do desenvolvimento da indústria brasileira do conhecimento. Atualmente o Brasil apresenta um déficit imenso desses profissionais.

Para sanar essa situação, o Brasil poderia reproduzir o modelo criado pela Índia, que, desde a década de 1950, construiu uma das melhores redes de formação de engenheiros e cientistas do mundo, constituída pela cadeia de Institutos Indianos de Tecnologia. Para tanto, o governo federal deveria criar nos próximos oito anos uma rede de dezesseis Institutos Brasileiros de Tecnologia (IBT) e espalhá-los em bolsões de miséria do território nacional, especialmente nas regiões Norte, Nordeste e Centro-Oeste. Cada IBT poderia admitir até 5 mil alunos por ano.

5. **Criação de dezesseis Cidades da Ciência.**
Localizadas nas regiões com baixo índice de desenvolvimento humano, como Vale do Ribeira, Jequitinhonha, interior do Nordeste e Amazônia, as Cidades da Ciência ficariam no entorno dos novos IBTs. Essas Cidades da Ciência seriam, na prática, o componente final da nova cadeia de produção do conhecimento de ponta no Brasil. Acopladas aos novos IBTs e à rede de universidades federais, criariam o ambiente necessário para a transformação do conhecimento de ponta, gerado por cientistas brasileiros, em tecnologias e produtos de alto valor agregado que dariam sustentação à indústria brasileira do conhecimento.

Nas Cidades da Ciência seriam estabelecidas as grandes empresas do conhecimento nacional, onde o potencial científico do povo brasileiro poderia se transformar em novas fontes de riqueza a serem aplicadas na gênese de um sistema nacional autossustentável. Tal iniciativa permitiria a inserção do Brasil na era da economia do conhecimento que dominará o século XXI.

6. **Criação de um arco contínuo de Unidades de Conservação e Pesquisa da Biosfera da Amazônia.**
Esse verdadeiro cinturão de defesa, composto por um arco contínuo de Unidades de Conservação e Pesquisa da Biosfera da Amazônia, seria disposto em paralelo ao chamado "Arco de Fogo", formado em decorrência do agronegócio predatório e da indústria madeireira ilegal, responsáveis pelo desmatamento da região. Essa iniciativa visa fincar uma linha de defesa permanente contra o avanço do desmatamento ilegal, modificando a estratégia das unidades de conservação a fim de colocá-las a serviço de um Programa Nacional de Mapeamento dos Biomas Brasileiros.

Uma série de unidades de conservação poderiam ser transformadas em unidades híbridas. Além da conservação, elas poderiam incluir grandes projetos de pesquisa que possibilitassem ao Brasil mapear a riqueza e a magnitude dos serviços ecológicos e climáticos encontrados nos diversos biomas nacionais. Para incentivar a participação de populações autóctones nesse esforço, o governo federal poderia criar o programa Bolsa Ciência Cidadã. Homens, mulheres e adolescentes que vivem na floresta amazônica e conhecem seus segredos melhor do que qualquer professor doutor receberiam uma bolsa, similar ao Bolsa Família, para integrarem as equipes de pesquisadores e responsáveis pela implementação das leis ambientais na região. Esse exército de cidadãos, devotado à investigação científica e à proteção da Amazônia, mostraria ao mundo quão determinado o Brasil está em preservar uma das maiores maravilhas biológicas do planeta. Evidentemente tal iniciativa poderia ser replicada em outras áreas críticas, também ameaçadas pela indústria predatória, como o Pantanal, a caatinga, o cerrado, a Mata Atlântica e os Pampas.

7. **Criação de oito "Cidades Marítimas" ao longo da costa brasileira.**
A descoberta do pré-sal demonstra claramente que uma das maiores fontes potenciais de riqueza futura da sociedade brasileira reside no amplo e diverso bioma marítimo da nossa costa. Apesar disso, os esforços nacionais para o estudo científico desse vasto ambiente são muito incipientes. Aqui também o Brasil pode inovar de forma revolucionária. Em parceria com a Petrobras, o governo federal poderia estabelecer, no limite das 350 milhas marinhas, oito plataformas voltadas para a pesquisa oceanográfica e climática, visando o mapeamento das riquezas no mar tropical brasileiro. Essas verdadeiras "Cidades Marítimas", dispostas a cada mil quilômetros da costa brasileira, seriam interligadas por serviço de transporte marítimo e aéreo (helicópteros) e se valeriam de incentivos à renascente indústria naval brasileira, para o desenvolvimento, por exemplo, de veículos de exploração a grandes profundidades.
Cada "Cidade Marítima" seria autossuficiente, contando com laboratórios, equipamentos e equipe própria de pesquisadores. Tais edificações serviriam também como postos mais avançados de observação dos limites marítimos do Brasil. Com o crescente desenvolvimento da exploração do pré-sal, essa rede de "Cidades Marítimas" poderia assumir papel fundamental na defesa da nossa soberania marítima dentro das águas territoriais.

8. **Retomada e expansão do Programa Espacial Brasileiro.**
Embora subestimado pela sociedade e pela mídia brasileiras, o fortalecimento do Programa Espacial Brasileiro oferece outro exemplo emblemático de como o futuro do desenvolvimento científico no Brasil é questão de soberania nacional. Dos países pertencentes ao BRICs, o Brasil é o que possui o mais tímido programa espacial. Apesar da sua situação geográfica altamente

favorável, a Base de Alcântara não tem correspondido às altas expectativas geradas com a sua construção. Essa situação é inaceitável, uma vez que, a longo prazo, pode levar o Brasil a uma dependência irreversível no que tange a novas tecnologias e novas formas de comunicação, colocando a nossa soberania em risco. Dessa forma, urge reativar os investimentos nessa área vital e definir novas e ambiciosas metas para o programa espacial brasileiro.

9. Criação de um Programa Nacional de Iniciação Científica.
Com a criação do programa Educação para Toda a Vida, seria necessário implementar novas ferramentas para que os adolescentes egressos desses programas pudessem dar vazão a seus anseios de criação, invenção e inovação através da continuidade do processo de educação científica, mesmo antes do ingresso na universidade e depois dele. Na realidade, é extremamente factível que grande número desses jovens possa começar a contribuir efetivamente para o processo de geração de conhecimento de ponta antes do ingresso na universidade.

O governo federal poderia criar um Programa Nacional de Iniciação Científica que leve ao estabelecimento de 1 milhão de bolsas de ciência. Uma experiência preliminar desse programa já existe no CNPq, através do recém-criado programa dos Institutos Nacionais de Ciência e Tecnologia. Bastaria ampliá-lo e remover certas amarras burocráticas que dificultam a sua implementação. Esse programa poderia também ser usado pelo governo federal para eliminar uma porcentagem significativa da evasão do ensino médio, decorrente da necessidade dos alunos de contribuir com a renda familiar.

Jovens de talento científico reconhecido deveriam também ter a opção de seguir carreira de inventor ou pesquisador sem necessitar de doutorado ou outro curso de pós-graduação. Tal alternativa contribuiria decisivamente para a diminuição do período de treinamento necessário para que talentos da ciência pudessem participar efetivamente do desenvolvimento científico do Brasil.

10. **Investimento de 4% a 5% do PIB em ações de ciência e tecnologia na próxima década.**
    Tendo proposto novas ações, é fundamental que estas sejam devidamente financiadas. Para tanto e, ainda, para assegurar a ascensão da ciência brasileira aos patamares de excelência dos países líderes mundiais, o governo brasileiro teria de tomar a decisão estratégica de destinar, nas próximas décadas, algo em torno de 4% a 5% do PIB nacional para ciência e tecnologia. Em vários países, como nos Estados Unidos, essa conta é dividida em partes iguais entre o poder público e o privado. No Brasil, todavia, não existem condições para que isso ocorra de imediato. Dessa forma, não restaria alternativa ao governo federal senão assumir a responsabilidade desse investimento estratégico, usando novas fontes de receita, como a gerada pela exploração do pré-sal.

11. **Reorganização das agências federais de fomento à pesquisa.**
    Reformulação de normas de procedimento e processo para agilizar a distribuição eficiente de recursos ao pesquisador e empreendedor científico, bem como criar um novo modelo de gestão e prestação de contas. A ciência e o cientista brasileiro não podem mais ser regidos pelas mesmas normas de trinta ou quarenta anos atrás, utilizadas na prestação de contas de recursos públicos para a construção de rodovias e hidrelétricas. Urge, portanto, reformular completamente todos os protocolos de cooperação do Ministério da Ciência, Tecnologia e Inovação (MCT) com outros ministérios estratégicos para execução de projetos multiministeriais. Na lista de cooperação estratégica do MCT, incluem-se os Ministérios da Educação, da Saúde, do Meio Ambiente, de Minas e Energia, do Desenvolvimento, Indústria e Comércio Exterior, da Agricultura, da Defesa e das Relações Exteriores. Normas comuns de operação dos departamentos jurídicos e dos processos de prestação de contas devem ser produzidas entre o MCT e esses ministérios, de forma a incentivar a

realização de projetos estratégicos interministeriais. O cenário atual cria inúmeros empecilhos para a ratificação de projetos estratégicos aprovados no mérito científico (o principal quesito), mas que, via de regra, passam meses e até anos prisioneiros dos desconhecidos meandros e procedimentos conflitantes com que operam os diferentes departamentos jurídicos dos diversos ministérios.

Urge eliminar tal barreira kafkiana e transferir o poder de decisão atualmente nas catacumbas jurídicas dos ministérios, onde volta e meia processos desaparecem, para as mãos dos gestores de ciência treinados para implementar uma visão estratégica do projeto nacional de ciência e tecnologia.

12. **Criação de *joint ventures* para a produção de insumos e materiais de consumo para a prática científica dentro do Brasil.**
É fundamental investir numa redução verdadeira dos trâmites burocráticos "medievais" que ainda existem para a aquisição de materiais de consumo e equipamentos de pesquisa importados. Para tanto, é importante definir políticas de incentivo ao estabelecimento de empresas nacionais dispostas a suprir o mercado nacional com insumos e equipamentos científicos.

13. **Criação do Banco do Cérebro.**
Um dos maiores gargalos para o crescimento da área de ciência e tecnologia no Brasil é a dificuldade que cientistas e empreendedores científicos enfrentam para ter acesso ao capital necessário para desenvolver novas empresas baseadas na sua propriedade intelectual. Na maioria das vezes, esses inventores e microempreendedores científicos ficam à mercê da ação de *venture capitalists*, que oferecem capital em troca de boa parte do controle acionário da empresa em que desejam investir. Para reverter esse cenário, o governo federal poderia criar o Banco do Cérebro, uma instituição financeira destinada a implementar vários mecanismos

financeiros para fomento do empreendedorismo científico nacional. Essas ferramentas financeiras incluiriam desde um programa de microcrédito científico até formas de financiamento de novas empresas nacionais voltadas para produtos de alto valor agregado, fundamentais ao desenvolvimento da ciência brasileira e da economia do conhecimento. Para isso, o governo federal deverá exigir que esses novos empreendimentos científicos sejam localizados numa das novas Cidades da Ciência. *Joint ventures* entre empreendedores brasileiros e estrangeiros também deverão ser estimuladas pelo Banco do Cérebro, seguindo o mesmo critério social.

14. **Ampliação e incentivo a bolsas de doutorado e pós-doutorado dentro e fora do Brasil.**
À primeira vista, pode parecer contraditório propor metas para o desenvolvimento da Ciência Tropical e, ao mesmo tempo, reivindicar um aumento significativo de bolsas de doutorado e pós-doutorado para alunos brasileiros no exterior. Novamente, o intuito do "Manifesto da Ciência Tropical" é, antes de tudo, oferecer uma nova proposta para o desenvolvimento de excelência na prática da pesquisa e educação científica. Dessa forma, ele tem de incentivar todas as formas que permitam aos melhores e mais promissores cientistas brasileiros complementarem sua formação fora do território nacional. Pois que os futuros jovens cientistas brasileiros tenham a oportunidade de se transformar em genuínos embaixadores da ciência brasileira e complementar seus estudos em universidades e institutos de pesquisa estrangeiros, líderes em suas respectivas áreas. Esse processo de intercâmbio e "oxigenação" de ideias é essencial à prática da ciência de alto nível. Mesmo os cientistas brasileiros que optarem por ficar no exterior depois desse treinamento poderão trazer dividendos fundamentais para o desenvolvimento da Ciência Tropical.

15. **Recrutamento de pesquisadores e professores estrangeiros dispostos a se radicar no Brasil.**
    Com a crise financeira, verdadeiros exércitos de cientistas norte-americanos e europeus estarão procurando novas posições nos próximos anos. Cabe ao Brasil tirar vantagem dessa situação e passar a ser um importador de cérebros, e não um exportador de talentos. Historicamente, a academia brasileira tem inúmeros exemplos excepcionais de pesquisadores estrangeiros de alto nível que alavancaram grandes avanços científicos no Brasil. O Programa Brasileiro de Ciência Tropical só teria a ganhar com uma política mais abrangente, audaciosa e sistêmica de importação de talentos.

Muitos sonhos, muitas ideias, muitas utopias – todas gestadas, acredite se quiser, à sombra das macaíbas.

UM CHUTE BRASILEIRO PARA TODA A HUMANIDADE

Em 2005, poucas semanas após a inauguração da primeira unidade de pesquisa do IINN-ELS, no bairro de Candelária, em Natal, eu me encontrava em São Paulo para participar de mais um evento científico. Tudo parecia corriqueiro quando, alguns minutos depois de terminar minha palestra, recebi o telefonema de um ex-colega de turma me informando que o meu querido orientador e mentor, professor César Timo-Iaria, tinha sido internado, na noite anterior, na UTI do Instituto do Coração do Hospital das Clínicas da Universidade de São Paulo com um quadro muito grave de insuficiência respiratória.

Apesar do choque inicial causado pela notícia e pela comoção do meu colega, que, como eu, fora aluno de pós-graduação do professor César, na realidade eu vinha me preparando para esse momento extremamente doloroso nos últimos três anos, desde outro telefonema, em meados de 2002. Naquela manhã – depois de uma conversa animada sobre ciência, enquanto eu caminhava pelo meu escritório ouvindo mais uma "aula de neurociência" ao telefone –, foi o próprio professor César, numa voz leve, sem qualquer sinal de comoção, que, ao fim de uma exposição absolutamente meticulosa de um trabalho recém-publicado numa revista científica da nossa área, me disse casualmente:

– Na verdade, Miguel, tenho certeza de que o autor desse estudo está enganado. Na semana passada eu mesmo fui diagnosticado com esclerose lateral amiotrófica. Curiosamente o diagnóstico foi feito com uma versão moderna do exame que eu ajudei a criar durante o meu pós-doutorado em Nova York, com o Vernon Brooks. Assim, sou a prova viva de que isso que o autor falou não pode ser verdade. Os sintomas da esclerose lateral amiotrófica não evoluem dessa forma.

Chocado com a revelação quase casual, e surpreendido pela tranquilidade com que ela me fora comunicada, eu tive que primeiro me sentar, e, com o pequeno intervalo de tempo ganho, ajustar todos os meus pensamentos de imediato. Relembrando de súbito tudo o que aprendi na companhia desse que foi o homem mais erudito e mais apaixonado pela ciência que já conheci, uma tristeza profunda começou a inundar a minha mente. Nesse estado, eu mal sabia como dar prosseguimento à conversa.

A simples menção do nome dessa doença neurodegenerativa, esclerose lateral amiotrófica, sempre me deu, desde os tempos da faculdade de medicina, um calafrio na medula. Agora, surpreendido com a notícia, eu nem sabia como me comportar ao descobrir que o homem que me levara a mudar toda a minha vida depois de uma de suas aulas[3], e que fora o grande responsável pela minha decisão de seguir uma carreira de cientista profissional, acabara de prever um destino tão cruel quanto irônico. Afinal de contas, poucos seres humanos conheciam mais profundamente a evolução do quadro clínico da esclerose lateral amiotrófica do que o professor César.

De causa desconhecida, a esclerose lateral amiotrófica (ELA) gera a morte progressiva dos neurônios da medula espinhal que inervam os músculos ditos voluntários de todo o corpo, inclusive aqueles que

---

[3] A história do meu primeiro encontro com o professor César pode ser lida no prólogo do meu livro *Muito além do nosso eu*.

nos permitem respirar e falar. Embora em alguns casos o quadro clínico da doença possa levar muitos anos para se instalar completamente, o paciente com ELA passa a exibir uma paralisia progressiva que atinge todos os músculos do corpo. Assim, em quadros avançados da doença, o paciente perde toda a capacidade de mover o corpo e mesmo de respirar sem ajuda de aparelhos, embora todas as suas funções cognitivas permaneçam intactas. A melhor explicação que já ouvi para descrever essa condição foi a que o próprio professor César me confidenciou, numa de nossas conversas posteriores ao seu diagnóstico: "É como se o corpo da gente se transformasse na nossa prisão e se recusasse a aceitar os comandos aflitos que continuam a ser gerados pelo nosso córtex motor".

Essa definição é absolutamente perfeita porque o sistema nervoso central do paciente com ELA permanece intacto, inclusive as múltiplas áreas do lobo frontal que definem o chamado "córtex motor" – o grande circuito formado por centenas de milhões de neurônios interconectados que geram todos os comandos motores voluntários usados por cada um de nós para controlar os movimentos dos músculos do corpo. Como mencionei acima, apenas os neurônios motores periféricos, aqueles que inervam diretamente os músculos, degeneram. Como resultado, o paciente lúcido e consciente do seu prognóstico testemunha, sem poder fazer absolutamente nada, a paralisação progressiva de cada um dos seus movimentos. Ao fim desse processo, que pode levar anos, o paciente, já paralisado e, portanto, restrito a uma cadeira de rodas ou mesmo impossibilitado de deixar o leito, começa a sofrer com a paralisia dos músculos intercostais e do diafragma, levando a um quadro aterrorizante de insuficiência respiratória que, sem o auxílio do uso de respiradores artificiais, evolui para o óbito. Se esse quadro não fosse trágico o suficiente – a paralisia corpórea completa (membros superiores e inferiores) e a incapacidade de respirar por meios próprios –, soma-se a isso a progressiva incapacidade de o paciente se comunicar verbalmente, uma vez que os neurônios que controlam a musculatura responsável pelos movimentos das cordas vocais também degeneram e morrem nos estados avançados da doença.

No começo deste século já era possível manter vivos os pacientes com estados avançados de ELA. Para tanto, era preciso submeter o paciente a uma traqueostomia permanente – abertura da traqueia usada para obter acesso às vias respiratórias – e mantê-lo ligado, continuamente, a um ventilador artificial. Esse artefato faria dali para a frente, e para o resto da vida do paciente, o procedimento dos músculos intercostais, já paralisados, permitindo a ventilação contínua dos pulmões. Até alguns anos atrás, porém, uma vez que o paciente atingisse esse estado de paralisia, não havia mais nenhuma forma de comunicação com o mundo exterior. Apesar de poder ver e ouvir perfeitamente o que ocorria à sua volta, ele não tinha mais como comunicar suas opiniões, desejos e emoções, visto que todos os músculos que poderiam lhe permitir um canal de expressão teriam perdido a capacidade de se contrair para transmitir algum tipo de sinal ou informação ao mundo exterior.

Esse estado de perda da comunicação completa com o mundo exterior, que pode ser produzido pela ELA e por uma variedade de outras doenças neurológicas, foi denominado *lock in syndrome*, cuja melhor tradução para o português seria "síndrome do aprisionamento". Acredite em mim, para quem já teve contato com um paciente acometido por essa desconexão com o mundo ao redor, o nome é mais do que apropriado.

No final do anos 1990, um grande amigo meu, Niels Birbaumer, professor de psicologia na Universidade de Tübingen, na Alemanha, introduziu uma técnica extremamente inovadora para permitir que pacientes em via de mergulhar no estado final da *lock in syndrome*, devido ao avanço da ELA, pudessem manter um canal de comunicação com seus familiares e o mundo exterior, mesmo depois que todos os seus músculos tivessem parado de funcionar.

Essa técnica, apelidada de interface cérebro-computador não invasiva, foi publicada no mesmo ano em que o meu ex-orientador, John Chapin, e eu publicamos o primeiro trabalho com a nossa versão de uma interface cérebro-máquina – desenvolvida de maneira totalmente independente da descoberta do grupo de Birbaumer – que permitiu a um grupo de roedores controlar uma alavanca robótica usando apenas a atividade elétrica do cérebro. No caso da interface cérebro-computador desenvolvida por Niels Birbaumer e seus estudantes, o paciente com ELA era agora capaz de usar os sinais elétricos gerados pelo cérebro – que permaneceu intacto durante toda a doença –, captados por eletrodos planos aplicados no couro cabeludo, numa técnica conhecida como eletroencefalografia, para controlar os movimentos de um cursor que podia ser usado para selecionar letras que apareciam numa tela de computador. Dessa forma, após um período de treinamento, os pacientes conseguiam usar a atividade elétrica do cérebro para, letra a letra, compor mensagens escritas que podiam agora ser usadas como meio de comunicação com familiares, amigos e com qualquer pessoa que tivesse acesso a uma conta de e-mail. Isso porque, uma vez escrita, a mensagem podia ser transmitida pelo computador para qualquer destinatário. Apesar da baixa velocidade para formar uma mensagem, essa técnica foi recebida com grande entusiasmo pelos pacientes que sofriam dessa terrível síndrome, uma vez que agora eles dispunham de uma forma de restabelecer contato com seus entes queridos.

A despeito desses avanços significativos na luta contra os efeitos devastadores da ELA, meses antes de receber aquele telefonema em 2005 eu já sabia que, quando confrontado com a perspectiva de vida que a moléstia lhe reservara, o professor César, apesar dos pedidos de sua família, amigos, colegas e ex-alunos, recusaria terminantemente a possibilidade de viver os últimos anos da sua vida conectado permanentemente a um respirador artificial. Nem mesmo a possibilidade de usar o sistema criado por Niels Birbaumer parecia aceitável para ele. A sua justificativa era tão simples quanto estoica: segundo o meu mentor, "a vida não lhe devia mais nada".

Tendo sido alertado da sua internação, eu imediatamente me dirigi ao Incor para visitá-lo. Junto comigo eu carregava a primeira foto da fachada da unidade do Instituto Internacional de Neurociências de Natal, recém-inaugurada no bairro de Candelária algumas semanas antes. Na foto do prédio recém-reformado, via-se com clareza o nome com a qual a unidade havia sido batizada: Centro de Ensino e Pesquisa César Timo-Iaria. Para completar o cerimonial de inauguração, faltava apenas mostrar a foto ao homenageado, que já fora informado da travessura cometida por seu ex-aluno.

Quando cheguei ao andar da UTI onde ele se encontrava internado, fui informado de que o estado do meu querido professor era terminal. No mais puro e incomparável "estilo César Timo-Iaria", embora totalmente paralisado e mal conseguindo respirar ou falar, o nosso professor insistia em usar suas últimas palavras para orientar seus ex-alunos, uma derradeira vez, sobre "tudo aquilo que ainda faltava fazer". Poucos momentos foram mais difíceis para mim do que quando, naquele princípio de tarde, chegou a minha vez de entrar no pequeno cubículo de UTI onde um dos maiores cientistas brasileiros da segunda metade do século XX lutava, estoicamente, por cada lufada de ar que o mantivesse vivo por apenas mais alguns minutos, para que ele pudesse, na sua obsessiva missão que já durava décadas, concluir aquela que fora a sua maior paixão em vida: transmitir o máximo de conhecimento e sabedoria para o maior número de jovens que estivessem dispostos a ouvi-lo.

Prostrado numa cama elevada para facilitar a sua respiração débil, reduzido ao tamanho de um adolescente, lá estava ele, o meu querido astrônomo de neurônios, herói, exemplo, amigo e colega, esboçando um leve sorriso mais uma vez, como sempre fizera, desde os tempos em que nos corredores da FMUSP ele me avistava de longe, subindo as escadas, ansioso para me perder no verdadeiro "parque de diversões" conhecido apenas como o laboratório do professor Timo-Iaria.

– Mas o que houve? Por que toda essa tristeza, professor Nicolelis? Sente-se aqui do meu lado porque temos muito o que conversar, como bons "carcamanos" que somos, e eu não tenho muito tempo.

Sem que eu pudesse nem ao menos expressar uma ínfima fração de toda a gratidão, admiração e amor filial que me ligara àquele homem que nunca tivera filhos, apenas alunos, eu mais uma vez fui submetido, como era seu hábito sempre que nos encontrávamos, a uma verdadeira sabatina sobre o estado das minhas pesquisas. Como eu mal conseguisse falar coerentemente, percebendo o meu estado emocional, aquele homem que lutava contra a morte sem nenhuma esperança de vencer a batalha teve a serenidade de primeiro me confortar e depois me transmitir, didaticamente, uma série de recomendações sobre que experimentos eu deveria fazer, quais linhas de pesquisa eu deveria perseguir e quais escritos, na sua opinião, eu deveria priorizar.

– Miguel, eu estou tranquilo. Você pode ficar sossegado. Tudo o que quis fazer na vida eu fiz. Não tenho nenhum arrependimento, a não ser não poder estar presente para ver o que virá por aí nesses próximos anos. As décadas seguintes vão ser incríveis, e eu me consolo em saber que vocês, meus alunos, vão poder testemunhar por mim tudo o que virá. Vá em frente, não deixe ninguém inibir os seus sonhos. Há muito por fazer, professor Nicolelis. Mãos à obra!

Ainda não completamente refeito, eu não me lembro bem como mostrei ao meu querido professor a foto da fachada do prédio que agora levava o seu nome, no meio de uma rua sem asfalto – a já famosa Rua da Vergonha – num bairro da periferia de Natal.

– Professor César, achei que o senhor gostaria de ver a primeira foto oficial do Centro de Ensino e Pesquisa César Timo-Iaria, em Natal.

Sem conseguir produzir, apesar do esforço, outro movimento facial compatível com um sorriso, foram os olhos sempre lúcidos de eterno professor que sorriram intensamente naquele momento.

– Muito bonito mesmo. E que céu azul! Lembre-se daqueles experimentos que você precisa fazer, aqueles sobre os quais conversamos. Podem ser feitos aí nesse prédio?

– Eles certamente serão feitos, professor César. O senhor pode ficar sossegado.

– Eu sei, Miguel. Eu sei.

Em nenhum momento do restante daquele nosso último encontro o professor César se queixou de algo ou de alguém; nem das condições em que vivera nos últimos meses, nem daquela agonia terminal que levaria a maioria de nós ao desespero, nem do fato de a direção da Faculdade de Medicina da USP ter lhe removido o laboratório e o escritório, onde aquele pioneiro da neurociência brasileira trabalhara por décadas, antes mesmo do desfecho do seu martírio. Isso não foi mencionado, pois nada disso realmente importava.

O que contava de verdade era que o professor sempre tivera a oportunidade de passar os seus últimos minutos de vida cercado pelos alunos e discípulos que ele ajudara a "tirar da casca" para seguirem, por toda a vida, o mesmo caminho obstinado e apaixonante que ele mesmo percorrera.

Até nos seus últimos momentos de vida, César Timo-Iaria encontrou forças para servir como exemplo de dignidade para seus discípulos, familiares e amigos.

Missão cumprida.

Mais uma vez, como inúmeras vezes desde tempos imemoriais, passava-se o bastão de uma geração para a outra, nessa corrida de revezamento interminável, que começou no exato momento em que o primeiro hominídeo africano ergueu os olhos para contemplar os céus estrelados da madrugada equatorial e, graças à explosão de uma tempestade elétrica cerebral jamais antes vista na história do universo, perguntou a si mesmo de onde vinha tudo aquilo.

Entre tantas frases e exemplos de sabedoria de autoria do professor César que permanecem comigo até hoje, uma se aplica demais ao contexto de todo o enredo deste livro. Curiosamente, ela foi colocada no seu perfil na Wikipedia. Trata-se do seu discurso, dirigido aos novos membros eleitos para a Academia Brasileira de Ciências, em 3 de junho de 2002. Referindo-se a que tipo de aluno deveríamos formar no Brasil, o dr. César sugeriu que era preciso incentivar os futuros pesquisadores a atingirem os seus limites de criatividade:

> "Para que [eles] almejem tornar-se linces, como eram considerados os membros da primeira academia [científica] do mundo. Que enxerguem muito longe, abrangendo um ângulo acadêmico de saber muito amplo e passando essa atitude para seus alunos. Precisamos deixar de ser formiguinhas, treinadas para carregar pedacinhos de folhas de um lugar a outro quase cegamente, e voltar a formar linces".

Ao longo de todo o período em que testemunhei a distância a evolução da doença consumir a vida do dr. César, a maior frustração que enfrentei foi saber que, ironicamente, boa parte dos meus esforços enquanto neurocientista consistia em tentar criar uma forma de terapia – a interface cérebro-máquina – que poderia ter beneficiado o meu professor, caso tivéssemos um pouco mais de tempo para atingir nosso objetivo. Como contei em detalhes no meu livro *Muito além do nosso eu*, durante os últimos quinze anos meus colegas e eu, trabalhando no Centro de Neuroengenharia da Universidade Duke, realizamos uma série de experimentos com macacos rhesus – e estudos clínicos em pacientes, tanto nos Estados Unidos como no Brasil – que implementaram a primeira geração de interfaces cérebro-máquina (ICMs) que poderiam ser usadas para restaurar a mobilidade em pacientes portadores de paralisia corpórea.

Ao criar uma maneira de estabelecer uma conexão direta e bidirecional entre o tecido neural de animais (e pacientes) e uma variedade de ferramentas artificiais, essas ICMs permitiram que primatas fossem capazes de utilizar apenas a atividade elétrica produzida por grupos de centenas de neurônios – distribuídos em múltiplas regiões cerebrais – para controlar os movimentos de uma variedade de artefatos mecânicos, eletrônicos, robóticos e até mesmo de braços e pernas virtuais.

Ao aprender a operar uma ICM, esses primatas adquiriram a capacidade de controlar os movimentos de ferramentas artificiais e computacionais apenas imaginando o tipo de movimento de seus braços e pernas necessários para a execução de uma dada tarefa motora. Em outras palavras, esses animais foram capazes de realizar seus desejos motores voluntários sem a necessidade de recrutar qualquer músculo de seus membros biológicos. Em vez disso, eles apenas utilizaram o próprio pensamento para jogar videogames ou mover objetos localizados próximos a eles ou em ambientes remotos, como um robô do outro lado do planeta. Essas demonstrações provaram que, ao trabalhar na convergência de múltiplas áreas de pesquisa – que incluem a neurofisiologia de sistemas, a microeletrônica, a ciência da computação e a robótica –, a neurociência moderna está rapidamente adquirindo a capacidade de realizar descobertas que podem levar ao surgimento de uma grande variedade de novas terapias para o

Técnica para sistema de registro multicanal

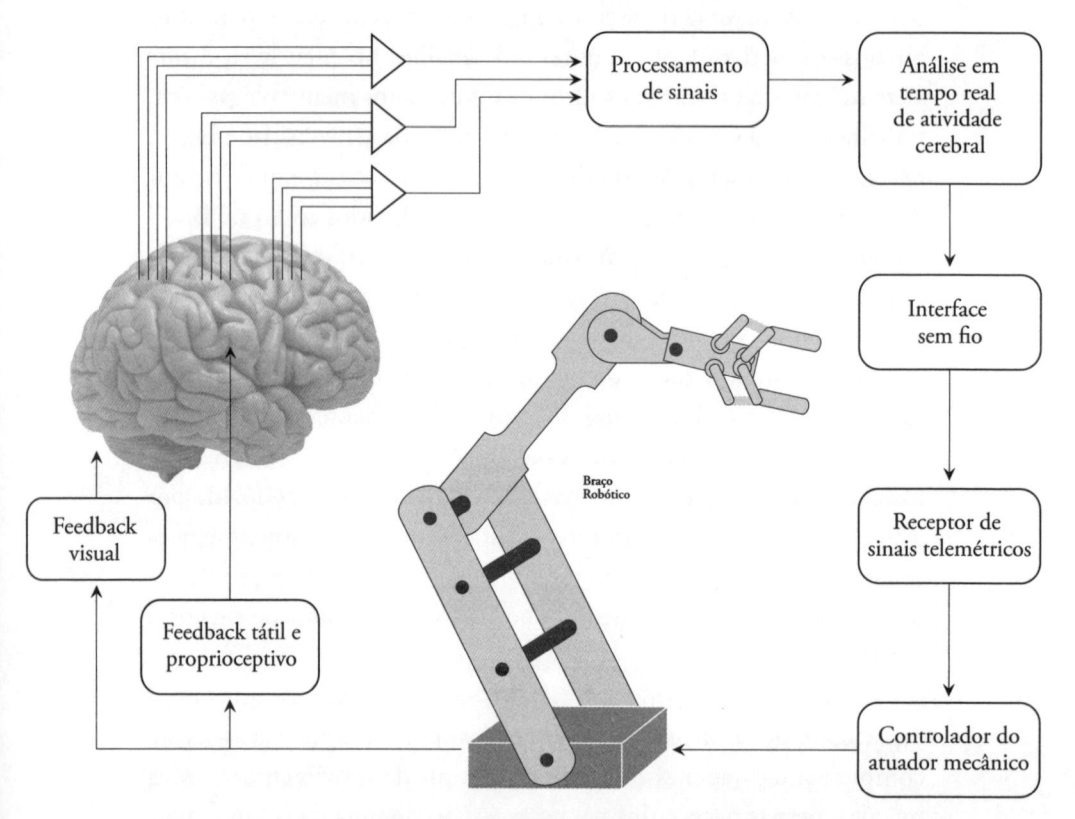

Esquema descrevendo a comfiguração básica de uma interface cérebro-máquina.

tratamento de milhões de pacientes mundo afora que sofrem com as consequências devastadoras de moléstias neurológicas – como a ELA ou lesões irreparáveis do sistema nervoso central, tal como a secção completa ou incompleta da medula espinhal decorrente de acidentes automobilísticos.

Dois anos depois do falecimento do professor César, o nosso grupo da Universidade Duke, atuando em conjunto com a equipe de um grande amigo meu, o professor Gordon Cheng, conseguiu demonstrar a possibilidade de usar sinais elétricos cerebrais, registrados com implantes de centenas de microfilamentos no córtex motor de macacos, para controlar, em tempo real, a locomoção autônoma de um robô humanoide – chamado Computational Brain 1 (ou CB1). Uma das grandes inovações desse experimento, descrito no capítulo 8 do meu livro *Muito além do nosso eu*, foi que o macaco que doou os seus sinais neurais para locomover o robô encontrava-se na Universidade Duke, na costa leste dos Estados Unidos, enquanto CB1 residia no laboratório do professor Gordon Cheng em Kyoto, no Japão. Apesar da distância – todo o diâmetro do planeta Terra –, a conexão macaco-robô funcionou perfeitamente, permitindo que CB1 andasse sob o controle da atividade mental da macaca Idoya mesmo quando ela parou de mexer o próprio corpo, passando apenas a imaginar os passos que CB1 precisava executar, do outro lado do mundo.

Tal demonstração serviu para semear a ideia de que o dia em que uma interface cérebro-máquina permitisse que um paciente paralisado voltasse a se movimentar autonomamente não estava tão distante. Foi assim que, em meados de 2008, comecei a pensar na possibilidade de criar um consórcio científico, envolvendo as melhores mentes em todo o mundo – que atuam numa variedade de áreas envolvidas na pesquisa em ICM, neurociência, neurocirurgia, robótica, ciência da computação, engenharia mecânica –, que pudesse concretizar um dos objetivos mais ambiciosos e humanitários dessa área: construir a primeira veste robótica de corpo inteiro, também conhecida como exoesqueleto, que, sendo controlada pela atividade elétrica voluntária do cérebro do paciente, pudesse restaurar a sua mobilidade, removendo-o, pela força do próprio pensamento, de uma cadeira de rodas ou mesmo do leito em que tiver sido confinado pela imposição de uma moléstia ou lesão neurológica.

Para todos os efeitos, ao vestir esse exoesqueleto, os pacientes paralisados voltariam a controlar voluntariamente os movimentos de um novo corpo, formado pela combinação do seu corpo biológico e de um robótico. Para dar conta dessa tarefa, em 2009 comecei a recrutar colegas nos mais avançados centros de pesquisa dos Estados Unidos, da Europa e do Brasil para com eles fundar o Projeto Andar de Novo (Walk Again Project). Em 2009, esse grupo inicial de colaboradores começou a traçar o plano para a primeira grande demonstração pública da ideia descrita acima. Ninguém em 2009, todavia, poderia imaginar quando e onde essa primeira demonstração poderia ocorrer. Logo, a resposta a essas questões surpreenderia boa parte da comunidade científica mundial e brasileira.

Levando em conta as observações e os resultados acumulados em mais de quinze anos de pesquisa básica e aplicada com ICMs, chegou-se ao consenso de que, na sua configuração clínica final, um exoesqueleto de corpo inteiro precisaria se valer de uma série de novos desenvolvimentos tecnológicos para cumprir a função idealizada. No caso de pacientes paraplégicos – paralisados do tórax/cintura para baixo –, o nosso grupo de cientistas optou por iniciar seus trabalhos usando uma forma não invasiva de obter sinais elétricos cerebrais, a mesma abordagem que Niels Birbaumer utilizou como novo método de comunicação para pacientes *locked in*. Essa técnica, baseada no eletroencefalograma (EEG), seria nosso ponto de partida. No caso de pacientes sofrendo de casos de paralisia mais disseminada – como na quadriplegia, em que todo o corpo abaixo do pescoço está paralisado –, continuaríamos investindo no desenvolvimento de implantes intracerebrais – aqueles usados em nossos estudos com macacos – para obter o melhor resultado clínico.

Para fazer com que a nossa interface cérebro-máquina pudesse auxiliar pacientes a controlarem um exoesqueleto como forma de gerarem movimentos fundamentais, como aqueles envolvidos na locomoção, decidimos que os sinais neuronais captados pela técnica de EEG seriam captados por uma unidade de processamento acoplada na parte posterior da veste robótica. Essa unidade de controle seria responsável por "rodar" todos os modelos matemáticos criados para otimizar a extração de comandos motores da atividade elétrica neuronal gerada pelo cérebro de cada paciente, a conversão desses comandos para linguagem digital e a transmissão dos sinais digitais de controle para os motores responsáveis pela movimentação da veste robótica. Assim, instruções motoras de alto nível, como iniciação do ciclo de marcha, mudanças de postura, velocidade e direção de locomoção, são controladas diretamente pela atividade voluntária motora do cérebro do paciente. Por outro lado, a execução final dos movimentos de locomoção é controlada pelos circuitos eletromecânicos do exoesqueleto. Essa interação permitirá que pacientes paralisados possam voltar a se manter numa postura ereta e caminhar de acordo com a própria vontade.

Para tornar essa caminhada mais realista, sensores de força, distribuídos ao longo de todo o exoesqueleto, formando uma verdadeira "pele artificial", são responsáveis pela geração de um fluxo contínuo de sinais de retroalimentação tátil e proprioceptivo para o cérebro de cada paciente. Criada pela equipe do professor Gordon Cheng, da Universidade Técnica de Munique, a pele artificial gera sinais de retroalimentação, por exemplo da superfície plantar dos pés do exoesqueleto, que podem ser transmitidos para a superfície da pele dos braços do paciente, uma região onde ele ainda possui sensibilidade tátil. Depois de alguns minutos interagindo com esses sinais "táteis artificiais", em combinação com sinais visuais, observamos que o cérebro de cada paciente é capaz de incorporar, através de um processo de plasticidade cerebral, todo o exoesqueleto como uma extensão do seu corpo biológico e utilizar esse aparato para uma vez mais mover-se, livre e autonomamente, pelo mundo exterior.

O primeiro passo para viabilizar a realização do Projeto Andar de Novo no Brasil se deu em 2010, com o início das operações do Instituto Nacional de Interfaces Cérebro-Máquina (INCeMaq), com sede no IINN-ELS. Graças a esse projeto, foi possível realizar uma grande transferência de tecnologias para o instituto, bem como capacitar o corpo de cientistas do INCeMaq para atuar na área de interfaces cérebro-máquina. Como consequência desse trabalho, que consumiu quase dois anos (2010 a 2011), o IINN-ELS adquiriu as condições de liderar o esforço central do Projeto Andar de Novo no Brasil.

Nessa altura, é importante ressaltar que, além de propor a participação do Brasil como protagonista central de um projeto científico de alto valor humanitário, com repercussões globais — haja vista o seu potencial de melhorar significativamente a qualidade de vida de mais de duas dezenas de milhões de pacientes por todo o mundo que sofrem com graus severos de paralisia corpórea, e trazer ao país uma série de tecnologias de ponta nas áreas de neurofisiologia, microeletrônica, ciência da computação, robótica e neuroengenharia –, o Projeto Andar de Novo também estabeleceu um método inovador de colaboração internacional e um programa de formação de recursos humanos único.

Graças a esse modelo, o Projeto Andar de Novo passou a contar com uma rede mundial com mais de 156 participantes, oriundos de 25 países. Incluindo neurocientistas, engenheiros e profissionais da área de reabilitação de instituições de renome internacional localizadas nos Estados Unidos (Universidade Duke, Universidade da Califórnia Davis, Universidade Kentucky), na Alemanha (Universidade Técnica de Munique) e na Suíça (Escola Politécnica Federal de Lausanne), essa parceria também passou a contar no Brasil, além do IINN-ELS, com a participação da Associação de Assistência à Criança Deficiente (AACD), em São Paulo.

Desde a criação do consórcio internacional Andar de Novo, comecei a imaginar como nós, cientistas, poderíamos mostrar a todo o mundo que, graças aos avanços da pesquisa em interfaces cérebro-máquina, o momento de transformar cadeiras de rodas em objetos de museu – e nesse processo melhorar significativamente a qualidade de vida de pacientes sofrendo há anos com as limitações impostas pela paralisia grave – estava chegando. Depois de refletir por algum tempo sobre essa questão, eu concluí que, para realmente transmitir essa mensagem a todo o mundo, seria preciso organizar uma demonstração impactante do alcance dessa nova tecnologia durante um dos maiores eventos do planeta.

E em 2011 a oportunidade apareceu. Quase ao fim de uma palestra em São Paulo, sem que ninguém soubesse, numa sequência de três imagens eu apresentei ao público, em primeiro lugar, um mapa do mundo onde constava a localização de todos os parceiros originais do consórcio Andar de Novo. No *slide* seguinte, revelei a primeira imagem da veste robótica, ou exoesqueleto, que seria construída para permitir que um paciente paralisado usasse a sua atividade cerebral para voltar a andar. Finalmente, o último *slide* foi usado para revelar qual seria o meu plano para mostrar a todo mundo, a partir de uma demonstração realizada em solo brasileiro, o potencial dessa invenção. Nesse momento eu revelei que o nosso intuito, mesmo sabendo de todas as dificuldades envolvidas, era propor que a primeira demonstração pública do exoesqueleto do Projeto Andar de Novo, controlado por sinais cerebrais de um paciente paralisado, fosse realizada durante a cerimônia de abertura da Copa do Mundo de Futebol de 2014. De acordo com essa proposta, um paraplégico brasileiro usaria um exoesqueleto movido pela força do pensamento para dar o chute inaugural da Copa do Mundo no país do futebol e, no processo, mostrar ao mundo um outro Brasil; um país onde, além do talento futebolístico e artístico, também existe ciência de altíssima qualidade, capaz de, num simples chute, num gesto simbólico, oferecer um presente de esperança e ousadia para toda a humanidade.

Novamente, *Made in Macaíba!*

Para minha surpresa total, de pé, a plateia aplaudiu, chorou, assobiou e gritou por vários minutos, saudando, emocionada, a ideia que acabava de sair do armário dos sonhos impossíveis para se transformar num projeto concreto, com data e hora marcadas para acontecer.

Dia 12 de junho de 2014, às 3h30 da tarde, no gramado do Itaquerão, em São Paulo.

Depois daquela primeira manifestação, dezenas de outras palestras por todo o Brasil e pelo mundo afora se seguiram. Em cada um dos auditórios, dos mais humildes aos mais suntuosos, onde o mesmo desafio foi formulado e a promessa empenhada, milhares de cidadãos brasileiros, norte-americanos, europeus, africanos e asiáticos reagiram da mesma maneira: com lágrimas nos olhos e grandes manifestações de apoio e apreço pelo desejo de desafiar a norma e tentar, de todas as maneiras, atingir um objetivo eleito pela revista *Scientific American* como um dos dez feitos "muito além das fronteiras da ciência moderna".

Por três anos eu percorri cidades de todo o Brasil e do mundo tentando mostrar a meus colegas cientistas e a auditórios lotados por cidadão comuns que havia, sim, a possibilidade de transformar o impossível em factível. Depois de todas essas palestras – que foram apoiadas por uma série de trabalhos científicos, gerados do meu laboratório na Universidade Duke e do IINN-ELS e publicados nas maiores revistas do mundo –, o momento em favor dessa proposta começou a ganhar força. De repente, onde eu estivesse no Brasil, lendo um livro em algum aeroporto, assistindo aos jogos do Palmeiras em algum campo de futebol, comendo em algum restaurante, participando de algum programa de televisão ou rádio, ou visitando universidades brasileiras, todos só queriam saber de uma coisa: seria mesmo possível abrir a Copa do Mundo com uma demonstração científica na qual um jovem paraplégico usaria uma veste robótica para dar o chute inicial do evento?

Por mais incrível que possa parecer, a ideia totalmente não convencional, que partiu do nada, numa palestra científica, começou a se espalhar por todo o país e a ganhar destaque nas maiores revistas científicas do mundo e mesmo na imprensa não especializada.

Faltava, porém, o principal: o convite para participar da festa.

E o convite veio, primeiro do governo brasileiro, que apoiou a ideia integralmente e levou a proposta para o comitê criado pela Fifa para organizar a cerimônia de abertura da Copa.

Alguns meses depois, lá estava eu, pronto para entrar na antessala do gabinete da Presidência da República, à espera do meu encontro com a senhora presidenta do Brasil, Dilma Rousseff, quando um dos funcionários me parou no corredor. Preocupado, pensando que eu tivesse cometido alguma gafe ou algo errado, quase não resisti à pressão quando ele, pegando-me pelo braço, perguntou com a voz de segurança barítono: "Mas vai mesmo ser possível fazer o menino dar o chute na abertura da Copa?".

Durante a minha apresentação aquele dia no Palácio do Planalto, a presidenta me fez uma pergunta crucial.

– Professor Nicolelis, além da demonstração durante a abertura da Copa, qual será o legado a longo prazo de realizar esse projeto no Brasil?

Como que liberando uma cachoeira que havia sido represada por toda uma vida, comecei a expor qual seria o verdadeiro impacto de realizar tal demonstração em solo brasileiro.

– Senhora presidenta, o chute da Copa será literalmente o primeiro passo de um processo, de um círculo virtuoso, que se iniciará com o encantamento que milhões de crianças brasileiras, que jamais sonharam ser possível unir as palavras cientista e brasileiro na mesma frase, vão sentir ao testemunhar o desenvolvimento desse projeto nos meses que antecedem a demonstração na abertura da Copa. Na minha concepção, o Projeto Andar de Novo vai servir como um agente catalisador da capacidade criativa da juventude brasileira, permitindo que ela passe a acreditar que também pode assombrar o mundo dedicando toda uma vida à busca de atingir sonhos considerados por muitos como impossíveis.

Mas faltava a segunda parte. Embalado, continuei.

– O Projeto Andar de Novo também vai abrir as portas para a ideia de criar no Brasil o primeiro parque neurotecnológico do mundo. Localizado dentro da Cidade do Cérebro, que pode ser construída ao redor do Campus do Cérebro do IINN-ELS, em Macaíba, esse parque poderá não só suprir necessidades tecnológicas essenciais na área de engenharia biomédica do SUS, mas também gerar uma nova cultura de empreendedorismo científico e tecnológico no Nordeste e em todo o país.

"Para suprir de capital humano essa Cidade do Cérebro, o Projeto Andar de Novo vai gerar as condições para o estabelecimento de um programa de pós-graduação internacional, voltado para as áreas de neurociência, neuroengenharia e neurotecnologia, que complementará o programa Educação para Toda a Vida do IINN-ELS, que já oferece educação de alta qualidade, desde o pré-natal até a universidade, dentro do Campus do Cérebro de Macaíba.

"Tanto o programa de educação científica Alberto Santos Dumont como o curso de pós-graduação servirão como um legado inestimável do Projeto Andar de Novo, permitindo que toda uma geração de crianças e jovens brasileiros possa sentir, com sua própria experiência, a enorme relevância humanística e social que a prática da ciência de alto nível pode ter na formação de um país e de uma sociedade verdadeiramente democrática."

Já fora do Palácio do Planalto, removendo a única gravata que eu encontrara às pressas, cercado pelas esculturas de Oscar Niemeyer que compõem a paisagem daquela praça, no centro do projeto piloto de uma cidade que todos julgavam impossível de ser criada, no meio de lugar nenhum do planalto central brasileiro, eu me lembrei do lema que a minha querida avó Lygia sempre me dizia e que me acompanhou por toda a vida: "O impossível é apenas o possível que ninguém pôs esforço suficiente para realizar".

Depois de mais um ano e meio percorrendo todos os trâmites burocráticos necessários para que a proposta científica e o seu orçamento pudessem ser avaliados e aprovados dentro da máquina administrativa federal, no dia 27 de dezembro de 2012, durante um telefonema de menos de um minuto, foi-me dada a confirmação final de que o projeto havia sido aprovado e seria financiado pelo governo federal através da sua principal agência de fomento científico, a Finep.

Depois de vencida essa primeira enorme batalha, faltava, porém, falar com a dona da chave da porta da festa: a Fifa.

Enquanto esperávamos pela confirmação da Fifa, um processo tortuoso e cheio de eventos surreais que merecem ser descritos num livro próprio[4], os equipamentos necessários para a execução do projeto começaram a ser adquiridos enquanto um laboratório de reabilitação neurorrobótica – o primeiro do seu gênero em todo o mundo – era construído nas dependências da AACD, nossa parceira no projeto. Ao mesmo tempo, deu-se início, em Paris, à construção dos dois exoesqueletos robóticos que seriam usados para o treinamento de um grupo de oito pacientes paraplégicos, selecionados segundo uma longa lista de critérios clínicos.

No dia 21 de agosto de 2013, numa reunião no Rio de Janeiro, o então secretário-geral da Fifa, Jérôme Valcke, confirmou a disposição de permitir que a nossa demonstração ocorresse no dia 12 de junho de 2014, durante a cerimônia de abertura da Copa do Mundo.

Durante o segundo semestre de 2013, o processo de construção dos exoesqueletos foi acelerado. Exatamente no dia 13 de dezembro de 2013 os primeiros movimentos conjugados das articulações de

---

[4] *The Kick*: como cientistas conceberam e um jovem paraplégico brasileiro executou o pontapé inicial da Copa de Mundo de 2014, a despeito da Fifa.

uma dessas vestes robóticas foram gerados em laboratório. Dali para a frente, ao longo dos primeiros seis meses de 2014, até o dia marcado para a primeira demonstração pública, toda a equipe internacional de cientistas do Projeto Andar de Novo trabalhou sem parar, dia e noite, para que todo o mundo pudesse ter uma enorme surpresa durante a cerimônia de abertura da Copa do Mundo.

Como resultado de todo esse esforço, e a despeito dos muitos obstáculos científicos e tecnológicos, em 12 de junho de 2014, precisamente às 15h33 de uma tarde ensolarada do inverno paulistano, Juliano Pinto, um para-atleta brasileiro de 29 anos, portador de uma lesão completa na medula espinhal que lhe paralisa ambas as pernas e mais da metade inferior do tronco, realizou o sonho de dezenas de milhões de pessoas mundo afora que sofrem diariamente com a impossibilidade de comandar os movimentos de seu próprio corpo. Vestindo um exoesqueleto robótico batizado com o nome de BRA-Santos Dumont 1 e carregando consigo um dos lenços de seda do grande aviador brasileiro, Juliano, ereto, depois de quase uma década passada numa cadeira de rodas, perfilou-se resoluto no encontro das linhas lateral e central do campo que em minutos serviria como palco do jogo de abertura da Copa do Mundo.

Após receber o sinal para o momento tão esperado, Juliano imediatamente formulou em sua mente um desejo motor, expresso na forma de uma vasta tempestade elétrica neural que logo se espalhou por boa parte do seu córtex frontal. Durante muitos anos o destino final dessa verdadeira ebulição mental fora sempre o mesmo: dada a completa interrupção dos nervos que trafegavam pela medula espinhal de Juliano, a transmissão desse desejo motor e de todos os comandos necessários para a sua execução, gerados conscientemente pelo seu cérebro, não alcançava as partes do seu corpo localizadas abaixo do nível da lesão medular. Como essa lesão também causara a interrupção dos nervos que conduzem sinais táteis dos seus membros inferiores para o cérebro, Juliano também não conseguia experimentar nenhuma sensação originada nessas regiões do corpo.

Mas naquela tarde tudo foi diferente. Graças ao emprego de uma interface cérebro-máquina, desenvolvida inteiramente no Brasil, o desejo motor gerado pelo cérebro de Juliano foi detectado, interpretado e traduzido em comandos digitais que uma máquina, nesse caso um exoesqueleto, pudesse entender. Como resultado dessa operação, a perna direita de Juliano, revestida por seu novo acompanhante robótico, foi capaz de erguer-se, armar um chute que todo brasileiro conhece de cor e, ao impactar, com a ponta do pé, a superfície de uma bola Brazuca, realizar o que para sempre será lembrado como o pontapé no impossível que inaugurou a Copa do Mundo do Brasil de 2014.

Erguendo o braço com o punho cerrado para celebrar o gol de placa que ele acabara de marcar, Juliano abriu um sorriso de marejar os olhos de todos os que puderam observar a bola rolar rumo ao gramado depois daquele chute emblemático. O que poucos perceberam naqueles breves segundos transmitidos a um público de mais de 1 bilhão de pessoas mundo afora pela TV Fifa é que, graças aos sinais de feedback tátil, gerados por sensores colocados nos pés do exoesqueleto e aplicados na superfície da pele de seus braços, Juliano pôde sentir o contato do seu pé com a bola.

Tudo isso testemunhado não mais pelos céus de além-mar, mas pela luz do Cruzeiro do Sul.

EPÍLOGO
DOIS MILHÕES DE MILHAS DEPOIS

Dez anos – e 2 milhões de milhas – depois daquela primeira aterrissagem, no verão de 2003, no Aeroporto de Guarulhos, em São Paulo, precisamente às 11h – horário de Brasília – da manhã do dia 28 de fevereiro de 2013, os principais jornais do mundo começaram a postar, na primeira página de seus websites, a notícia de que neurocientistas do Centro de Neuroengenharia da Universidade Duke (CNEUD), em parceria com seus colegas do Instituto Internacional de Neurociências de Natal Edmond e Lily Safra (IINN-ELS), haviam anunciado, num artigo conjunto, a primeira demonstração experimental bem-sucedida de uma nova tecnologia, por eles batizada como interface cérebro-cérebro. Publicado na revista *Scientific Report*, o artigo relatava, entre outros resultados, como sinais elétricos cerebrais, obtidos de um rato, enquanto este executava uma tarefa tátil num dos laboratórios do IINN-ELS, na Rua da Vergonha, no bairro de Candelária, na periferia da cidade de Natal, haviam sido transmitidos, via internet, para outro laboratório, localizado no CNEUD, na cidade de Durham, estado da Carolina do Norte, na costa sudeste dos Estados Unidos da América. Ao serem recebidos, esses sinais foram remetidos diretamente para o cérebro de outro rato que esperava instruções de como prosseguir na execução da mesma tarefa tátil do seu "colega" sul-americano.

Ao obter os sinais cerebrais emitidos pelo rato do IINN-ELS, o roedor norte-americano foi capaz de corretamente concluir a tarefa em quase 70% das vezes, sem precisar de nenhuma outra informação.

Enquanto a notícia desse feito científico começava a "viralizar" mundo afora por jornais, rádios, TV e internet, mil crianças potiguares e quatrocentas baianas, espalhadas pelos três centros de educação científica nas cidades de Natal, Macaíba e Serrinha, alheias a todo esse alvoroço, preocupavam-se apenas em desfrutar integralmente de mais um dia passado no seu "parque de diversões científico".

No mesmo instante, no Centro de Saúde Anita Garibaldi (CSAG), em Macaíba, completava-se mais uma fração das quase 12 mil consultas realizadas anualmente pelo melhor centro de pré-natal e puericultura do Rio Grande do Norte.

Simultaneamente, algumas centenas de metros mais a oeste, bem no centro do Campus do Cérebro, dezenas de operários de carteira assinada, maridos e pais das mulheres grávidas e dos recém-nascidos atendidos diariamente no CSAG tratavam de assentar as paredes da Escola Lygia Maria, cientes de que, a partir de 2017, seus filhos receberão nesse prédio o passaporte para um futuro nunca antes imaginado.

A alguns metros dali, bem no final da Avenida Alberto Santos Dumont, aquela mesma que margeia a Escola Lygia Maria, com o sol equatorial quase a pino, esquadrões de pintores e vidraceiros começavam a modelagem final da fachada principal do edifício de 17 mil metros quadrados que abrigará os futuros novos laboratórios da sede do IINN-ELS.

Sincronizados no tempo e na sua própria história, todos esses singelos eventos serviam como prova cabal de que – na terra vermelha que outrora fora o coração do império dos valorosos índios tapuias – uma utopia, finalmente, triunfou!

BIBLIOGRAFIA

2011 Global R&D Funding Forecast. *R&D Magazine*. Battelle, December 2010.
2012 Global R&D Funding Forecast. *R&D Magazine*. Battelle, December 2011.
2013 Global R&D Funding Forecast. *R&D Magazine*. Battelle, December 2012.
2014 Global R&D Funding Forecast. *R&D Magazine*. Battelle, December 2013.
Proposta de criação em Natal do primeiro Instituto Internacional de Neurociências do Brasil. *Jornal da Ciência* (SBPC), 503, 18 de abril de 2003.
ATKINSON, Robert D. e MAYO, Merrilea. Refueling the US Innovation Economy: fresh approaches to science, technology, engineering, and mathematical (STEM) education. Report. The Information Technology & Innovation Foundation, 2010.
Atlas do Desenvolvimento Humano no Brasil. Disponível em: < http://www.atlasbrasil.org.br/2013/ >.
ARKSINSON, Robert D. e STEWART, Luke A. University Research Funding: the United States is behind and falling. Report. The Information Technology & Innovation Foudnation, 2011.
BUENO, Almir de Carvalho. *Visões de República*: ideias e práticas políticas no Rio Grande do Norte (1880-1895). Natal: EDUFRN, 2002.
CASCUDO, Luís Câmara. *História do Rio Grande do Norte*. Fundação José Augusto/Achiamé, 1984.
CASCUDO, Luís da Câmara. *O livro das velhas figuras*. Volume VII. Natal: Sebo Vermelho, 2002.
CASCUDO, Luís da Câmara. *O livro das velhas figuras*. Volume VIII. Natal: Editora da Universidade Federal do Rio Grande do Norte, 2002.
CASCUDO, Luís da Câmara. *O livro das velhas figuras*. Volume X. Natal: Sebo Vermelho, 2009.

DeMILLO, Richard A. *Abelard to Apple*: the fate of American colleges and universities. Londres: The MIT Press, 2011.

DRUTTA, Soumitra (ed.). *Global Innovation Index* 2011: accelerating growth and development. Insead, 2011.

FREIRE, Paulo. *Pedagogia do oprimido*, 17ª ed. Rio de Janeiro: Paz e Terra, 1987.

FREIRE, Paulo. *Pedagogia da esperança*. Rio de Janeiro: Paz e Terra, 1992.

FRIEDMAN, Thomas L. *The World Is Flat*. Nova York: Farrar, Strauss and Giroux, 2005.

GALVÃO, João Batista. *Subsídios para a história da abolição do cativeiro no Rio Grande do Norte*. Natal: Assembléia Legislativa do Rio Grande do Norte, 1982.

GREENWALD, Glenn. NSA Collecting Phone Records of Millions of Verizon Customers. *The Guardian*, June 6, 2013.

GREENWALD, Glenn. *No Place to Hide*. Edward Snowden, the N.S.A., and the U.S. surveillance state. Nova York: Metropolitan Books, 2014.

HARDIN, Luke e TRAYNOR, Ian. Russians March into Georgia as Full-Scale War Looms. *The Guardian*. August 12, 2008.

HILDEBRANDO, Luiz. *Crônicas subversivas de um cientista*. Rio de Janeiro: Vieira e Lent, 2012.

HOAG, Hannah. Brazilian Brain Experts Plan Research Village. *Nature* 423, 372. May 22, 2003.

Instituto Nacional de Estudos e Pesquisas Educacionais Anísio Teixeira. Brasília, 2012. Disponível em: <http://inep.gov.br/web/portal-ideb/portal-ideb>.

KORSAKAS, Paula et. al. Programas de formação nas modalidades esportivas coletivas. Capítulo 15, pp 202-209. In *Modalidades esportivas coletivas*. Rio de Janeiro: Ed. Dante de Rose Jr., Guanabara Koogan, 2006.

KOTSCHO, Ricardo. Miguel Nicolelis, o homem dos sonhos. Revista *Brasileiros*, maio de 2011.

LEMES, Conceição. *Nicolelis lança o Manifesto da Ciência Tropical*: "Ela vai ditar a agenda mundial do século XXI". São Paulo: Viomundo, Ed., 23 de novembro, de 2010.

LEMES, Conceição. *Nicolelis é alvo de sites da extrema-direita Americana*: contas não ajustadas na eleição. São Paulo: Viomundo, 19 de janeiro de 2011.

LEMES, Conceição. *Grupo de Nicolelis publica 25 trabalhos em 18 meses*: "Apagão científico?". São Paulo: Viomundo, 18 de dezembro de 2012.

LEMES, Conceição. *Tentativa de difamar Nicolelis às vésperas de pesquisa revolucionária*. São Paulo: Viomundo, 26 de fevereiro de 2013.

LEMES, Conceição. *O que há por trás da previsão de fracasso do esqueleto-robô da Copa*. São Paulo: Viomundo, 6 de maio, 2014.

Measuring Innovation a New Perspective. OECD on-line report, 2010.

MEDEIROS FILHO, Olavo. *Os holandeses na capitania do Rio Grande*. Natal: Instituto Histórico e Geográfico do Rio Grande do Norte, 1998.

MONTEIRO, Denise Mattos. *Introdução a história do Rio Grande do Norte*. Natal: EDUFRN, 2000.

MONTEIRO, Denise Mattos. *Terra e trabalho na história*: estudos sobre o Rio Grande de Norte. Natal: EDUFRN, 2007.

MUYLAERT, Roberto. 1943. *Roosevelt e Vargas em Natal*. São Paulo: Bússola, 2012.

NETO, Lira. *Getúlio: 1882-1930*. Dos anos de formação à conquista do poder. São Paulo: Companhia das Letras, 2012.

NETO, Lira. *Getúlio: 1930-1945*. Do governo provisório à ditadura do Estado Novo. São Paulo: Companhia das Letras, 2013.

NETO, Lira. *Getúlio: 1945-1954*. Da volta pela consagração popular ao suicídio. São Paulo: Companhia das Letras, 2014.

NICOLELIS, Miguel A.L. Building the Knowledge Archipelago: globalization of a development model. *Scientific American* (web feature), 1-8, 2008.

NICOLELIS, Miguel A.L., Lebedev MA. Principles of Neural Ensemble Physiology Underlying the Operation of Brain-Machine Interfaces. Nat. Rev. Neurosci. 10: 530-540, 2009.

NICOLELIS, Miguel A. L. *Uma coisa estranha aconteceu em Natal*. São Paulo: Viomundo, Ed., 26 de outubro de 2010.

NICOLELIS, Miguel A. L. *Einstein não seria pesquisador A1 do CNPq*. São Paulo: Viomundo, 10 de janeiro de 2011.

NICOLELIS, Miguel A. L. *Muito além do nosso eu*. São Paulo: Companhia das Letras, 2011.

NICOLELIS, Miguel A. L. Mind in motion. *Scientific American*, 58-63, September 2012.

OECD *Science, Technology and Industry Scoreboard 2011*: Innovation and growth in knowledge economies.

PORTER, Michael E. and STERN, Scott. *National Innovative Capacity*. The Global Competitiveness Report. Harvard Business School, 2001.

REGALADO, Antonio. Brazilian Science: Riding a Gusher Science, 330, 1306-1312. December 3, 2010.

SAHLBERG, Pasi. *Finnish Lessons*: what can the world learn from educational change in Finland. Amsterdã: Teachers College Press, 2011.

SANTANA, M.B., Halje, P., Simplicio, H., Richter, U., Freire, M., Petersson, P., Fuentes, R., Nicolelis, M.A.L. Spinal Cord Stimulation Alleviates Motor Symptoms in a Primate Model of Parkinson's disease. Neuron 84: 716–722, 2014.

dos SANTOS, Paulo Pereira. *Evolução econômica do Rio Grande do Norte (século XVI ao XXI)*. Natal: Departamento Estadual de Imprensa, 2010.

SCLIAR, Moacyr. *Oswaldo Cruz*. Rio de Janeiro: Academia Brasileira de Letras, 2012.

SCLIAR, Moacyr. *Oswaldo Cruz & Carlos Chagas*. O nascimento da ciência no Brasil. São Paulo: Odysseus, 2007.

da SILVA, Luiz Inácio Lula, Nicolelis, M. A. L, Haddad F. Brazil's Option for Science Education. *Scientific American* 298: 25, 2008.

SOARES, Christine. Building a Future on Science. *Scientific American*. 298, 80-85, February, 2008.

STIGLITZ, Joseph. *Making Globalization Work*. Nova York: W.W. Norton & Company, 2006.

TRINDADE, Sérgio Luiz Bezerra. *História do Rio Grande do Norte*. Natal: Editora do IFRN, 2010.

TRIUNFOL, Marcia L. e MERVIS, Jeffrey. Brazil Institute Charts a New Hemisphere for Neuroscience. Vol. 303: 1131-1132. February 20, 2004. *Science*.

TWAIN, Mark. *Autobiography* Volume 1. Berkeley e Los Angeles: University of California Press, 2010.

VIANNA, Marly de Almeida Gomes. *Revolucionários de 35*. São Paulo: Companhia das Letras, 1992.

VIEIRA, M. S. P., LEBEDEV M. A., KUNICKI, C., WANG, J., NICOLELIS, M. A. L. A brain-to-brain interface for real-time sharing of sensorimotor information. *Scientific Report* 3:1319, doi:10.1038/srep01319, 2013.

AGRADECIMENTOS

Como era de se esperar, um livro que conta a história de um projeto criado pelo esforço coletivo de um sem-número de pessoas e instituições espalhadas pelo Brasil e pelo mundo, tem que dedicar um bom espaço para os seus agradecimentos. Assim, gostaria, inicialmente, de agradecer a todo apoio, confiança e entusiasmo da equipe da Editora Planeta, minha nova parceira literária no Brasil, cujo trabalho incansável permitiu que este livro pudesse ser produzido em tempo recorde, de forma impecável. Tal façanha não poderia ter sido realizada sem a paixão e dedicação com que minha querida editora, Aida Veiga, palestrina honorária, e Cassiano Machado, diretor editorial da Editora Planeta Brasil, devotaram a este projeto desde o primeiro momento da nossa colaboração. A ambos, o meu muitíssimo obrigado, não só pelas sugestões e revisões detalhadas do manuscrito original, mas também pelo empenho contínuo em produzir um livro que pudesse comunicar efetivamente, em prosa e imagens, toda a história, os percalços e as conquistas que definiram a concretização da utopia científico-social do IINN-ELS. Nesse departamento, eu também gostaria de agradecer imensamente aos meus agentes literários James Levine (EUA) e João Paulo Riff (Brasil) e a suas colegas Elizabeth Fisher (Levine, Greenberg & Rostan Literary Agency) e Laura Riff (Agência Riff), por todo trabalho em prol do estabelecimento dessa nova parceria com a Editora Planeta.

Ao longo da confecção deste livro, vários queridos amigos e colegas voluntariaram o seu tempo de forma generosa para ler capítulos individuais, ou todo o manuscrito, e discutir o seu conteúdo comigo. Essas conversas e sessões de *brainstorming*, por telefone ou Skype, foram essenciais para contar a história de *Made in Macaíba*. Nesse grupo, eu incluo a escritora infantojuvenil Giselda Laporta Nicolelis, minha principal colaboradora há exatos 55 anos e 9 meses que, como sempre, foi responsável por toda a revisão original do manuscrito, linha a linha, permitindo que ele ficasse de acordo com as novas e sempre desafiadoras normas da língua pátria. Mais do que revisar o texto, dona Giselda também ofereceu inúmeras "dicas", baseadas nos seus mais de cinquenta anos de contadora de histórias, para "arredondar o texto", segundo as suas próprias palavras. Agradeço também à minha querida parceira de mais de 35 anos, Neiva Paraschiva, e a grande amiga, Marina Miranda, por suas inestimáveis sugestões e comentários ao longo de todo o manuscrito, versão após versão. Vale ressaltar que, depois de todas essas contribuições valiosas, os eventuais erros e incorreções que restaram nesse volume devem ser creditados apenas ao autor.

Nesse ponto, eu também gostaria de ressaltar e agradecer o apoio e a amizade incondicional recebidos, desde o início do "projeto de Natal", por um seleto grupo de amigos pessoais. Primeiramente, tenho que expressar a minha eterna gratidão, carinho e amor fraternal pelo inesquecível amigo de infância e companheiro de utopias desde os tempos do Colégio Bandeirantes, dr. Wagner Weidebach. Desde os primeiros momentos do projeto do Instituto de Natal, o meu querido "irmão Waguito", cujo falecimento prematuro há exatamente um ano constituiu-se numa perda irreparável para todos os que o conheceram e com ele conviveram, sempre esteve disponível para oferecer uma palavra de apoio, encorajamento e serenidade, como só ele era capaz de fazer. Da mesma forma, faltam-me palavras para agradecer o empenho e a dedicação à nossa causa de outro grande par de amigos e suas respectivas esposas, Alan Rudolph e Barbara Rudolph e Jon Kaas e Barbara Martin, os primeiros "amigos gringos" do IINN-ELS. Agradeço também aos drs. Luiz Antonio Baccalá e Koichi Sameshima por todo trabalho nos primeiros anos do projeto.

Ao longo dos anos, outros grandes amigos se juntaram ao projeto, oferecendo apoio e trabalho voluntário, contribuindo de forma decisiva para o sucesso da nossa empreitada em muitas dimensões. Entre eles, gostaria de agradecer especialmente a Ronald Cicurel, meu grande parceiro científico, e a sua esposa Lilliane Mancassola, a Idan Segev, Pierre Landolt, José Luiz Setúbal, Patrick Aebischer, Hélio Campos Mello, Conceição Lemes, Joseph Bechaalany, Luiz Gonzaga Belluzzo, Gordon Cheng, Hannes Bleuler e Glauco Arbix, entre muitos outros. A esse grupo, eu também devo acrescentar o meu locutor esportivo preferido, Oscar "Pro Gol" Ulisses, que nos últimos anos participou comigo de inesquecíveis encontros científico-futebolísticos, dentro e fora dos grandes estádios de futebol da cidade de São Paulo.

Um projeto da dimensão do IINN-ELS jamais teria saído do papel sem o apoio institucional e financeiro de uma série de entidades públicas e privadas, do Brasil e do exterior, que se transformaram, ao longo desses últimos treze anos, em parceiros centrais da missão científica, educacional e social do nosso instituto. Assim, eu deixo aqui o meu sincero muito obrigado às entidades privadas como a Fundação Avina, ao Hospital Sírio-Libanês, ao Hospital Infantil Sabará, à AACD, ao Banco Itaú e à Fundação Família Sandoz. Da mesma forma, gostaria de agradecer ao apoio das agências de fomento científico brasileiras como o Conselho Nacional de Desenvolvimento Científico e Tecnológico (CNPq), a Coordenação de Aperfeiçoamento de Pessoal de Nível Superior (CAPES) e a Financiadora de Projetos (FINEP), bem como ao Ministério da Educação, ao Ministério da Ciência, Tecnologia e Inovação e ao Ministério da Saúde. Gostaria de agradecer também à universidade onde mantenho o meu laboratório há 22 anos, a Duke University (EUA), e à École Polytechnique Fédérale de Lausanne (EPFL, Suíça), onde fui professor convidado entre 2005-2014, bem como à Cátreda Blaise-Pascal, da cidade de Paris, e ao National Institute of Health (NIH, EUA), que há 27 anos ininterruptos financia minhas pesquisas em neurociência. Como boa parte das minhas pesquisas, nos EUA e no Brasil, e uma parcela significativa dos projetos científico-sociais do IINN-ELS foi financiada por recursos públicos, eu também gostaria de externar meu profundo agradecimento aos contribuintes brasileiros e americanos que, anonimamente, permitiram que esse trabalho de inclusão social pela ciência pudesse ser realizado.

Da mesma forma, também agradeço ao apoio, tão decisivo como incomparável, da sra. Lily Safra e da Edmond J. Safra Philanthropic Foundation que, ao realizar uma das mais generosas doações da história da ciência brasileira, permitiram a viabilização de todo o projeto científico-social do IINN-ELS quando ninguém, além dos seus criadores, acreditavam que ele poderia se tornar realidade.

Como enfatizado muitas vezes ao longo deste manuscrito, o enredo deste livro não teria se transformado em realidade tangível, e ganhado todo o mundo, sem o trabalho, a paixão e a dedicação sobre-humana de algumas centenas de colaboradores que fizeram ou ainda fazem parte do corpo de funcionários da Associação Alberto Santos Dumont para Apoio à Pesquisa (AASDAP) e da sua sucessora na gestão do projeto do IINN-ELS, o Instituto de Ensino e Pesquisa Alberto Santos Dumont (ISD). Como seria impossível nomear todos eles – educadores, pesquisadores, pessoal da equipe médica, técnicos, gestores – pessoal administrativo e tantos outros que acreditaram neste sonho impossível, desde o seu início, construindo-o passo a passo, graças ao seu empenho individual e coletivo – gostaria de agradecer e homenagear a todos, citando os nomes de alguns colegas que estão conosco desde os primeiros momentos. Assim, o meu muito obrigado ao cientista dr. Edgar Morya, à coordenadora administrativa Andrea Arashiro, à educadora Rachel Dantas, ao coordenador da secretaria de pesquisa e pós-graduação Marcelo Carvalho, ao coordenador pedagógico Walter Romero, à enfermeira Adriana Medeiros, à coordenadora de recursos humanos Isabel Mendonça, à coordenadora de laboratório Adriana Ragoni, por dedicarem uma década inteira das suas vidas para a construção deste ideal.

Da mesma forma, faltam palavras para reconhecer todo trabalho e apoio prestados pelos meus estudantes e colaboradores do Centro de Neuroengenharia da Duke University, que pelos últimos treze anos sempre estiveram dispostos a ajudar no que fosse preciso, nos EUA e no Brasil, para que o projeto do IINN-ELS pudesse continuar evoluindo sem prejudicar o meu trabalho como cientista. Em especial, gostaria de agradecer aos meus colaboradores de longa data Eric Thomson, Misha Lebedev, Terry Jones, Gary Lehew, Jim Meloy e aos meus ex-alunos Romulo Fuentes, Miguel Santos Pais--Vieira, Solaiman Shokur, Rui Costa, Asif Ghazanfar, Amol Yadav e Marshall Shuler, que desde os primeiros momentos sempre estiveram prontos a ajudar seus colegas potiguares no que fosse preciso. Em particular, gostaria de agradecer imensamente ao dr. Romulo Fuentes, que durante quatro anos extremamente difíceis para todos nós desempenhou exemplarmente a função de diretor científico do IINN-ELS, dando sequência à nossa missão de produzir ciência de ponta em terras tropicais.

Da mesma forma, agradeço a Laura Oliveira por todo apoio ao longo desses 37 anos de companheirismo. E a Susan Halkiotis, minha gerente administrativa, "anjo da guarda de plantão" e grande amiga há quase quinze anos, o meu muito obrigado por toda dedicação e comprometimento, e por sempre estar à disposição para ajudar na solução de todo e qualquer problema que nos impedisse de continuar avançando rumo à linha de chegada.

Professor Halkiotis, you are simply awesome! Many thanks!

Sem a liderança, a paixão e o compromisso de um outro grupo seleto de pessoas – os diretores da AASDAP e agora do ISD –, certamente o projeto de Natal não teria conseguido se perenizar. Assim, é chegada a hora de expressar o meu débito de gratidão eterna e a minha admiração profunda para com aqueles que representam a verdadeira espinha dorsal do projeto científico-social do IINN-ELS. Primeiramente, gostaria de registrar a minha perene gratidão para com Anselmo Pecci, diretor administrativo da AASDAP durante dez anos e o primeiro diretor executivo do ISD, que nos deixou prematuramente em 2014, sem que eu pudesse lhe prestar todas as devidas homenagens por todo empenho e dedicação com que ele geriu as duas instituições que fizeram do IINN-ELS uma realidade. Agradeço também ao Theo, que recebeu o bastão das mãos do Anselmo e vem, bravamente, com uma excelente equipe, dando continuidade à nossa missão.

Eu também gostaria de agradecer ao meu grande companheiro, dr. Reginaldo Freitas Jr., criador e força-motriz do nosso programa de assistência materno-infantil, que em oito anos já realizou mais de 60 mil consultas de pré-natal e puericultura. Hoje, como diretor de ensino e pesquisa do ISD, o nosso querido dr. Reginaldo é uma das pessoas de maior grandeza profissional, determinação e caráter que já conheci. Nos últimos nove anos, ao superar um sem-números de obstáculos, cada um dos quais razão mais que suficiente para que a maioria de nós decidisse jogar a toalha, o nosso dr. Reginaldo conseguiu construir um centro de saúde materno-infantil na cidade de Macaíba e, em poucos anos, transformá-lo num centro de referência nacional no tratamento da gravidez de alto risco. Com sua tranquilidade e simplicidade ímpares, Reginaldo e sua equipe multidisciplinar demonstraram que é possível criar um sistema de saúde pública digno e de alto grau de excelência na periferia de uma grande metrópole brasileira, que tem contribuído decisivamente para a melhoria das condições nas quais as crianças de Macaíba e cercanias chegam ao mundo.

Se o dr. Reginaldo define uma das pilastras mestras do INN-ELS, a outra é, sem dúvida nenhuma, ocupada pela professora Dora Montenegro, a "maga" que eu tive o privilégio de conhecer num jantar "à italiana" em 2004, no bairro da Bela Vista, em São Paulo, e que desde então se transformou numa das maiores forças deste projeto, fonte de inspiração inesgotável para mim e todos os outros membros do IINN-ELS. Dora, sempre acompanhada por seu companheiro de mais de cinquenta anos, Evandro Montenegro, desde o primeiro milissegundo chamou para si mesma a responsabilidade de criar um programa educacional que permitisse às crianças de Natal, Macaíba e depois Serrinha, adquirir a paixão pelo aprender, pelo criar, pelo levar a imaginação ao limite e, no processo, encontrar a felicidade única de todo ser humano que atinge o seu potencial enquanto ser pensante. Ao mergulhar intensamente nessa tarefa, a nossa querida Dora criou o maior legado do IINN-ELS nessa sua primeira década de existência. Graças a ela e sua equipe, mais de 11 mil crianças passaram pelo curso de educação científica do IINN-ELS e nunca mais olharam para trás. Atraídos pelo amor incondicional e carisma dessa maga da educação, essas crianças descobriram que todo o mundo está aberto a elas e o limite está apenas na sua própria imaginação.

Nos piores momentos, nos instantes mais difíceis desses anos todos, lá estava Dora, como uma rocha, para segurar o rojão e nos manter caminhando, sempre em frente, rumo ao horizonte da nossa Utopia. Por esse exemplo de dignidade e por toda uma vida dedicada a perseguir uma educação cidadã e inclusiva, Dora se transformou no exemplo a ser seguido por todos nós. Para mim, ela continua sendo a minha querida maga Dora, uma das mulheres mais apaixonantes, determinadas e carismáticas que eu já encontrei nessa vida. À Dora e ao Evandro Montenegro, meus queridos "pais adotivos", o meu eterno muito obrigado.

Por mais de 35 anos, desde os tempos da USP, eu descadaramente proponho a ela as mais absurdas ideias, os mais delirantes projetos, as utopias mais insanas que alguém pode imaginar. Ao longo de todos estes anos, depois de deletar os pontos mais fora da curva, aqueles que realmente acabariam por justificar a minha internação, a minha querida cúmplice e parceira, Neiva Cristina Paraschiva, jamais negou fogo. Dela eu sempre ouvi algo como "vamos em frente; eu tô dentro". Como agradecer alguém assim, por todos os momentos inesquecíveis que essas nossas loucuras compartilhadas nos proporcionaram e ainda proporcionam até hoje? Trinta e cinco anos depois do nosso primeiro encontro na AAAOC, a minha impressão é de que essa russa da Mooca, corintiana de carteirinha (ninguém é perfeito), parece ter o mesmo ímpeto, a mesma gana, o mesmo desejo de mergulhar de cabeça numa nova aventura cujo final está longe de ser conhecido, muito menos garantido. Até hoje, nada que ela tocou deu errado. Nada do que ela se comprometeu a fazer ficou sem fazer. De fundadora da MedSport, a quadro de primeira hora do projeto do IINN-ELS, Neiva exerceu como poucas pessoas que eu conheci o direito de perseguir intensamente suas paixões e seus ideais por uma sociedade mais humana, mais justa, mais feliz. Dessa forma, eu não tenho dúvida alguma em afirmar que sem a sua obstinação, comprometimento e tenacidade, a flor de cacto, como nós carinhosamente nos referíamos ao nosso projeto, jamais teria desabrochado em flor. Assim, a minha querida Ruxa só me resta agradecer o imenso privilégio de poder estar por perto, todos esse anos, convivendo e aprendendo diariamente com essa mulher maravilhosa, sabedor de que, aconteça o que acontecer, sempre poderei contar com sua amizade, carinho e apoio.

Eu também gostaria de agradecer imensamente aos meus pais, Angelo e Giselda, a minha irmã e minha sobrinha, Giselda Maria e Beatriz, e aos meus três filhos Pedro, Rafael e Daniel Nicolelis, pelo amor, apoio e compreensão ao longo de todos esses anos em que, muitas vezes, eu tive que me ausentar do convívio deles para poder continuar perseguindo a miragem dos meus sonhos de infância.

A essa altura, só me resta então lavrar a escritura e deixar por escrito, para o registro imemorial do tempo, uma última homenagem à mulher que mudou minha vida, quase cinquenta anos atrás, durante suas breves aulas de sabedoria, ministradas num pequeno escritório apinhado de livros, no segundo andar do sobrado que lhe servia como escola, no bairro de Moema.

À minha querida avó Lygia Maria Rocha Leão Laporta, se eu pudesse, nesse momento gostaria de dizer algo que só ela mesma poderia entender. Algo como:

Demorou, dona Lygia, mas a promessa foi finalmente cumprida!

Este livro foi composto em Adobe Garamond Pro impresso pela RR Donnelley
para a Editora Planeta do Brasil em fevereiro de 2016.